全国船舶工业职业教育教学指导委员会“十三五”规划教材

游艇辅助系统

主　编　王　新　吴国强
副主编　王雅涛　赵桂华　张以贵　刘泽宇
主　审　杜金印

哈尔滨工程大学出版社
Harbin Engineering University Press

内容简介

本书是全国船舶工业职业教育教学指导委员会“十三五”规划教材之一，是按照游艇辅助系统课程标准的要求编写的。本书按照内容导向、实践指导结构展开，在学、做结合中培养学生的职业技能和职业素质，以适应现代船舶企业对高素质技能型专门人才的需求。

本书既可作为游艇类相关专业本科、专科和函授学生的教学用书，也可供游艇类公司企业相关部门技术类人员参考使用。

图书在版编目(CIP)数据

游艇辅助系统 / 王新，吴国强主编. —哈尔滨 ：哈尔滨工程大学出版社，2020.4

ISBN 978-7-5661-2646-7

Ⅰ. ①游… Ⅱ. ①王… ②吴… Ⅲ. ①游艇－辅助系统－高等职业教育－教材 Ⅳ. ①U674.91

中国版本图书馆 CIP 数据核字(2020)第 050553 号

选题策划 史大伟 薛 力
责任编辑 王俊一 张如意
封面设计 李海波

出版发行 哈尔滨工程大学出版社
社　　址 哈尔滨市南岗区南通大街 145 号
邮政编码 150001
发行电话 0451-82519328
传　　真 0451-82519699
经　　销 新华书店
印　　刷 哈尔滨市石桥印务有限公司
开　　本 787 mm×1 092 mm 1/16
印　　张 14
字　　数 375 千字
版　　次 2020 年 4 月第 1 版
印　　次 2020 年 4 月第 1 次印刷
定　　价 37.00 元
http://www.hrbeupress.com
E-mail:heupress@hrbeu.edu.cn

船舶行指委“十三五”规划教材编委会

前　　言

游艇业作为新兴产业被认为是旅游经济新动力之一。2016 年，国务院印发《“十三五”旅游业发展规划》，提出了培育发展游艇旅游大众消费市场及大力发展旅游装备制造业等政策，在其推动下，国内游艇业发展整体向前，或将迎来新一轮发展高峰期。为适应当前高职高专院校游艇类专业学生的需要，我们组织编写了本书。

本书根据游艇的特点，全面、系统地介绍了游艇辅助系统的具体组成、工作原理及设计要求。全书共分六章，内容包括游艇系统中的机械设备，游艇舵、锚和系泊系统，游艇制冷与空调系统，游艇救生和灭火设备，游艇辅助管路系统，游艇的燃油、润滑系统。为方便读者阅读，书中收入了三个附录，包括常用液压与气动元件符号、船用制冷剂的饱和温度与压力、某豪华游艇动力与辅助系统技术规格设计书。

本书由天津海运职业学院王新、吴国强、王雅涛、赵桂华、张以贵、刘泽宇等老师共同编写，由杜金印老师担任主审。具体分工为王新、吴国强老师担任主编，王雅涛、赵桂华、张以贵、刘泽宇老师担任副主编，其中王新老师负责编写第一章，吴国强老师负责编写第二章、第五章，王雅涛老师负责编写第三章，赵桂华老师负责编写第四章，张以贵老师负责编写第六章，刘泽宇老师负责编写附录。全书由王新老师统稿。

本书在编写过程中，得到了天津海运职业学院马喜仲副教授的大力支持，在此表示感谢。

由于编者水平有限，书中难免存在不足和疏漏之处，敬请广大同仁、读者和专家批评指正。

编　者
2020 年 1 月

目　　录

第一章　游艇系统中的机械设备

第一节　游艇辅助机械

游艇辅助机械是指用于向船上装置(除推进装置以外)提供能量,供船舶航行、作业和生活需要的装置。辅助系统包括船舶各种艇用泵、空气压缩机、锅炉、海水淡化装置、热交换器、滤清器及管系等。

一、艇用泵

泵是用来输送液体或提高液体压力的机械,在船上它是一种应用最广,数量和类型最多的辅助机械。机、炉所需的燃油、润滑油、动力油、冷却水、补给水,生活所需的饮用水和卫生水,船舶所需的压载水、消防水及舱底水等,都是用泵来输送的。

1. 按工作原理分类

(1)容积式泵

容积式泵是靠泵内工作部件运动使其工作容积周期性地变化而吸、排液体的泵。根据工作部件是移动还是转动,又分为往复泵、齿轮泵、螺杆泵、叶片泵等,主要用作滑油泵、燃油泵及液压泵等。

(2)叶轮式泵

叶轮式泵是靠叶轮带动液体高速旋转使流过叶轮的液体的压力能和动能增加而吸、排液体的泵,它包括离心泵、旋涡泵和轴流泵等,主要用作各种水泵。

(3)喷射式泵

喷射式泵是利用具有高压的流体流经喷嘴时产生的高速射流来引射需输送流体的泵。这种类型的泵中主要有水喷射泵、水喷射真空泵和蒸汽喷射泵等,主要用来抽真空,广泛使用在海水淡化装置中。

2. 容积式泵的结构和工作原理

(1)往复泵

往复泵包括活塞泵和柱塞泵,活塞泵主要用作发动机的燃油泵;柱塞泵主要用作液压泵,下面介绍一下柱塞泵。

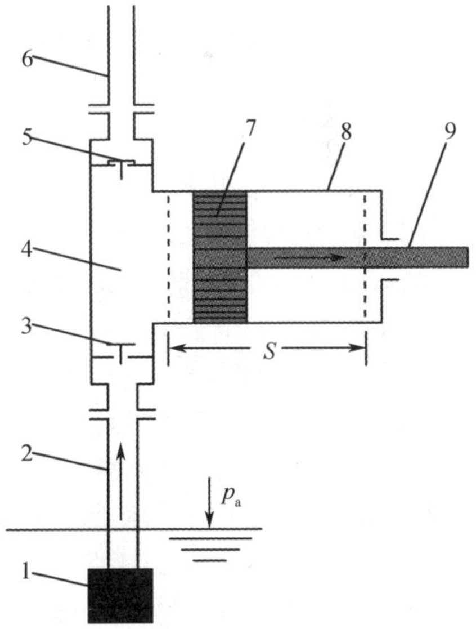

1—吸入滤器;2—吸入管;3—吸入阀;4—阀箱;
5—排出阀;6—排出管;7—活塞;8—泵缸;
9—活塞杆。

图 1-1　柱塞泵的基本结构图

图 1-1 是柱塞泵的基本结构图,它主要由活塞 7、泵缸 8、吸入阀 3 和排出阀 5 等部件组成。活塞与活塞杆 9 由原动机经传动机构带动,在泵缸中

做直线往复运动。活塞左侧的泵缸空间称为工作腔,工作腔经吸入阀与吸入管2相连通,并经排出阀与排出管6相连通。吸入管伸入被输送的液面以下,其下端装有吸入滤器1,排出管则通往需要用液体的处所。设泵工作前吸入管、阀箱4和工作腔内全部为空气。当活塞从左止点向右止点(图1-1中虚线位置)移动时,工作腔容积增大、压力降低。排出阀上下压差增大,保持关闭;吸入阀下方与上方的压差增大,该压差便会克服吸入阀的阻力而将吸入阀顶开,使吸入管与工作腔相通,吸入管内压力降低,管内的液面也随之升高。简言之,活塞向右移动时完成吸入过程。当活塞向左移动时,工作腔容积减小、压力升高;吸入阀关闭,排出阀在工作腔内压力达到一定程度后便开启,工作腔内的空气被排出至排出管,简言之,活塞向左移动时完成排出过程。这样活塞连续地往复运动,吸入管、阀箱和工作腔内的空气将逐渐地被排到排出管,同时将液体逐渐充满上述空气空间,泵开始吸、排液体。

(2)齿轮泵

齿轮泵主要用作燃油泵、滑油泵、液压泵及驳油泵等,按照啮合方式的不同分为外齿轮泵、内齿轮泵及转子泵等;按照齿轮的形式又分为直齿轮泵、斜齿轮泵及人字齿轮泵。下面介绍一下外齿轮泵。

图1-2是外齿轮泵的工作原理图。齿轮1,2的齿顶和两端面分别被泵体3和前、后端盖所包围。由于相互啮合的轮齿A、B、C的分隔,吸入口4和排出口5彼此隔离。当齿轮按图示方向回转时,轮齿C逐渐退出啮合,其所占据的齿间的容积逐渐增大,从吸入口吸入液体。随着齿轮的回转,一个个吸满液体的齿间转过吸入腔,沿泵体内壁转到排出腔,依次啮合。啮合时齿间容积减小,压力升高,液体经排出口排出。齿轮泵如果反转,其吸、排方向就相反。

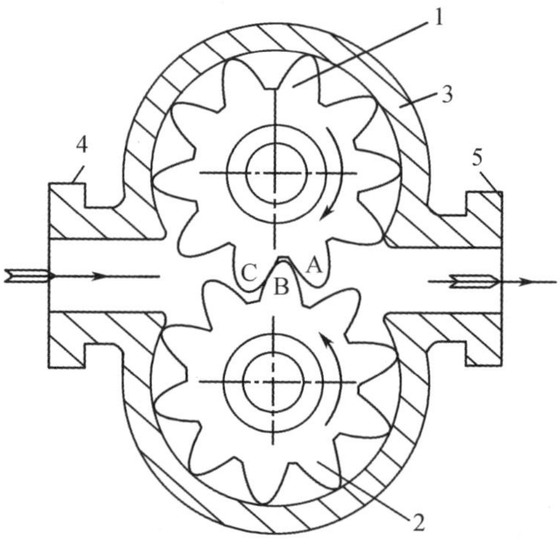

1—主动齿轮;2—从动齿轮;3—泵体;
4—吸入口;5—排出口。

图1-2 外齿轮泵的工作原理图

(3)螺杆泵

螺杆泵主要用作液压泵、滑油泵、污水泵等,它利用螺杆的回转来吸、排液体。根据泵内工作螺杆的数目,可分为单螺杆泵、双螺杆泵和三螺杆泵。下面介绍一下三螺杆泵。

如图1-3所示,三螺杆泵由固定在泵体6中的缸套7及插在缸套中彼此啮合、转向相反的主动螺杆4和从动螺杆3,5组成(都是双头螺杆)。各啮合螺杆之间及螺杆与缸套内壁的间隙都很小,借助啮合线从上到下形成Ⅰ、Ⅱ、Ⅲ、Ⅳ多个彼此分隔的容腔。主动螺杆和从动螺杆上正面和背面的凹槽相互连通,构成封闭的“∞”形容腔。随螺杆啮合转动,与吸入腔相通的容腔首先在下面吸入端开始形成并逐渐增大(如图1-3(b)中容腔Ⅳ),不断吸入液体,然后封闭沿轴向上移至排出端;同时新的吸入容腔又紧接着在吸入端形成。一个接一个的封闭容腔移到排出端与排出腔相通(如图1-3(b)中容腔Ⅰ),其中液体不断被挤出。泵反转则吸、排方向相反。用调节手轮18可调整调压阀阀体16的弹簧张力,改变泵的排出压力(使部分液体回流)。泵吸、排口分设在泵体中部和上部,可保证停用后泵内存有液体,以免下次启动时干转。

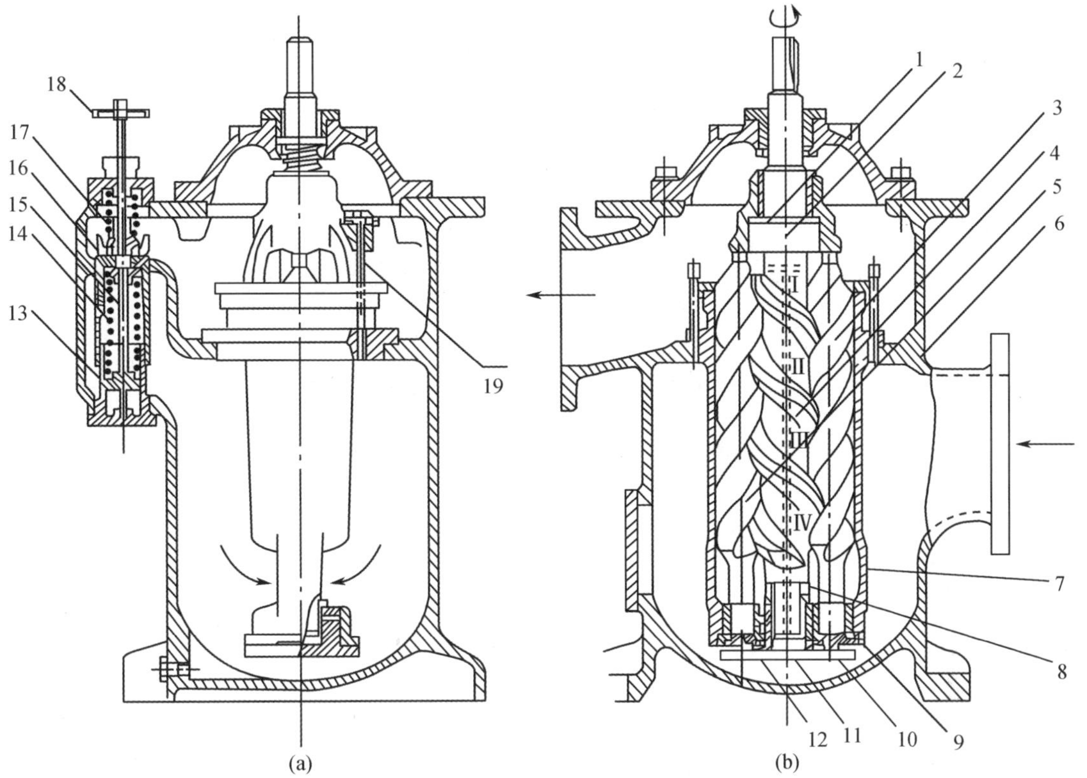

1,8—推力垫圈;2—平衡活塞;3,5—从动螺杆;4—主动螺杆;6—泵体;7—缸套;9,10—平衡轴套;11—盖板;12—推力垫块;13—端盖套筒;14,17—弹簧;15—调节螺杆;16—调压阀阀体;18—调节手轮;19—泄油管。

图1-3　立式三螺杆泵的结构图

三螺杆泵在船上常用作主机的滑油泵、燃油泵,以及货油泵、液压泵;单螺杆泵多用作油水分离器的污水泵、废物焚烧炉的输送泵、粪便输送泵、渣油泵、污油泵,也可作海水泵和甲板冲洗泵等;双螺杆泵除用作各种油泵外,也可用作压载泵、消防泵、卫生水泵和锅炉给水泵等。

(4)叶片泵

叶片泵主要用作中、低压液压系统中的液压泵,按照每转吸、排油次数可分为单作用和双作用叶片泵。其单位功率的质量是所有液压泵中最轻的。下面我们介绍一下单作用叶片泵。

图1-4所示为单作用叶片泵的工作原理图。其定子2的内腔型线是半径为R的圆。圆柱形的转子1装在转轴上,转轴的中心与定子圆心存在偏心距。转子逆时针回转时,叶间腔室的容积在右半转不断增大,转到左半转则不断减小,因此能分别从贴紧定子和转子两端面的配流盘上的吸、排窗口吸油和排油。单作用叶片泵工作时定子、转子和轴承将承受不平衡的径向液压力,属非卸荷式叶片泵,工作压力不宜太高,流量均匀性比双作用叶片泵差。

移动单作用叶片泵定子,可改变其偏心距的方向及大小,做成转速恒定时流量可变的双向或单向无级变量泵。如果利用排出油压来自动改变定子对转子的偏心距,可以做成限压式变量泵。

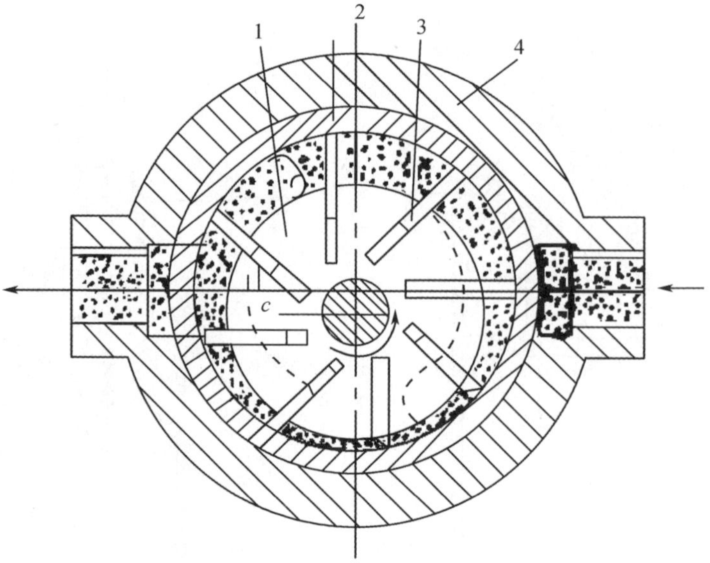

1—转子;2—定子;3—叶片;4—泵体。

图1-4　单作用叶片泵的工作原理图

3. 叶轮式泵的结构和工作原理

(1)离心泵的结构和工作原理

图1-5所示为单级蜗壳式离心泵。工作时,预先充满在泵中的液体随叶轮1一起回转,产生离心力,从叶轮中心向四周甩出,在叶轮中心处形成低压,液体便在吸入液面气体压力的作用下由吸入接管4被吸进叶轮。从叶轮流出的液体压力和速度都比进叶轮时增大许多,蜗壳的蜗室8将它们汇聚,平稳地导向扩压管5,流道截面逐渐增大,液体流速降低,大部分动能变为压力能,然后进入排出管。叶轮不停地回转,液体的吸、排便连续地进行。

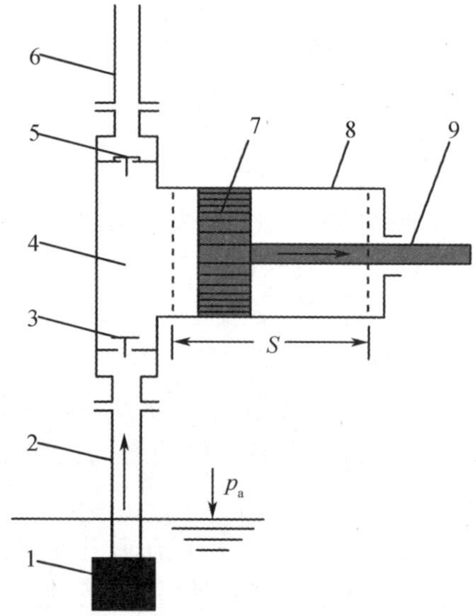

1—叶轮;2—叶片;3—泵壳;4—吸入接管;
5—扩压管;6—泵轴;7—固定螺帽;8—蜗室。

图1-5　单级蜗壳式离心泵

游艇用的水泵广泛使用离心泵,比如主海水泵、淡水泵、冷却水泵、舱底水泵、热水循环泵、消防泵等。

(2)旋涡泵结构和工作原理

旋涡泵按照叶轮形式的不同可分为闭式旋涡泵和开式旋涡泵。下面介绍一下闭式旋涡泵。

闭式旋涡泵即采用闭式叶轮的旋涡泵,其典型结构如图1-6所示。圆盘形的叶轮1外缘有许多径向短叶片,所谓闭式叶轮是指其叶片部分设有中间隔板(或端盖板)。泵体2和泵盖3以很小的间隙紧贴叶轮,而在它们与叶片相对应的部位则形成等截面的环形流道4,占据了大部分圆周,其两端顺径向外延形成吸、排口。圆周的剩余部分由泵体的隔舌6将流道吸、排两端隔开。这种两端(或一端)直通吸、排口的流道称为开式流道。闭式旋涡泵必须配用开式流道。

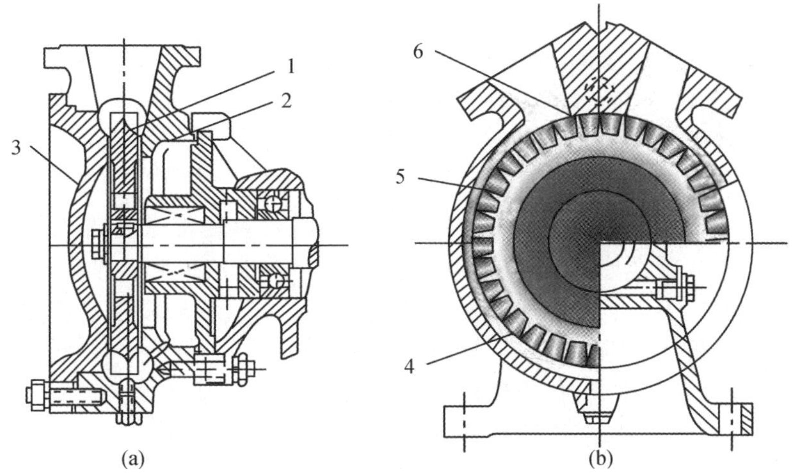

1—叶轮;2—泵体;3—泵盖;4—流道;5—平衡孔;6—隔舌。

图1-6　闭式旋涡泵

叶轮回转时带动泵内的液体一起回转,产生离心力。由于叶轮中液体比流道中液体的圆周速度大,离心力也大,因而液体就会从叶片间甩出,进入流道,并迫使流道中的液体产生向心流动,再次从叶片根部进入叶间,这种环形流动称为纵向旋涡。液体在叶片和环形流道中的运动轨迹就是纵向旋涡和绕泵轴的圆周运动的叠加,相对固定的泵壳来说,它是前进的螺旋线;而相对转动的叶轮来说,则是后退的螺旋线。这样,液体从沿流道前进直到排出为止,会多次进入叶间获取能量,宛如多级离心泵一样。

旋涡泵主要用作辅助锅炉或压力水柜的给水泵、中小型柴油机的冷却水泵、汽油驳运泵,也可以用作小船的消防泵。

4. 喷射式泵的结构和工作原理

喷射式泵由喷嘴1、吸入室2、混合室3和扩压室4组成,图1-7为水喷射泵的结构实例。

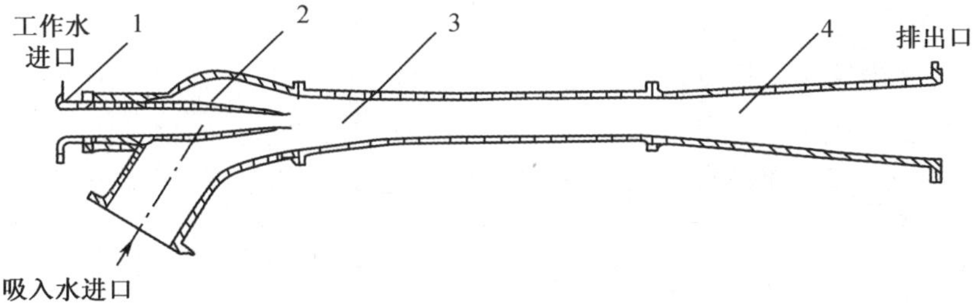

1—喷嘴;2—吸入室;3—混合室;4—扩压室。

图1-7　水喷射泵

喷嘴的作用是将工作水的压力能转变为动能。水喷射泵的喷嘴由一段流线型或圆锥形的收缩流道和一小段圆柱形管道构成。工作水一般由离心泵供应,工作压力 p_p 通常为

0.3~1.5 MPa，经喷嘴射入吸入室时，由于喷嘴流道急剧收缩，流速迅速增加，出口流速 v_1 通常可达 25~50 m/s，而压力则相应下降到吸入压力 p_s。

从喷嘴射出的流束在吸入室中由于质点的横向紊动和扩散，与周围介质进行动量交换并将其带走，使吸入室中形成低压，从而将被引射流体吸入。流束离开喷嘴后，流速为 v_n 的核心区逐渐缩小以致消失，而紊流边界层逐渐扩大，形成一个扩张的圆锥体，当其与混合室壁面相遇后，流束的引射作用便结束。

混合室的作用是使流束中的流体充分进行动量交换，以使入口处很不均匀的流速到出口尽可能趋于均匀，以减少在扩压室中的能量损失。混合室通常做成圆柱形或圆锥形与圆柱形相组合，进口做成圆锥形，则进口能量损失较小。自由流束和锥形壁面相交后在随后的锥形段的流动中压力还会下降，故最低压力将出现在混合室圆柱段进口截面 $B-B$ 处；在混合室圆柱段，随着速度渐趋均匀，压力也随之升高。

扩压室是一段扩张的锥管，使液流在其中流速降低，将动能转换为压力能。

喷射式泵主要用来抽真空，广泛用于海水淡化装置中。

二、空气压缩机

空气压缩机是为游艇提供压缩空气的装置，压缩空气主要用于大型主、副机的启动、换向，压力水柜，汽笛，离心泵的自吸装置，气动控制系统等。

1. 工作原理

下面介绍活塞式空气压缩机的工作原理，如图 1-8 所示。

当活塞在气缸中从上止点移至下止点时，缸内容积增大，吸气阀 k_1 打开，排气阀 k_2 关闭，此时吸气压力为 p_s，图 1-8 中直线 4—1 为压缩机吸气过程；当活塞从下止点回行时，吸气阀 k_1 关闭，缸内气体被压缩而压力升高，直至压力升高到排出管中压力 p_d，即图中曲线 1—2 为压缩机压缩过程；活塞到达 2 时排气阀 k_2 打开，开始排气，活塞继续回行直至上止点 3 排气结束，即图中直线 2—3 为压缩机排气过程。

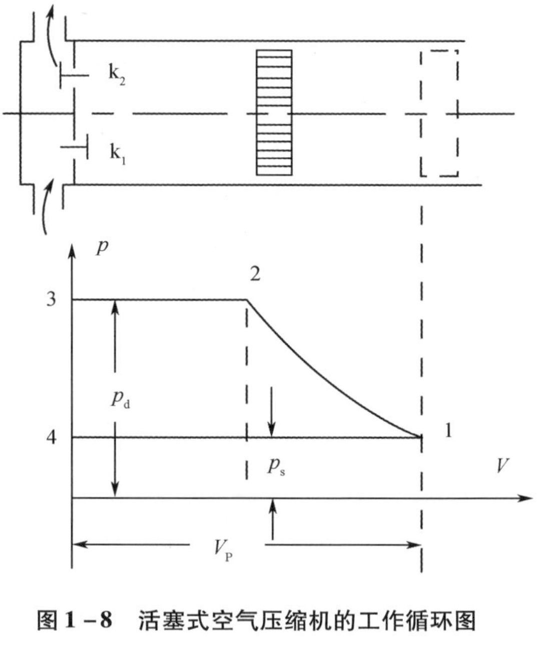

图 1-8　活塞式空气压缩机的工作循环图

2. 简单特点

图 1-9 是一台双缸两级活塞式空气压缩机，上下两个气缸呈 90°布置，每个气缸分别设置两组吸、排气阀，上面一组为低压级气阀组件，下面一组为高压级气阀组件。其中活塞环 8 将上下两个工作腔分开，下面填料 9 将高压级下侧密封。另外在曲轴 2 的自由端设有滑油泵（齿轮泵），为润滑提供压力油。由于空气被压缩后会发热，所以该压缩机设有水冷却器，还有一些压缩机使用空气冷却，但冷却效果不如水冷式。

3. 游艇压缩空气系统的要求

中国船级社（CCS）于 2012 年颁布了《海上高速船入级与建造规范》，其中，驱动推进装

置、垫升装置或发电机的柴油机或其他发动机,采用压缩空气启动时,压缩空气系统应符合以下规定:

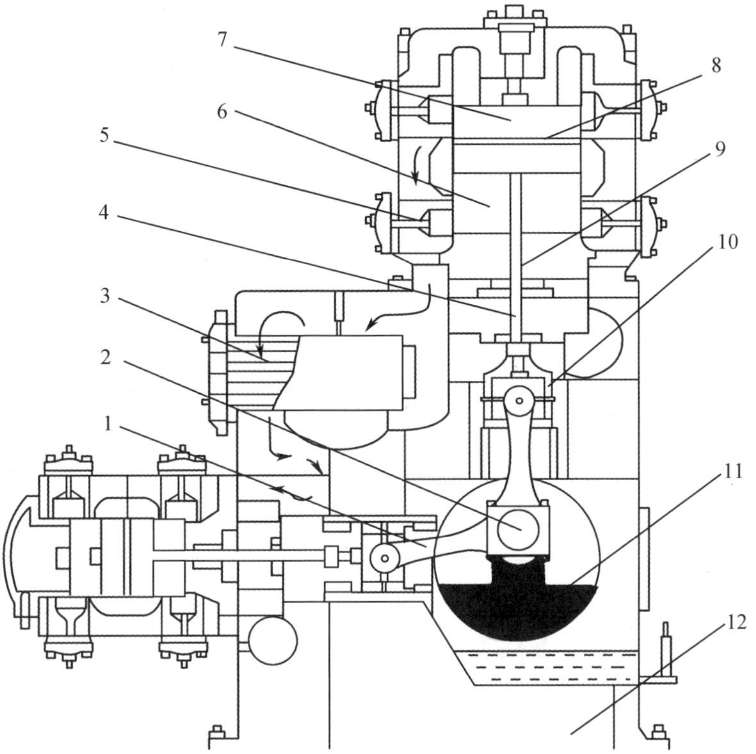

1—连杆;2—曲轴;3—冷却器;4—活塞杆;5—气阀;6—气缸;7—活塞;
8—活塞环;9—填料;10—十字头;11—平衡重;12—机身。

图1-9 双缸两级活塞式空气压缩机

(1)空气瓶总量应在不补充空气的情况下足以对每台柴油机启动不少于6次。(2)船上的充气设备的总排量应能在1 h内由大气压力升至(1)规定连续启动所需的压力。

(3)每台空气压缩机的排出管应直接接至空气瓶。在压缩机和空气瓶之间设有油气分离器或过滤器。

(4)在通往每台发动机的启动空气管上应设截止止回阀。

(5)气缸直径大于230 mm柴油机。其启动空气系统应安装火焰阻止器。

(6)从空气瓶到主、辅机的启动管路应与空气压缩机的排气管完全分开。

(7)空气压缩机应设压力表和安全阀。安全阀的开启压力不大于1.1倍工作压力。

三、锅炉

一般小型游艇并不设置锅炉,大型游艇基本上会采用锅炉,但一般锅炉型号也不会太大。游艇锅炉主要用于空调的供热、热水柜的加热及机舱的保温等。

锅炉加热可以采用发动机废气、燃油燃烧、天然气燃烧和电等方式,船舶上主要有废气锅炉和燃油锅炉,以下我们将对德国E.T劳斯燃油热水锅炉进行介绍。

德国劳斯国际锅炉公司生产的DF型锅炉为直流锅炉,有立式和卧式之分,图1-10所示为卧式的结构示意图。

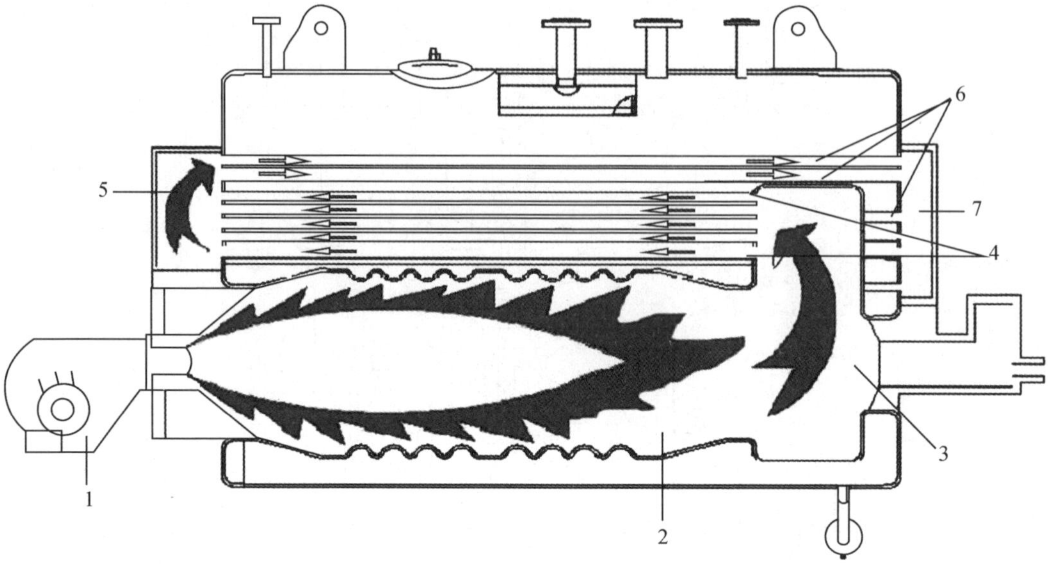

1－燃烧器;2－第一回程;3－回燃室;4－第二回程;5－前烟箱;6－第三回程;7－后烟箱。

图1－10　劳斯小型卧式直流锅炉

其受热面亦是由单一盘管旋绕而成的“双套筒”式,后部有由多层盘管组成的对流受热面,外筒盘管管径要小于内筒及多层受热面盘管的管径,以适应水受热膨胀的需要。

烟气流程如图1－10所示,为三回程设计,极其有效地利用了有限的空间,以求达到很高的效率。

该锅炉采用三活塞水泵,可在给定压力下将水打入盘管。

E.T劳斯的卧式直流锅炉结构紧凑,安装容易,水容量小,启动、停炉速度快,热损失小,没有爆炸危险,安全性好;烟程为三回程设计并有后部对流受热面,热效率很高;燃烧器布置于炉前,更便于检修、操作;盘管可从炉前方便地抽出,克服了立式直流锅炉吊出盘管时锅炉房需有较大高度空间的弊端;弹性结构的设计减小了交变应力值。该锅炉与其他直流锅炉一样,泵耗电量大,并应严格做好水处理工作。

四、海水淡化装置

海水淡化装置主要为游艇上的锅炉提供低盐度的淡水,海水淡化的方法有蒸馏法、电渗析法、反渗透法及冷冻法。

1.蒸馏法

蒸馏法是最早应用的海水淡化方法。它根据溶液(盐水)生成蒸汽时,蒸汽中重组分(盐)含量很低的原理,将海水加热蒸发成蒸汽(称为二次蒸汽),再将蒸汽引入冷凝器中冷凝,以获得淡水(蒸馏水)。

用蒸馏法淡化海水必然伴随相态变化,而水的汽化潜热较大,所以耗能较多,而且处理热海水还须注意防止装置内部的结垢和腐蚀,是其缺点。但蒸馏法可直接利用热水或废气等进行加热,便于废热利用;同时所产淡水的纯度较高,一次脱盐即可获得含盐量为5～

10 mg/L甚至低于1 mg/L的淡水，从而满足各种用途的水质要求；此外，蒸馏装置工作稳定，适用于各种规模的生产，因此到目前为止仍是船舶主要应用的海水淡化方法。

2. 电渗析法

电渗析法是使海水中的阴、阳离子在外加直流电场的作用下，做定向迁移，通过相间排列的有选择性的阴、阳离子渗透膜（或称离子交换膜），使一部分海水中的离子转移到另一部分海水中去，从而实现海水淡化。

电渗析法淡化海水的关键元件是渗透膜，它分为阴膜和阳膜。阴膜只允许阴离子透过，而阳膜则仅允许阳离子透过。如图1－11所示，若将阴膜与阳膜交替排列，并在两端装设惰性电极，即可组成若干个相互独立的隔室（两端是极室，中间是淡室和浓室）。这样，当海水流经各室时，由于直流电场的作用，淡室海水中的阴、阳离子就会分别向阳、阴两极迁移，于是阴离子就会透过阴膜而被阳膜阻留在浓室中，而阳离子则透过阳膜并被阴膜阻留在浓室中。这样，流经淡室的海水也就因离子浓度的逐渐降低而淡化。

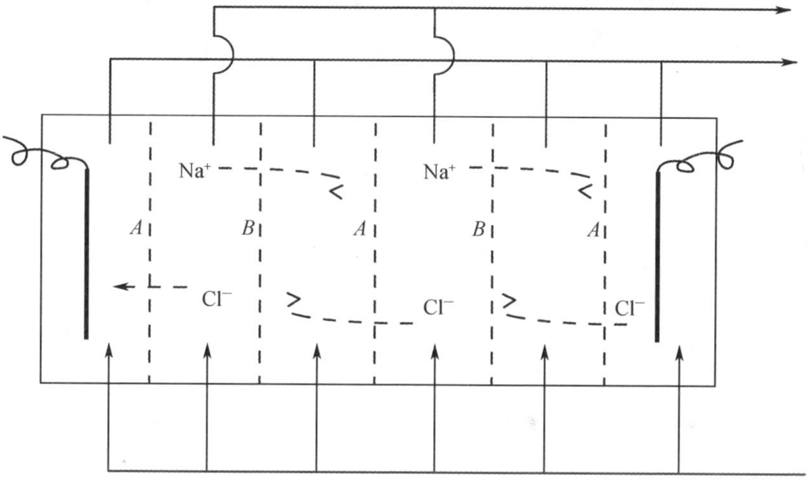

图1－11　电渗析海水淡化示意图

3. 反渗透法

反渗透法是将海水加压到水的渗透压以上，以使其通过半渗透膜，利用反渗透原理使海水中的溶剂（淡水）反渗透出来，从而使海水淡化的一种方法。

图1－12所示为渗透与反渗透示意图。后者是前者的逆过程。当淡水和海水（或其他两种不同浓度的溶液）被半透膜隔开时，稀溶液中的溶剂就会通过半透膜自发地向浓溶液一侧扩散（图1－12(a)），这种现象即称之为渗透。由于渗透的结果，浓溶液一侧的液面就会逐渐升高，直到因此所产生的静压差达到一个定值（$\pi=\rho gh$）时，扩散即行停止，渗透也就达到了静态平衡，这个静压差值π，就称作渗透压。渗透压的大小与溶液的绝对温度成正比，并与浓度近似地成正比。然

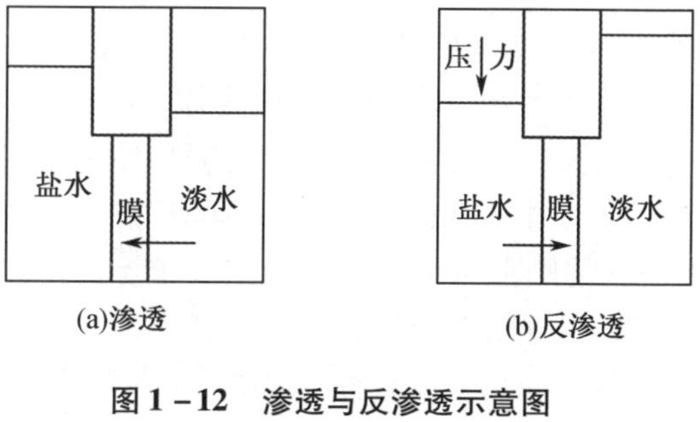

图1－12　渗透与反渗透示意图

而，如果在浓溶液的一侧加压，并使其超过渗透压力，就可迫使渗透逆转，即使浓溶液中的溶剂向稀溶液中渗透，从而实现所谓的反渗透过程（图 1－12（b））。反渗透淡化装置就是利用这一原理设计而成的。

反渗透法是 20 世纪 60 年代迅速发展起来的一项新型的膜分离技术。其特点是液体在工作过程中无相态变化，耗能较少，对设备的腐蚀及结垢较轻，能分离机械杂质，设备简单，易于操作，适用于海水和苦咸水的淡化，而且成本较低，故在无废热可用的条件下已开始与蒸馏法竞争，并开始在船上应用。但这种方法操作压力高，寿命受半透膜的限制是其缺点。

4. 冷冻法

冷冻法是根据一定浓度范围的盐溶液在降至冰点时，就会析出水冰冰晶来实现海水淡化的。因此，只要取出冰晶，用淡水洗去晶体表面及其间隙之间的残留海水，然后将其融化，即可获得淡水。

由于冰的融化热较小，约为水的汽化潜热的 1/7，所以冷冻法的能耗比蒸馏法低。且因操作温度低，结垢和腐蚀亦轻。然而，冷冻法操作技术要求较高，冰晶的洗涤也较困难，且需消耗部分淡水，所以在工业上目前还处于中间实验阶段，尚未获得广泛应用。

五、热交换器

热交换器是将热量从一种流体传递给另一种流体的传热设备。根据其用途可分为加热器（用蒸汽加热燃油、饮水等）和冷却器（用海水冷却淡水、滑油、空气和蒸汽等）；根据其结构形式可分为盘管式、套管式、壳管式、板式等，同一种形式的热交换器往往既可作为加热器也可作为冷却器使用。

1. 盘管式热交换器

图 1－13 为盘管式热交换器的结构示意图。为了降低燃油的黏度以便于驳运和使用，在油舱或油柜中装有加热盘管，管内用蒸汽对燃油进行加热；盘管式加热器也可装在茶桶内用以加热饮用水。

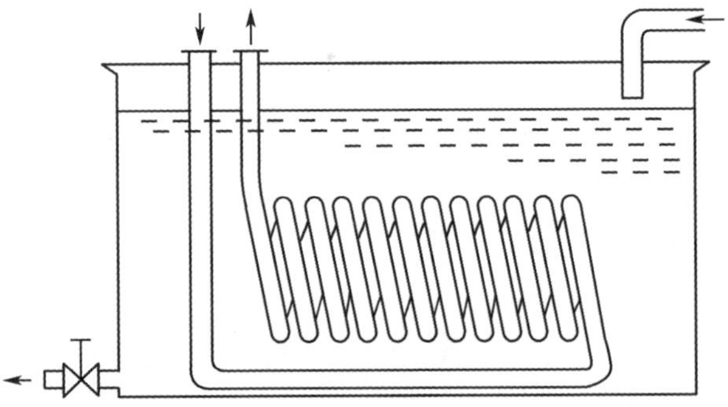

图 1－13　盘管式热交换器

盘管式热交换器除用作加热器外，还可以用作冷却器，在某些船舶的推力轴系和中间轴承中，装有单独的润滑油池，油池中装有盘管，使冷却水（海水）流过盘管对滑油进行冷却。

盘管式热交换器的盘管材料采用紫铜管或无缝钢管，根据需要盘管可以水平放置也可以垂直放置。盘管式热交换器的优点是易于加工制造，成本低，但其传热效率低，外形尺寸大，一般用在传热量不大、使用要求不高的地方。

2. 套管式热交换器

套管式热交换器是在小圆管外套以大圆管组成的，一种流体从较细的管子内流过，另一种流体则从由大、小圆管所形成的夹套中流过，如图 1－14 所示。有较多受热面时，可用多组套管结合。

图 1－14　套管式热交换器

3. 壳管式热交换器

壳管式热交换器是应用最为广泛的一种热交换器，目前船舶上使用的滑油冷却器、淡水冷却器、燃油加热器、冷凝器等，绝大多数都是壳管式的。壳管式热交换器的结构形式有很多，但基本类型有三种：固定板管式、U 形管式和浮头式。

壳管式热交换器的材料主要视工作流体的腐蚀性而定。管板材料有铸铁和锰铁铜。管壳一般用 5～8 mm 厚的钢板卷焊而成，也可用大直径钢管代替。传热管在管板上的固定方法有胀管法、焊接法和填锡法三种。隔板常用材料有锰黄铜、塑料和钢质材料三种，其作用是组成壳侧流体的通道，可以增加流体的流程和提高流体的流速，从而提高热传递效果。常用的隔板为半圆形，其高度为壳管内径的 3/4，厚度一般不小于 3 mm，两块隔板间距视传热要求而定。

(1) 固定板管式热交换器

图 1－15 为固定板管式热交换器，它主要由壳体 3 和前、后端盖 5 及固定在管板 2 上的传热管 1 组成。进行热交换的两种流体，一种在传热管内流过，另一种在壳体内流过。为了增加流体在壳体内的流速和流量，在壳体内布置了多道横向隔板 4，两种流体的流动情况如图 1－15 所示。

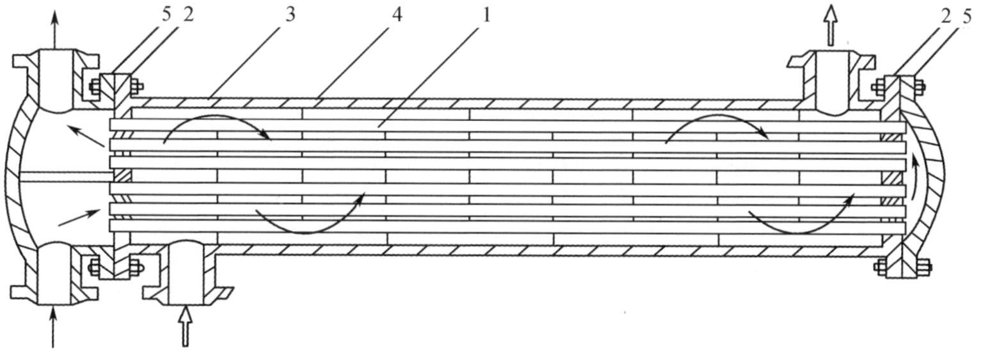

1—传热管；2—管板；3—壳体；4—隔板；5—端盖。

图 1－15　固定板管式热交换器

固定板管式热交换器的特点是管束两端的管板都固定在壳体上，结构简单，易于制造。但由于它的管子、管板和壳体是刚性连接的，当两种流体有较大的温差时，壳体、管子和管板间由于膨胀不均，连接处可能发生漏泄，因此它只适用于温差较小的场合。另外，由于管束无法从壳体中抽出，管子外壁清洗比较困难。

固定板管式热交换器可用作船舶制冷装置中的 F－12 冷凝器和蒸发器等。

(2)U 形管式热交换器

为了克服由于膨胀不均而造成漏泄的缺点，把直管改成 U 形管，将两管口固定在同一块管板上，这样就形成了 U 形管式热交换器，如图 1－16 所示。

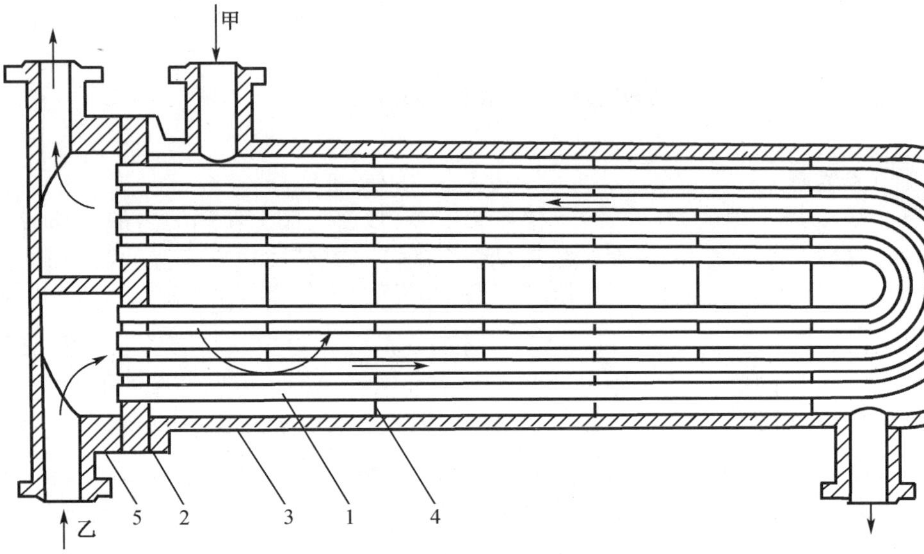

1—传热管；2—管板；3—壳体；4—隔板；5—端盖。

图 1－16　U 形管式热交换器

U 形管式热交换器的特点是管子可以在壳体内自由膨胀，管束可以从壳体中抽出，便于清洗管子外壁，但是管内壁的污垢不便于清洗；另外，U 形管是层层包围的，如果内层管子破损，则无法更换。U 形管式热交换器适用于温差大、管内流体较清洁的场合，如燃油加热器、喷油嘴淡水冷却器等，考虑到 U 形管的弯管处比较容易堵塞及冬天可能发生“冰炸”，因此可采用弯曲段在上方的倒立式和下余式 U 形管；如果管中液体在热交换过程中有气体放出，应采用立式或上斜式 U 形管。

(3)浮头式热交换器

浮头式热交换器是对固定板管式热交换器的改进，如图 1－17 所示。如果把传热管 1 的一端固定在一块较壳体内径略小的活动管板 6 上，当传热管束受热膨胀时，这块管板就可以沿壳体 3 轴向滑动，为了防止冷热流体间的相互漏泄，在活动管板的外周装有填料 7 并用压环 8 压紧。

浮头式热交换器和固定板管式热交换器相比，有两大优点：一是活动管板可以在壳体内滑动，减少了由于膨胀不均而产生漏泄的可能；二是管束可以从壳体中抽出，便于清洗管子外壁。由于浮头式热交换器具有以上优点，对工作流体的适应性较好，能在较大的温差下可靠地工作，所以得到较为广泛的应用，主要用作主机滑油冷却器、主机淡水冷却器等。

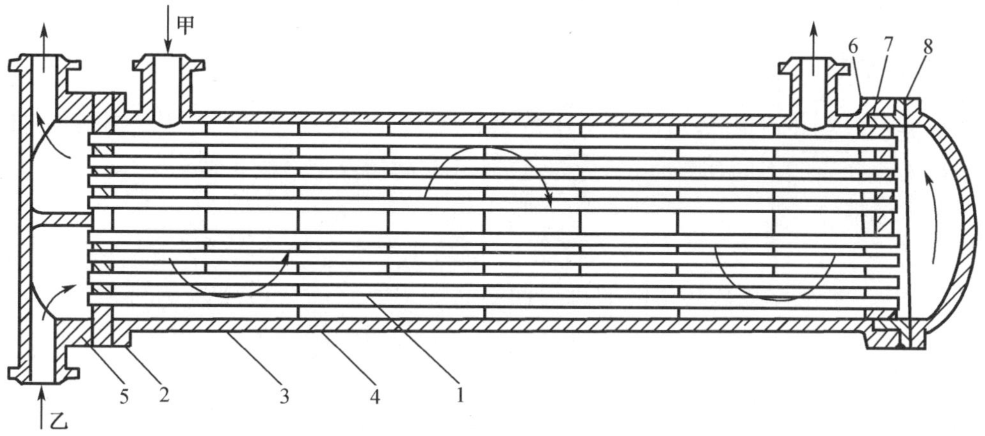

1—传热管;2—固定管板;3—壳体;4—隔板;5—端盖;6—活动管板;7—填料;8—压环。

图1-17　浮头式热交换器

4. 板式热交换器

板式热交换器是由一系列具有一定波纹形状的金属片叠装而成的一种新型高效热交换器(图1-18)。各种板片之间形成薄矩形通道,通过板片进行热量交换。板式热交换器是液-液、液-汽进行热交换的理想设备。它具有换热效率高、热损失小、结构紧凑轻巧、占地面积小、安装清洗方便、应用广泛、使用寿命长等特点。在相同压力损失情况下,其传热系数比管式换热器高3~5倍,占地面积为管式换热器的三分之一,热回收率可高达90%以上。

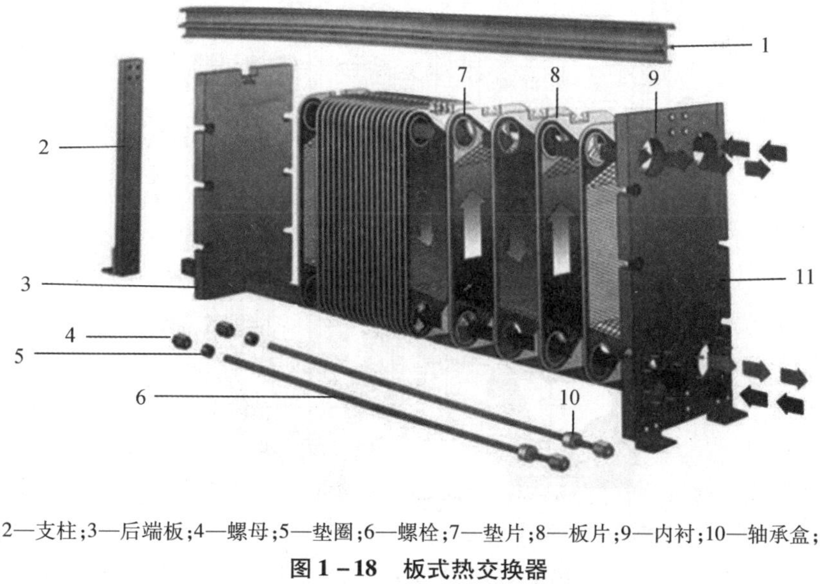

1—上导杆;2—支柱;3—后端板;4—螺母;5—垫圈;6—螺栓;7—垫片;8—板片;9—内衬;10—轴承盒;11—前端板。

图1-18　板式热交换器

游艇发动机的滑油、缸套冷却水都需要采用散热器,其中滑油的冷却多采用壳管式冷却器。缸套冷却水两种类型都可以采用,但板式热交换器换热效果更好。另外,船舶上海水淡化装置广泛使用散热器,比如其中的蒸馏器和冷凝器;还有制冷装置中和空调系统中的冷凝器和蒸发器也是热交换器的一种。

六、滤清器

滤清器(滤器)的作用是过滤介质中的各种杂质,以保证系统中的机械和设备正常工作。根据工作介质的不同,滤器可分为海水滤器、油滤器及空气滤器等。

1. 海水滤器

海水滤器主要用在海水泵的吸入管路上,以防止海水中的杂质进入泵内。它主要由箱体、箱盖、滤板(滤网)组成,其滤网的流通面积一般为管路的流通截面积的1.5~2倍。这种海水滤器的规格为:公称直径(DN)为40~500 mm,耐压能力在0.1 MPa以下。

2. 油滤器

油滤器用来过滤滑油、燃油中的杂质,以保证主机的燃烧或润滑质量及其他动力机械的正常运行。

油滤器有粗、细滤器两种,粗、细滤器的过滤能力主要是由滤器中的滤芯决定的。

(1)圆筒形网式粗滤器

如图1-19所示为圆筒形网式粗滤器,它的滤芯用一个圆柱形骨架附上金属网制成,油在滤器中的流动状态如图1-19中箭头所示。

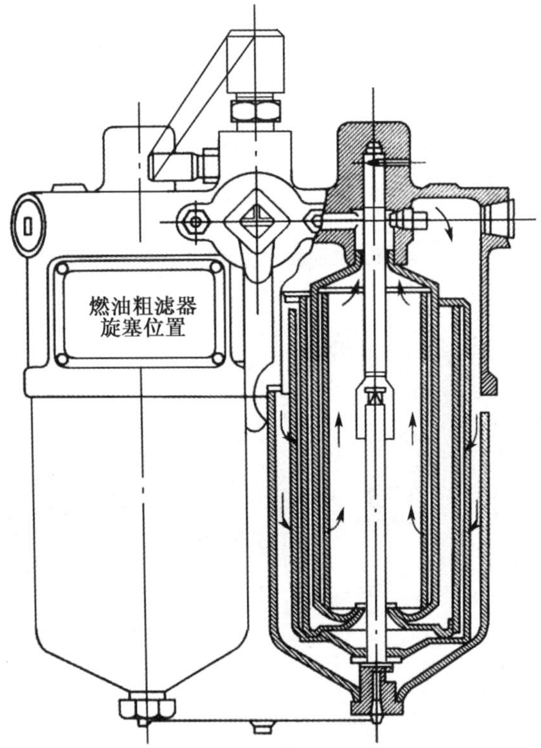

图1-19　圆筒形网式粗滤器

(2)金属薄片式滤器

金属薄片式滤器比网式滤器更完善些,既可作粗滤器也可作细滤器,它的滤芯如图1-20所示,通常是用薄金属片(或细金属丝)制成的,其过滤精度取决于金属片3的厚度,金属片 3 越薄说明滤芯缝隙越小,即过滤精度或者过滤的油的清洁度越高,反之亦然。

(3)滑油自清滤器

随着动力机械的发展,对润滑设备提出了更高的要求。如果频繁打开滤器,灰尘杂质容易进入,既影响了滤器使用的可靠性,又增加了管理人员的劳动强度,HLZ-40-SS 型滑油自清滤器能弥补以上缺陷。除此以外,它还能保持始终如一的过滤性能,对润滑油的品质进行控制。因此,滑油自清滤器是一种理想的过滤设备。

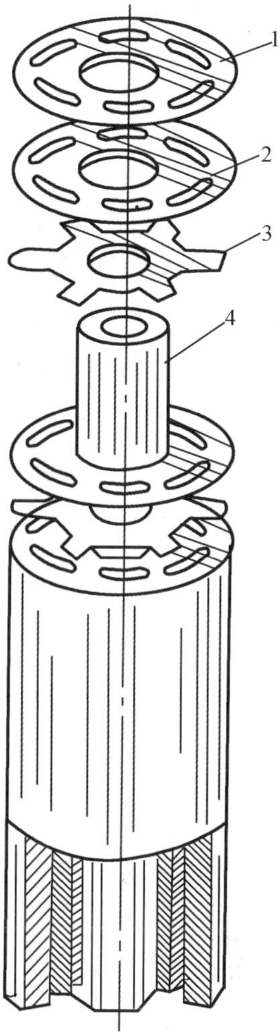

1—盖片;2,3—金属片;4—柱。

图 1-20 薄片式滤器

滑油自清滤器的主要优点是工作可靠,性能稳定,自动冲洗,使用维修方便,而且在清洗排污过程中,过滤器仍能正常工作。

HLZ-40-SS 型滑油自清滤器是一种组合式润滑油清洗设备,由过滤器、排污气控阀、空气调压阀及电气控制箱等组成。

滑油自清滤器工作原理如图 1-21 所示,润滑油由进油总管经过左右滤器底部入口,流经过滤元件 3,4,过滤出油中杂质,清洁的油在滤器上部排油口排出。过滤元件 3,4 夹在经过加工并有孔槽的内外圆筒之间,2,3,4,5,6,7 组成一个整体。3,4,5 由适于滤器应用的不锈钢网布制成并由 6,7 上下压圈夹紧在滤芯本体 5 上,防止润滑油从圆周方向泄漏。

在滤器盖 13 上装有功率为 180 W、转速为 1 400 r/min的电机,通过中间轴十字滑块 10、半联轴器 11、蜗杆轴 12 和速比为 $I=30$ 的涡轮减速器相连接,其输出小齿轮 9 与大齿轮 8 相啮合,带动滤芯在滤器壳体的冲洗孔和集污壳之间转动,冲洗介质(压缩空气)由外向内流动,将粘在滤芯上的杂质冲到集污壳内,经过气控阀排入机舱污油柜。

3. 空气滤器

空气滤器的作用是滤出压缩空气中的杂质,以保证系统的正常工作。它由滤器本体、滤网、螺塞和盖板组成。压缩空气进入滤器,杂质被滤网挡住,清洁的空气从滤器中排出。

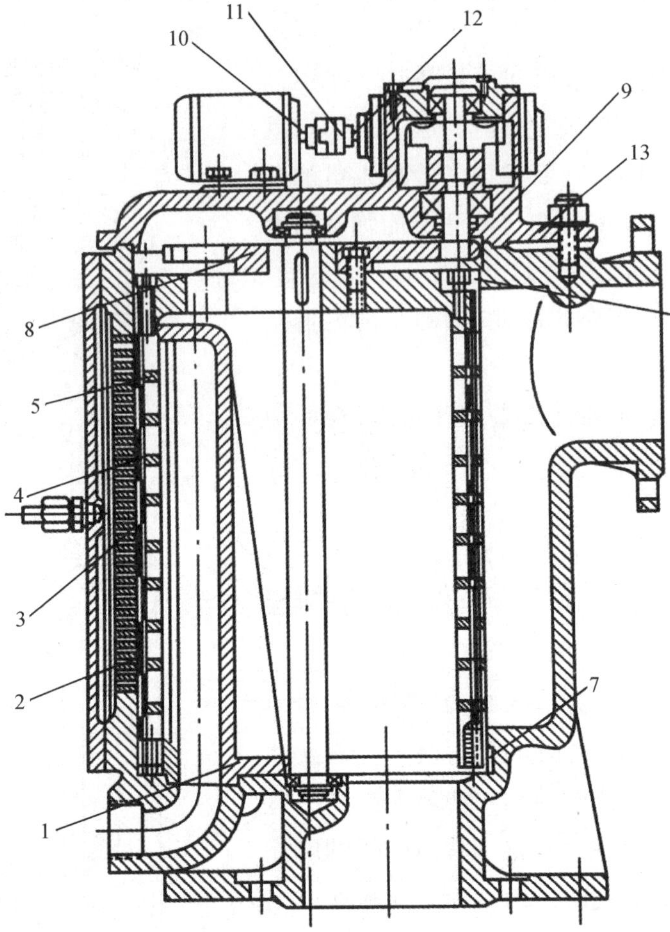

1—集油壳;2—滤芯外套;3—粗网布;4—细网布;5—滤芯本体;6—上压圈;7—下压圈;8—大齿轮;9—小齿轮;10—十字滑块;11—半联轴器;12—蜗杆轴;13—滤器盖。

图 1-21　滑油自清滤器工作原理

第二节　游艇的关闭设备

一、人孔盖

船用人孔盖按其形状可分为长圆形和圆形,其中长圆形人孔盖使用较广;按其密封类型可分为油密和水密,两者的区别在于密封垫圈的材料不同,油密采用耐油橡胶,水密则采用耐海(淡)水橡胶。

1. 人孔盖的形式

人孔盖按其安装后是否高出开孔表面可分为突出式和埋入式。

(1)突出式人孔盖

我国造船行业目前常用的突出式人孔盖按其结构形式可分为三种,即 A 型、B 型和 C 型。

A 型为长圆形突出式人孔盖，结构形式如图 1－22 所示。其围板和座圈为焊接结构，高出开孔平面 100 mm；常用的规格按通孔尺寸（$L \times B$）分为 450 mm × 350 mm、500 mm × 400 mm、600 mm × 400 mm 及 600 mm × 450 mm；围板厚度 S_1 为 4 ~ 14 mm，座圈及盖板厚度 S 应比围板厚度大 2 mm。

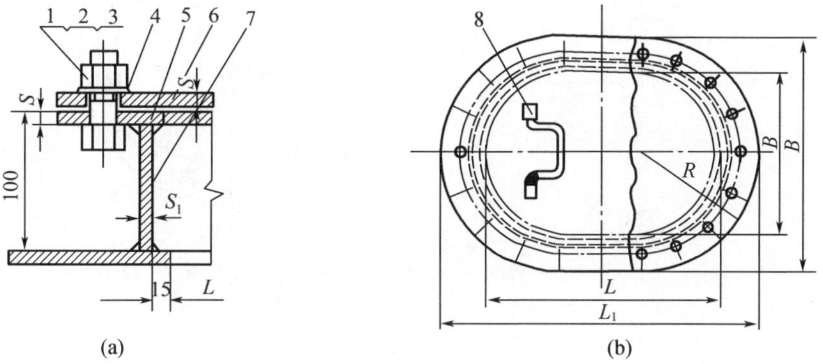

1—螺栓；2—螺母；3—垫圈；4—橡胶垫圈；5—座圈；6—盖板；7—围板；8—拉手。

图 1－22　A 型人孔盖结构

A 型人孔盖的围板较高，当盖板打开时，可以防止污水或垃圾进入舱内，因此通常用于机舱、锅炉舱及其他容易积水的处所。此外，A 型人孔盖还可以安装在表面为弧形的处所，如圆柱形起重机筒体基座或球形结构的表面。

B 型人孔盖为长圆形突出式人孔盖，结构形式如图 1－23 所示。座圈厚度为 20 mm；常用的规格及盖板厚度与 A 型人孔盖相同。B 型人孔盖广泛使用于甲板、内底板、平台和舱壁等部位的人孔开口。用于货舱底时在人孔盖周围加装钢镶框，加钢盖板或木盖板，使其逐渐过渡或与木铺板齐平。

C 型人孔盖为圆形突出式人孔盖，结构形式如图 1－24 所示，座圈厚度为 20 mm；常用的规格按通孔尺寸 D 分为 ϕ450 mm 和 ϕ600 mm；盖板厚度 S 为 4 ~ 14 mm。C 型人孔盖可用于甲板、内底板、平台及箱柜等部位。

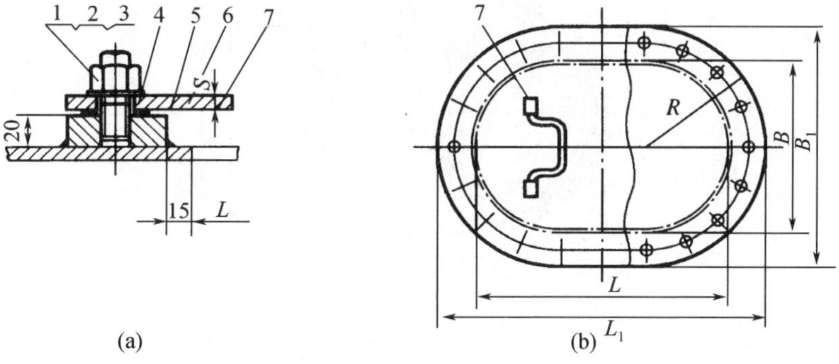

1—螺柱；2—螺母；3—垫圈；4—橡胶垫圈；5—座圈；6—盖板；7—拉手。

图 1－23　B 型人孔盖结构

① 鉴于专业特点，本书图中未标注长度单位均为毫米（mm）。

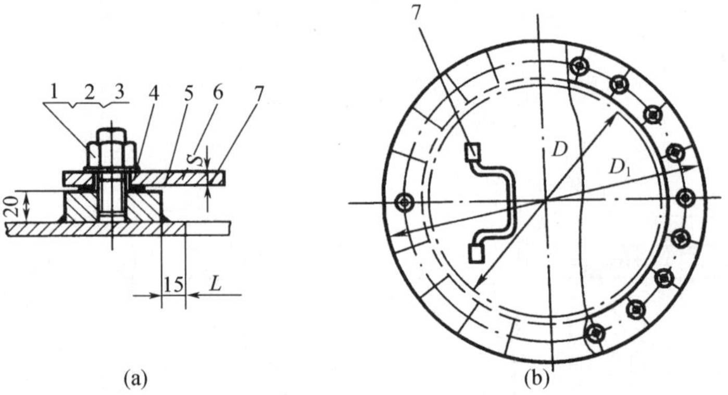

1—螺柱;2—螺母;3—垫圈;4—橡胶垫圈;5—座圈;6—盖板;7—拉手。

图1-24　C型人孔盖结构

(2)埋入式人孔盖

我国造船行业目前常用的埋入式人孔盖按其结构可分为两种,即D型与E型。这两种人孔盖均为长圆形,其构造如图1-25及图1-26所示。D型人孔盖带有上盖板,常用的规格按通孔尺寸($L \times B$)分为530 mm×430 mm、630 mm×430 mm及630 mm×480 mm,盖板厚度S为10 mm、12 mm。E型人孔盖规格与D型相同,其盖板厚度S为14 mm、18 mm。

D型及E型人孔盖均可用于要求平坦的货舱底部和甲板通道等处,以及便于货物装卸和人员走动的处所。

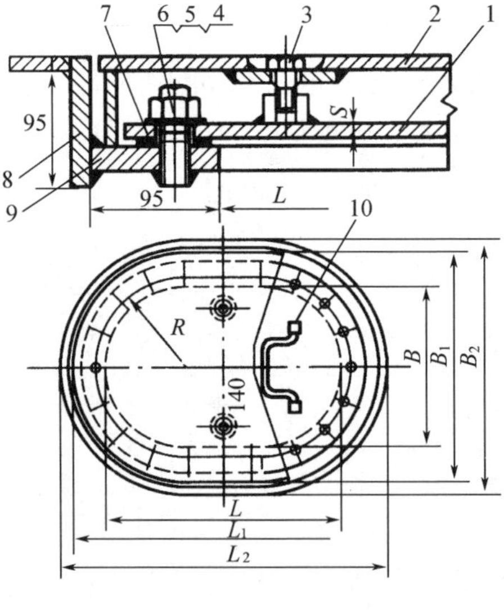

1—盖板;2—上盖板;3—螺栓;4—螺柱;5—螺母;6—垫圈;
7—橡胶垫圈;8—围板;9—座圈;10—拉手。

图1-25　D型人孔盖结构

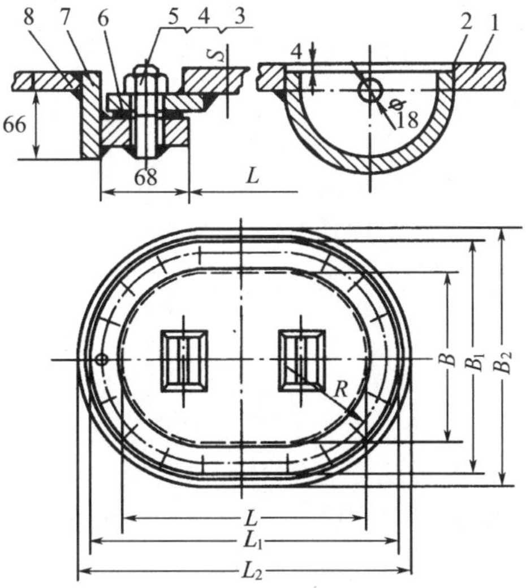

1—盖板;2—拉手;上盖板;3—螺柱;4—螺母;5—垫圈;
6—橡胶垫圈;7—围板;8—座圈。

图 1-26 E 型人孔盖结构

2. 人孔盖的材料

人孔盖的盖板、围板和座圈通常采用热轧碳素钢或与安装人孔盖处的船体结构相同的材料制造,垫圈和拉手采用普通碳素钢,密封垫圈采用阻燃型耐油或耐海(淡)水橡胶,螺栓或螺柱采用不锈钢或碳素钢,螺母采用碳素钢、不锈钢或黄铜等材料。碳素钢制作的螺栓、螺柱、螺母及垫圈均应镀锌。

3. 人孔盖的选择及布置要求

选择及布置人孔盖时,除了必须符合有关公约、规则和规范的规定外,还应考虑强度、用途和使用方便性。

人孔盖的强度主要体现在盖板的厚度及紧固螺栓的数量上。一般来说,盖板的厚度应不小于安装处的船体结构钢板(甲板、平台、内底板和舱壁)的厚度。由于盖板比其周围的船体结构钢板更容易腐蚀,因此当人孔盖安装处的船体结构钢板厚度小于 10 mm 时,盖板的厚度应比该处的船体结构钢板厚度大 1 mm。如果人孔盖安装处所的甲板或舱壁是由强度计算决定的,则该处人孔盖盖板厚度应能承受同样的水压力条件。

人孔盖应根据舱室密性要求及安装处所的情况选择合适的结构形式。淡水舱、压载水舱及艏艉尖舱等处所应选用耐海(淡)水橡胶作垫圈的水密人孔盖;燃油舱、滑油舱、污油舱等处所应选用耐油橡胶作垫圈的油密人孔盖。在机炉舱等易积水、积油处所的内底板上和饮用水舱顶部,应选用有围板的 A 型人孔盖;通道及生活、工作舱室内影响人员活动的区域必须设置人孔盖时,应选择埋入式人孔盖。喷气燃料油舱的人孔盖盖板必须采用黄铜制成,以免撞击产生火花。当人孔盖可能长期处在潮湿环境时,其螺栓或螺柱应采用不锈钢制作,而螺母则采用不锈钢、黄铜、钢质镀锌制作。

从人孔盖的使用来说,通孔尺寸大有利于人员出入,但由于船体结构、机械设备及管路布置等因素,人孔盖的尺寸受到一定的限制。通常在平面位置(甲板、平台、内底板)上安装通孔尺寸为 500 mm × 400 mm 的人孔盖是较合适的,除非布置确实有困难,尽可能不要选用通孔尺寸为 450 mm × 350 mm 的人孔盖。在舱壁或其他垂直部位上宜布置 600 mm × 450 mm的人孔,而且其长轴应沿垂直方向布置,通孔的下缘离人员站立处地面的高度应不小于 500 mm,便于人员跨越人孔。

在甲板上布置人孔盖时,一般应靠近下面的舱壁,并且将人孔盖的长轴平行于舱壁,便于在人孔下方安装直梯。为便于人员出入和通风,较大的液舱和空舱至少应设置两个互相远离的人孔盖。双层底内较大的舱室应在其两端设置人孔盖,必要时还应在其长度中间处加设一个人孔盖。设在内底板上的人孔盖,应至少离开主舱壁 800 ~ 1 000 mm,以免削弱主舱壁附近的内底板强度。

无论是在甲板、平台、内底板,还是舱壁上设置人孔盖,应尽量不切断该处的船体构架。如果布置确有困难,非得切断船体构架时,则应做适当加强。在一些保证船体结构强度的重要区域内,如甲板边板、舱口角隅及应力集中区的部位,不得设置人孔盖。

当同时在上下两层甲板或平台上设置人孔盖时,它们的位置应错开,如上一层甲板或平台有小舱口盖时,下一层甲板或平台上的人孔盖应设置在小舱口盖投影范围之外。

二、小舱口盖

小舱口盖是指开孔尺寸不大,用人力就能容易启闭的舱口盖。常用的小舱口盖主要有两种,一种是风雨密舱口盖,通常安装在干舷甲板以上的各层露天甲板和半封闭的上层建筑或甲板室内部的甲板上;另一种是非风雨密舱口盖,只能用于船舶内部的甲板或平台上。除此之外,还有一些专用的舱口盖,如货油舱的油舱盖、通气舱口盖等,需根据船舶的要求设置。

除非特殊设计,一般的小舱口盖不能用于液舱顶部。风雨密舱口盖只能承受外来风浪的袭击,不能承受来自舱内的强大水压力,因此对于船舶破舱以后需要保持水密的甲板或平台,不应设置小舱口盖。

1. 小舱口盖的形式

船用小舱口盖按其形状可分为方形、矩形、圆形和长圆形;按其密性可分为风雨密、非风雨密和油密;按其安装后是否高出开孔表面可分为突出式和埋入式。

小舱口盖主要由围板、盖板、铰链、夹紧装置、制止器、锁扣、把手和密封件等组成。较大的小舱口盖为了减轻盖板的开启力,还设有平衡块或弹簧铰链。围板和盖板的材料为 A 级船体结构用碳素钢,铰链板、制止器、锁扣和拉手等材料为普通碳钢,铰链和夹紧装置中有些零件,如夹扣螺栓、带舌插销、销轴等材料为不锈钢或碳素钢,翼形螺母、衬套和滑轮材料为黄铜,双扭簧材料为弹簧钢,密封件材料一般为耐老化橡胶,油密的密封件材料应用耐油橡胶。

(1)风雨密小舱口盖

①A 型小舱口盖

A 型小舱口盖为方形或矩形突出式舱口盖(图 1 – 27),盖板由翼形螺母夹扣与围板紧固,只能从外面启闭。较大的 A 型小舱口盖设有平衡块。

②B 型小舱口盖

B 型小舱口盖为方形或矩形突出式舱口盖(图 1 – 28),盖板由楔形把手夹扣与围板紧固,因此可以两面启闭。它用于储物舱和干货舱在露天甲板或非封闭上层建筑内的甲板上的出入口,也可用于内部通道在露天甲板的出入口。

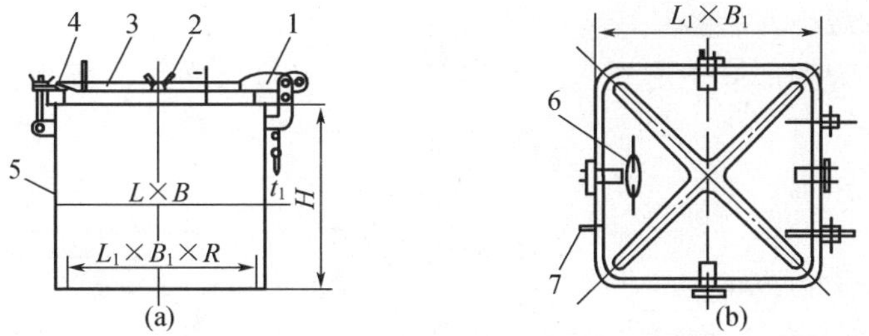

1—铰链;2—夹扣;3—盖板;4—密封件;5—围板;6—拉手;7—锁扣。

图 1－27　A 型小舱口盖结构

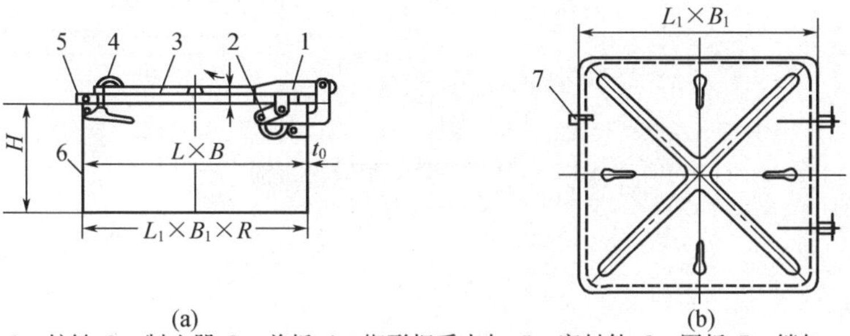

1—铰链;2—制止器;3—盖板;4—楔形把手夹扣;5—密封件;6—围板;7—锁扣。

图 1－28　B 型小舱口盖结构

③C 型小舱口盖

C 型小舱口盖为方形或圆形突出式舱口盖(图 1－29),盖板由中心旋转把手夹扣与围板紧固,可以从两面快速启闭。由于装有弹簧铰链,故舱盖的开启力较小。它常用于机舱及其他处所应急脱险通道在露天甲板上的出入口。

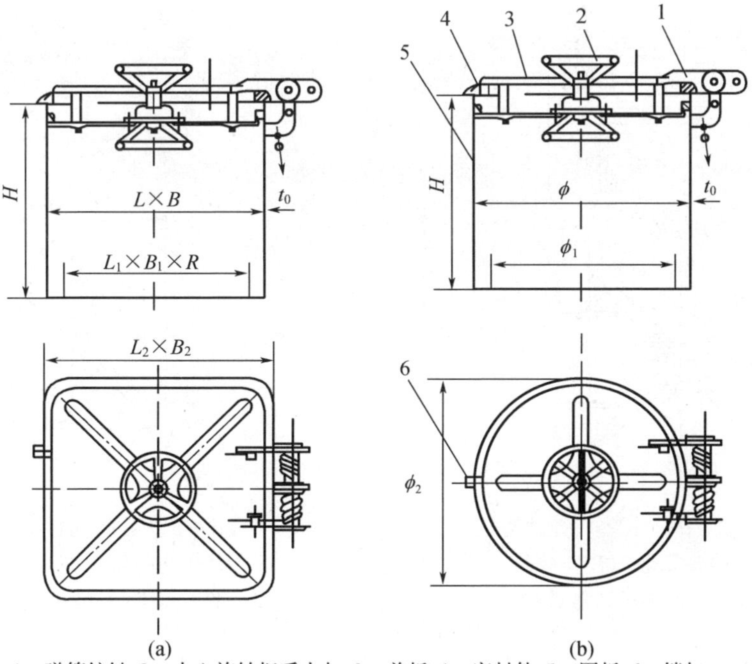

1—弹簧铰链;2—中心旋转把手夹扣;3—盖板;4—密封件;5—围板;6—锁扣。

图 1－29　C 型小舱口盖结构

④D 型小舱口盖

D 型小舱口盖为方形或矩形埋入式舱口盖(图 1－30),由可倒楔形把手夹扣与围板紧固,可以两面启闭。

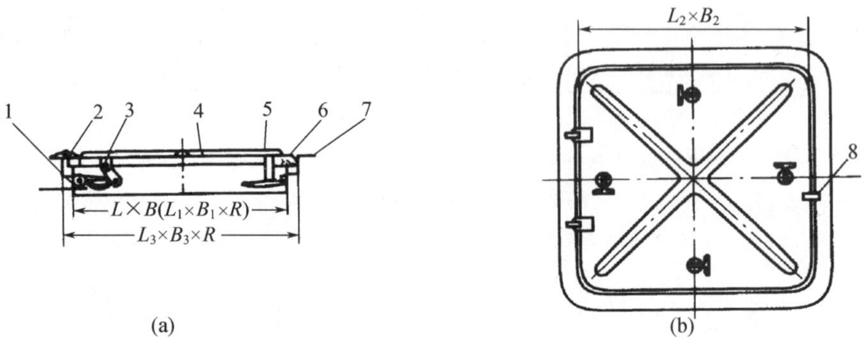

1,7－围板;2—铰链;3—制止器;4—盖板;5—可倒楔形把手;6—密封件;8—锁扣。

图 1－30 D 型小舱口盖结构

(2)非风雨密小舱口盖

①E 型小舱口盖

E 型小舱口盖为方形或矩形突出式舱口盖(图 1－31),盖板仅由一个翼形螺母夹扣与围板紧扣,单面启闭。它用于封闭的上层建筑或无风雨密要求部位的舱口开孔。

②F 型小舱口盖

F 型小舱口盖为方形或矩形突出式舱口盖(图 1－32),盖板仅由一个楔形把手夹扣与围板紧扣,可以两面启闭。它用于密闭的上层建筑内或无风雨密要求部位的舱口开孔。

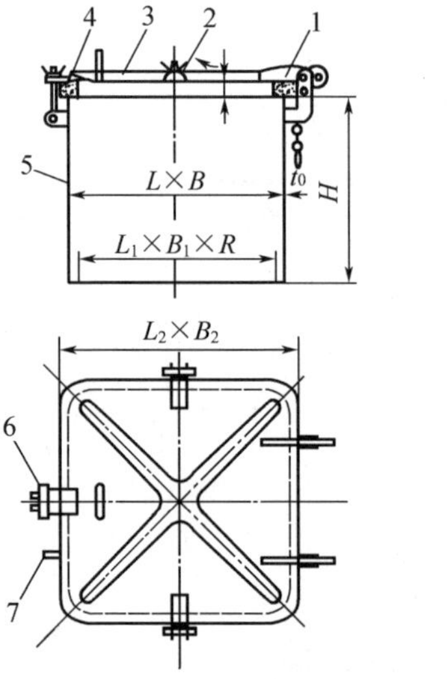

1—铰链;2—盖板;3—拉手;4—缓冲件;5—围板;6—翼形螺母夹扣;7—锁扣。

图 1－31 E 型小舱口盖结构

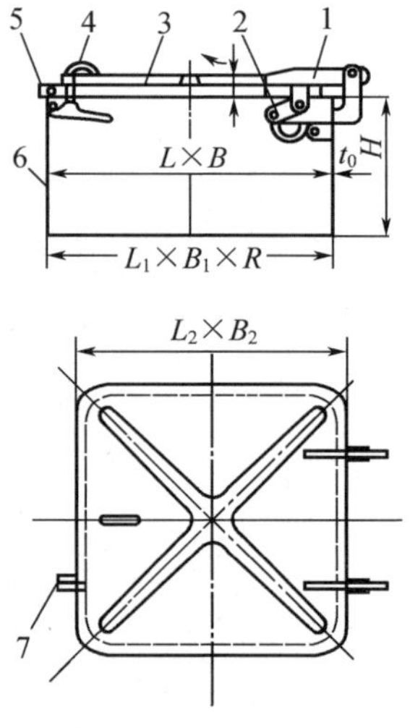

1—铰链;2—制止器;3—盖板;4—楔形把手夹扣;5—缓冲件;6—围板;7—锁扣。

图 1－32 F 型小舱口盖结构

2. 小舱口盖的选择及布置

选择及布置小舱口盖时，必须符合有关公约、规则和规范的规定，另外还应考虑其合理的结构形式和合适的安装部位。

通常干货舱或储物舱可以设置带有螺旋夹扣或楔形把手的小舱口盖，并配置挂锁，油舱应设置专用的油舱盖。安装于内部应急脱险通道在露天甲板上的出入口处的小舱口盖，应采用两面可启闭的小舱口盖，并以设置有中心旋转把手夹扣和弹簧铰链的快速启闭小舱口盖为宜。

设置在上层建筑或甲板室前面的露天甲板上的小舱口盖，其盖板应该向船首方向启闭；设置在靠近舱壁（或围壁）处的小舱口盖，与舱壁（或围壁）或扶强材和绝缘之间应留有足够的空间，以保证盖板完全开启后，螺旋夹扣的翼形螺母和活节螺栓能顺利地放倒而不会碰到舱壁。

小舱口盖下面需设置斜梯时，舱口的开孔大小应保证人员上下斜梯时有足够的空间。小舱口盖下面需设置直梯时，仅作为人员出入口，则舱口开孔位置应使直梯能在通孔范围内。

当上下两层甲板或平台均设置供人员出入用的小舱口盖时，这两个小舱口盖位置应错开，否则既不安全，又会影响直梯的安装和舱口盖的启闭。若是专供物品出入需要在上下两层甲板或平台同一位置上设置小舱口盖，则不应设置直梯。

小舱口盖的大小应考虑到船体结构，不得因设置小舱口盖而切断强构件，如必须切断非强力构件（纵骨或横梁），则应对该处结构做加强处理。

三、船用门

1. 水密门

船舶舱壁甲板以下的水密舱壁上的出入口需设置水密门，其形式有滑动式、铰链式和滚动式。滑动式水密门按其结构可分为竖动式和横动式，按其操纵方式可分为手动和动力操纵两种形式。

（1）手动滑动式水密门

目前，常用的手动滑动式水密门有两种形式：A 型手动水平滑动式水密门（图 1－33）、B 型手动垂直滑动式水密门（图 1－34）。这两种门均为手动机械传动，但只能在门的一侧用手摇动扳手，经传动轴带动齿条来操纵门的开启和关闭。该门的门板、门框、门框座、导向板及传动装置等主要零件采用钢质材料，其中门框可以采用铸钢或钢材焊接，门滑条则采用黄铜。该门主要用于甲板间分隔货舱的水密舱壁上。

（2）液压滑动式水密门

常用的液压滑动式水密门属于动力操纵形式，一般有两种：一种为手动液压滑动式水密门；另一种为电动液压控制的动力滑动式水密门。

手动液压滑动式水密门为水平滑动式门，如图 1－35 所示。该门的液压系统配有三套手动操纵装置，可以在门的两侧及上甲板某一位置分别各自操纵门的开启和关闭。每套手动操纵装置均有手摇泵和手动换向阀。该门的门板、门框座板、导向板等为钢质焊接件，门框为铸钢件。该门可用于甲板间分隔货舱的水密舱壁上。

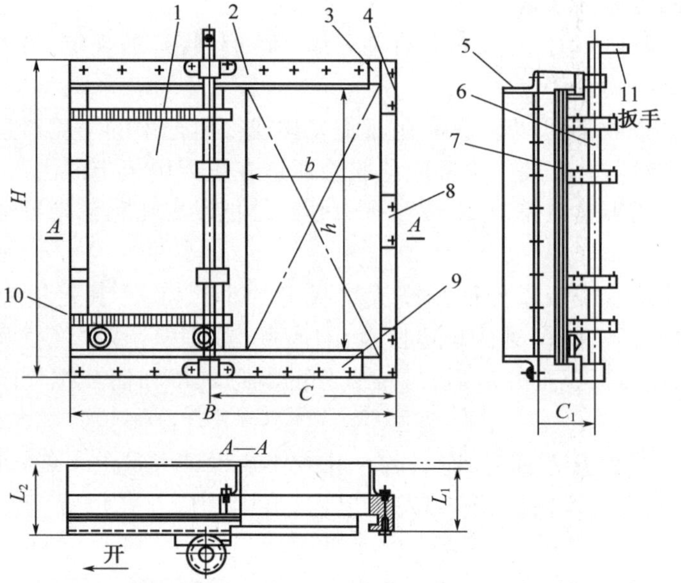

1—门;2—上导向板;3—门框;4—压板;5—门框座;6—传动轴;7—压紧轮;
8—中间压板;9—下导向板;10—齿条。

图 1－33　A 型手动水平滑动式水密门

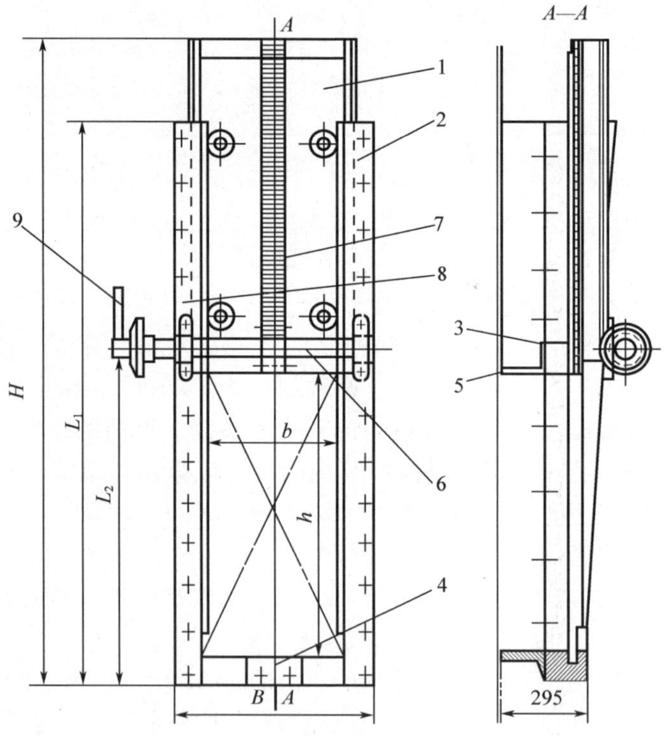

1—门;2—右导向板;3—门框;4—压板;5—门框座;6—传动轴;
7—齿条;8—左导向板;9—扳手。

图 1－34　B 型手动垂直滑动式水密门

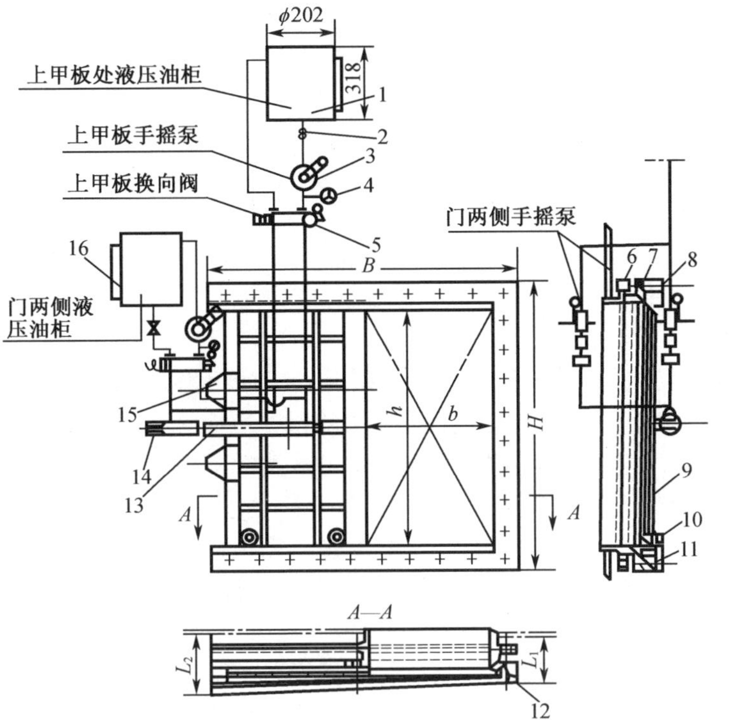

1—油柜；2—截止阀；3—手摇泵；4—压力表；5—手动滑阀；6—门框座板；7—门框；9—上导向板；10—滚轮；11—下导向板；12—压紧板；13—液压油缸；14—眼板；15—坚固钩；16—液位表。

图 1－35　手动液压滑动式水密门

动力滑动式水密门的结构与手动滑动式水密门相似，但门的操纵系统有明显的区别。动力滑动式水密门设有独立的液压泵组、蓄能器及油箱等设备。操纵系统内设有电磁换向阀，因此可以由设置在门两侧的按钮操纵门的开启和关闭，而在驾驶室只能遥控操纵门的关闭，同时在操纵系统内配有三套手动操纵装置，每套手动操纵装置均有手摇泵和手动换向阀，并分别设置于门的两侧和上甲板上，用于操纵门的开启和关闭。

2. 风雨密门

风雨密门是设置于舷甲板以上的封闭上层建筑、甲板室、机舱棚及升降口的出入口的关闭装置。风雨密门的结构应与所安装处的围壁结构具有同等强度。国内造船行业目前常用的钢质风雨密门分为 A、B、C、D 四个等级，其中 D 级门可加设固定圆窗。按门的角隅形状风雨密门又可分为方角门（F 型）和圆角门（Y 型），如图 1－36 所示。

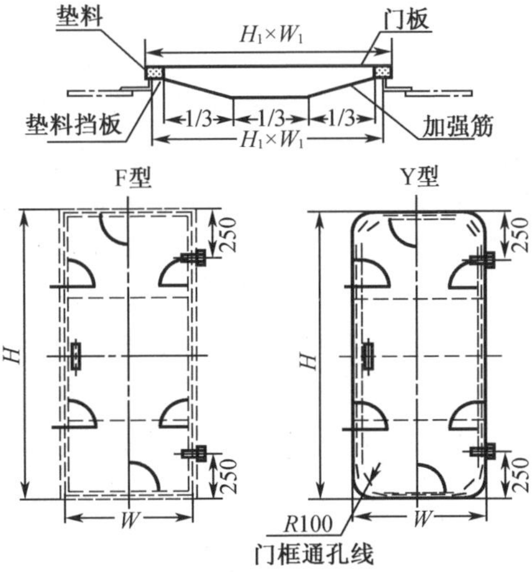

图 1－36　钢质风雨密门

3. 舱室门

舱室门对于货船来讲是上层建筑内部的一

些房舱门,但不包括主甲板外壁上的水密门。对客船来说是指各层甲板上内部的一些舱门,也不包括甲板上外围壁上的水密门和机舱内的水密闸门、网门等。各层甲板和上层建筑内部房舱门的主要用途是:沟通上层建筑内部的各个区城;对房舱与相邻居住区域或其他区域进行隔音、隔热,并维持房间的温度和湿度;保证房舱具有一定的私密性;船舶一旦发生火警时能应急隔离。

(1)舱室防火门

防火门按防火等级分为A级门和B级门。A级又可分为A-60级、A-30级、A-15级、A-0级;B级又可分为B-15级、B-0级。

①A级门

A级门即A级防火门,是设置在A级舱壁上,且与该舱壁具有等效的耐火性能(包括阻止烟及火焰穿过的效能)的门,它还具有作为关闭设备所应具有的功能。

如前所述,A级门应当属于A级舱壁耐火完整性的范畴,之所以将它单独列为一类A级分隔,主要是因为如下两个原因。

A级门由两类门组成,一类是防火门,一类是水密门。这两类门很难绝对地加以区分。限界线以下水密舱壁(有时即为主竖区舱壁)上的门虽也能兼起防火门的作用,但由于它们设于水下部位,主要的作用是关闭后保持分隔的水密性,以维持船舶的抗沉性,因此安全公约规定,这类门一般不要求填充隔热材料;在限界线以上部位的A级门,则应首先满足公约和规范对防火性能的要求,再兼及水密性(如有水密性要求的话)。这里主要叙述防火门。

A级防火门同其他A级分隔一样,分为A-60级、A-30级、A-15级和A-0级四个耐火等级,具体选用哪一个等级的防火门应遵循"提供等效于其所在舱壁的耐火性能"这样一项原则,即与所在舱壁相同的耐火等级,设置A-60级舱壁上的门,也应为A-60级,以此类推。但是有一点例外,即对于船舶上层建筑及甲板室的外门,不做这样的要求。这类通往开敞甲板处所或外走道的门,不需要满足防火门的要求。

图1-37为A-60级防火门的构造图,其结构主要由门框、门板(面板)、芯材(绝缘材料)、拉手、锁链、闭门器、加强板等组成。A级防火门在结构上的一个特点是除极个别情况(一般仅指无线电报务室通向内走道的门)允许在门上设置尺寸为400 mm×500 mm可踢出的应急通孔外,不允许在门上设置其他开口(包括通风开口)。

图1-37　A-60级防火门

所有A级防火门除了要满足耐火性能的共同要求外,在不同种类的船舶上使用时,还需满足各自的特殊要求。

②B级门

B级门即B级防火门,是设置在B级舱壁上,且与该舱壁具有等效的耐火性能(包括火焰穿过的效能)的门。与A级门相仿,B级门应该属于B级舱壁耐火完整性的范畴,是在B级分隔上开口后对关闭装置要求的问题。基于与A级门同样的理由,将它列为B级分隔中比较特殊的一类。

B级门与其他B级分隔一样,分为B-15级和B-0级两个耐火等级,具体选用时应遵循"提供等效于其所在舱壁的耐火性能"的原则,即与所在舱壁相同的耐火等级。但对上层建筑甲板室的外门不做如此要求，这类门不需要满足防火门的要求。

B 级门的构造与 A 级门相似。其结构主要由门框、门板、芯材（绝缘材料）、出口、锁链、拉手、加强材等组成。A 级门不允许设踢出口，但 B 级门不同，除了梯道环围的门上及门下不允许开设通风口外，其余用于走廊舱壁上通往起居处所等舱壁上的 B 级门上及门下面允许开设通风口。这种开口如开在门上，则只允许设在门的下部。

B 级走廊舱壁上用作起居处所舱室的 B 级门，在船体因碰撞等意外原因造成结构变形时可能导致门不能正常开启。为避免人员被困在舱室内，往往在门上设有可踢出的应急孔。譬如，在客船上层建筑范围内的旅客舱室门，就常设有这类应急孔。应急孔可单独设置，亦可将通风栅设在其上。这种应急孔的设置，应满足最初半小时标准耐火试验中火焰不能从缝隙中穿过，并满足结构背火一面对于温度增高限制（B－15 级门）等基本要求。

（2）舱室空腹门

舱室空腹门按其材料可分为舱室木门、玻璃钢舱室空腹门、铝质舱室空腹门等非防火门。

①舱室木门

舱室木门用于内部舱室围壁上，由于其防水、防火性能差，以及木材资源日益短缺等原因，目前在海船中已不多见了，主要用于国内内河船只或不受国际公约约束的船只（如军舰）。其结构一般是中间木质框架，两面复三合板或五合板，现在常用塑料贴面胶合板。门叶下部可带通风栅，门的上部可设方窗或圆窗，也可以不带窗。

②玻璃钢舱室空腹门

这种由玻璃钢材料制成的门，可用在独用盥洗室代替木门。由于玻璃钢不怕水、外表光滑美观、质量轻，在某些军舰上，为减少船舶自重，也可用作房舱门，但价格高。图 1－38 所示为 A 型带圆窗玻璃钢门。

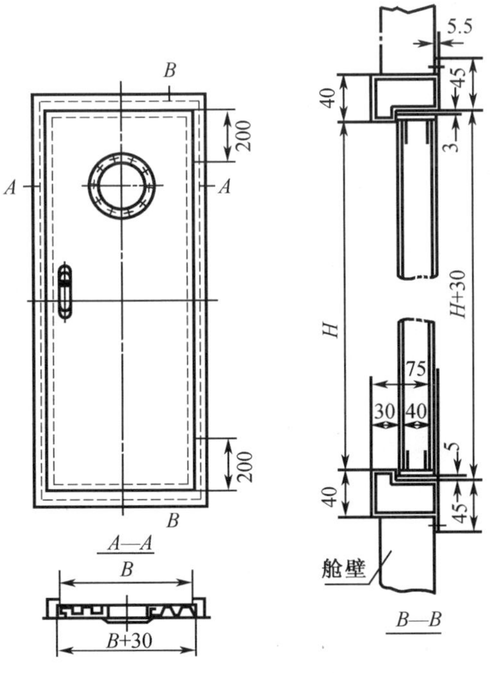

图 1－38　A 型带圆窗玻璃钢门

③铝质舱室空腹门

铝质舱室空腹门的门板和门框均采用铝合金制作，有的铝质舱室空腹门的门板内部还衬以蜂窝状铝箔，以增加门板强度。图 1－39 所示为带应急通孔铝质舱室空腹门（B 型），A 型及 C 型门的结构与其相似。

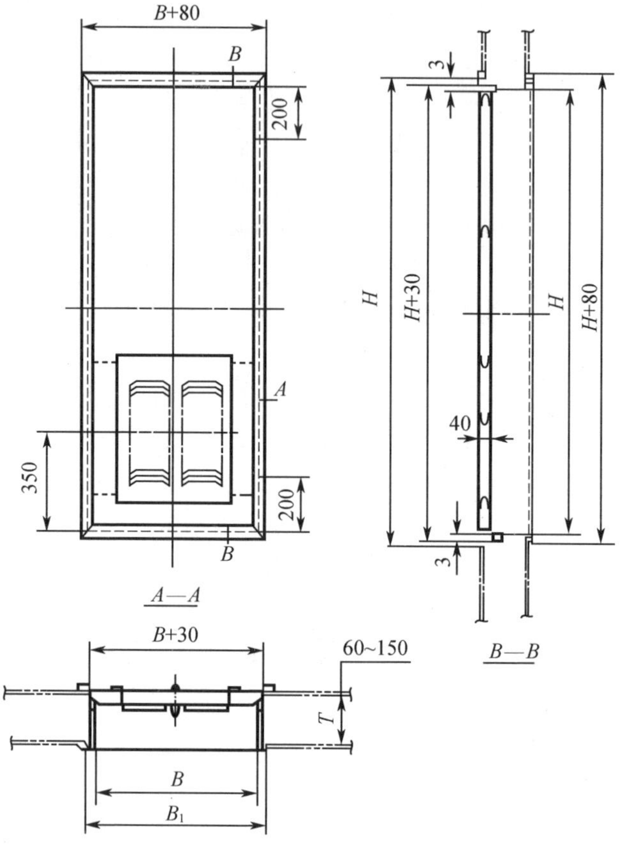

图 1－39　B 型带应急通孔铝质舱室空腹门

四、船用窗

1. 船用窗的类型

船上的窗按其设置部位、形式、结构、材料和功用等有多种分类方法，如图 1－40 所示。

- 窗
  - 侧窗
    - 舷窗
    - 矩形窗
  - 甲板窗
    - 甲板采光窗
    - 天窗

图 1－40　船用窗的分类

舷窗有固定式和活动式，前者不能开启，后者可开启；按水密承压能力分重型（7～10 m 水柱）、普通型（5～10 m 水柱）、轻型（2 m以下水柱）。图 1－41 为重型活动式舷窗。在水

密区域里的窗，设有防暴盖，这样的窗在风暴天气时无法保持采光。舷窗为圆形，规格用透光

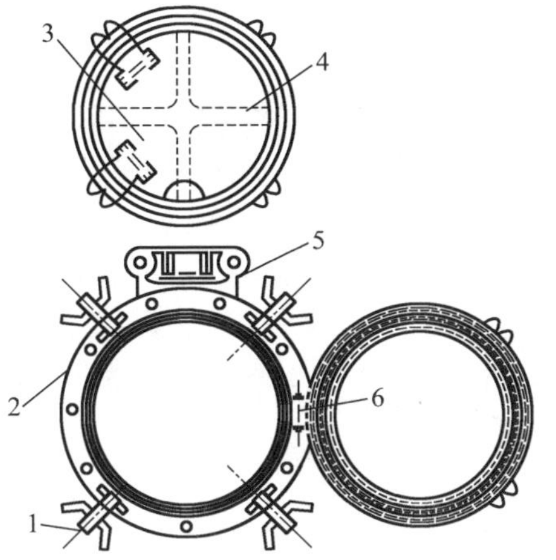

1—窗座；2—窗框；3—钢化玻璃；4—风暴盖；
5—翼形螺母；6—特种螺母。

图 1－41　重型活动式舷窗

玻璃直径表示，通常有 ϕ200 mm、ϕ250 mm、ϕ300 mm、ϕ350 mm、ϕ400 mm 几种，视船的大小（肋距）选用。兼作逃生口者必须在 ϕ350 mm 以上。

矩形窗用于无水密要求的上层建筑内，承压小于 5 m 水柱，透光尺寸（宽 w × 高 h）愈大承压愈低，如图 1－42 所示。

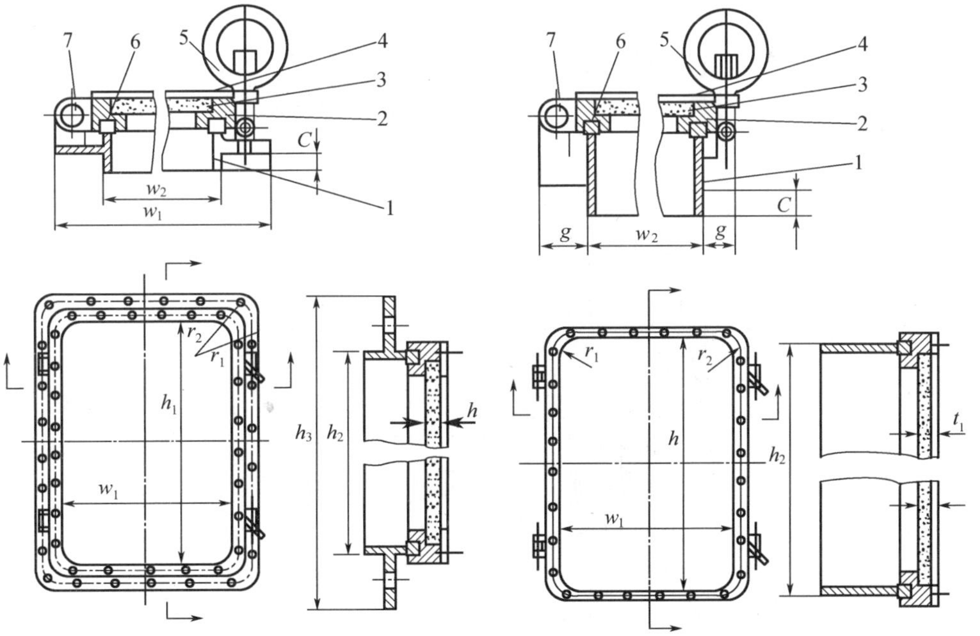

(a) **螺栓式**　　(b) **焊接式**

1—主窗框；2—窗扇框；3—钢化玻璃；4—玻璃压板；5—锁紧装置；6—密封垫料；7—铰链销。

图 1－42　矩形窗

甲板采光窗安装与甲板平面齐平，透光面用棱形玻璃，使甲板下的空间接受的不是直照阳光，而是均匀柔和的散射光，通常作公共舱、通道等顶部采光用，如图 1－43 所示。

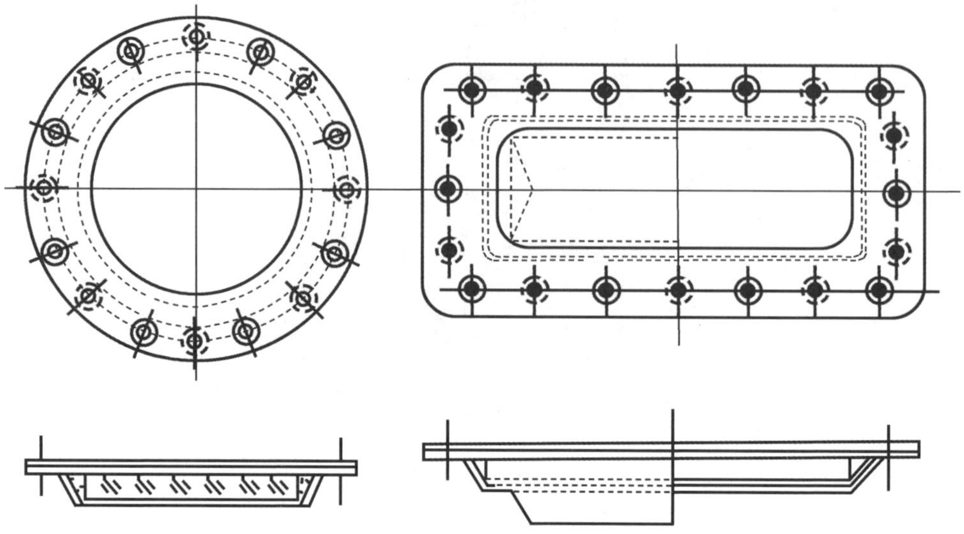

(a)圆形窗　　(b)矩形窗

图 1－43　甲板采光窗

天窗窗盖可开启，盖上有圆形或矩形透光玻璃，除采光外还兼作自然通风之用，一般在机舱、炉舱、厨房或小船舱室顶上设置，如图 1－44 所示。

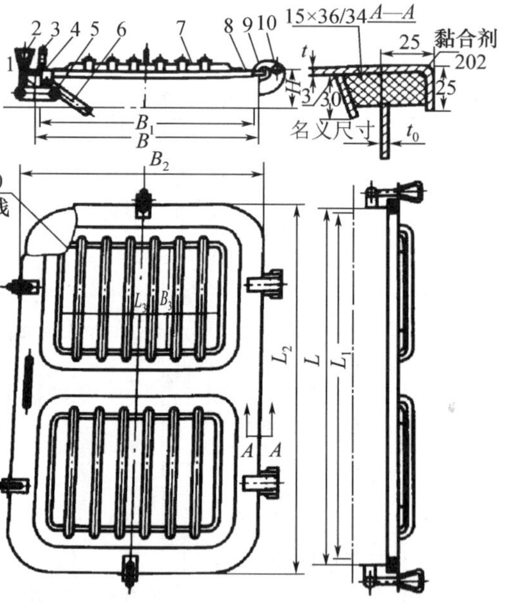

1—围板；2—螺旋夹扣；3—拉手；4—耳板；5—六角螺栓螺母垫圈；6—支撑；7—带护栅固定矩形窗；8—盖板；9—密封橡皮填料；10—铰链。

图 1－44　天窗

2. 窗的配备

一般船员舱设一扇窗，高级船员起居室设两扇窗的较多。餐厅、吸烟室等公用舱室视外舷壁设2～4扇窗。若结构加强不受限制，则限界线以下的人员住舱应设采光舷窗，只是数量应减到最少。

艇窗，小船一般用多300 mm，最小用多250 mm，大中型多用多350 mm以上。方窗，同样根据肋骨间距大小配以合适的窗，另外要考虑水密承压要求。透光尺寸300 mm×400 mm窗承压5 m(水柱)，350 mm×50 mm、400 mm×550 mm、450 mm×600 mm窗承压2 m(水柱)。在上层建筑内的一般舱室之窗，大规格的(550 mm×600 mm、600 mm×700 mm、800 mm×900 mm)窗用于要求视野广阔的驾驶室。

3. 窗的布置

窗的布置应有利于室内较合理而均匀地采光。若舱室相邻两壁都是外壁，同时在两壁上都开窗，并偏离于两壁交角，有利于整个室内照度的均布。实际上相对两壁开窗能使光分布较为理想，但船上除大厅室或统舱外，一般空舱或居室这样设置的可能性较小，而且相邻两壁都能开窗的室也不多。窗仅能一侧布置时，一扇窗最好在室长中部。两扇窗应适当拉开，使两侧也能有一定光照。

应审视全船门窗的设置对船外观的影响，每一层甲板的窗的大小、高低、形式要尽可能统一，窗高连线应平行于弧线，使窗的间隔分布富有韵律感。

人站立时眼睛高度范围为1 300～1 700 mm。一般舱室窗的中心线高度可设在1 500 mm或1 650 mm处，游览船要求在座位时也能观赏外景者除外。

4. 船用窗布置图

船舶舱室有各种各样的窗，如舷窗、方窗、落地窗、防火窗等。其从材质来分有钢质窗和铝质窗；从外形来分有矩形窗和圆形窗(一般为舷窗)。有的窗是不能开闭的，如舷窗；有的窗是可开闭的(左右内开或左右外开)。设计窗时主要考虑类型(如铝质矩形窗且带扫雪器)、数量、中心高度、围壁开口等。窗口的数量、形式、位置参照舱室布置图。与舱室门一起画出门窗布置图，既可作为门窗布置图，为船检的备查图纸，又可作为订货依据。

思考与练习

1. 游艇可能采用的泵有哪些？
2. 简述游艇空压机的工作原理。
3. 游艇锅炉的类型有哪些？
4. 描述热交换器的结构。
5. 描述游艇常用滤器的工作原理。

第二章　游艇舵、锚和系泊系统

第一节　液压基础知识

大型游艇上有很多设备会用到液压系统，比如液压舵机、液压锚机、液压绞缆机、喷水推进装置控制换向的设备等。

一、液压传动的基础知识

尽管液压传动系统种类、功能、复杂程度不同，但它们的基本组成原理是相同的，都是利用液压传动的原理工作的，即流体力学中的帕斯卡原理工作的：施加于静止液体上的压力，等值传递到液体各个点；压力总是垂直作用于液体内的任意表面；液体中各点的压力在所有的方向上相等。

液压传动是指利用液压泵输出的高压液体的压力来驱动液压缸或液压马达，从而带动工作机械。

同理，液压系统的种类不同，功用不同，复杂程度相差很大，单系统都是由四个基本部分组成，现以液压千斤顶为例进行分析，如图 2－1 所示。

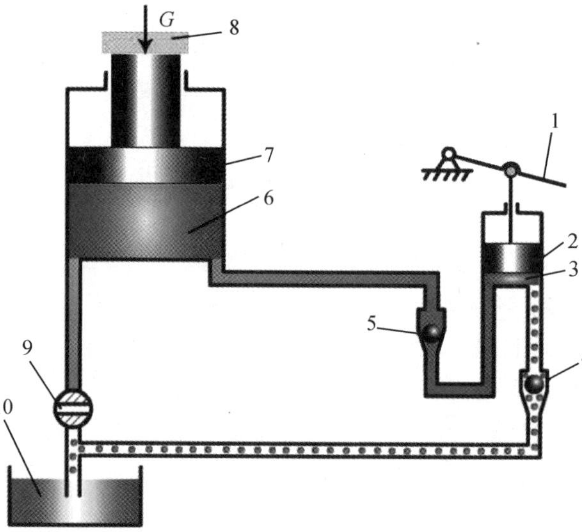

1—杠杆；2—小活塞；3—泵缸；4，5—止回阀；6—液压缸；
7—大活塞；8—重物；9—截止阀；10—油箱。

图 2－1　液压千斤顶组成原理图

1. 动力元件

动力元件的功用是将泵的机械能转换为液压油的压力能（液压能），如齿轮泵、螺杆泵、柱塞泵、叶片泵等容积式泵。柱塞泵的小活塞 2 如图 2－1 所示。

2. 执行元件

执行元件的功用是将液压能转换成机械能以带动工作部件运动,如各种液压缸或液压马达。液压马达是将压力能转换成旋转动作的元件,常见的液压马达有高速和低速两类,高速液压马达与各类液压泵结构相似,低速液压马达主要有柱塞式和叶片式两种。

3. 控制元件

控制元件的功用是控制液压系统中的液压油的流动方向、流量大小和压力的高低,以满足工作部件的运动方向、速度和所需力的要求。控制元件包括方向控制阀、流量控制阀和压力控制阀。止回阀和截止阀如图 2-1 所示。

4. 辅助元件

辅助元件的功用是协助组成液压系统,保证液压系统工作的可靠性和稳定性,上述三种组成部分以外的元件都属于辅助元件,如油箱、滤油器、蓄能器、压力表、热交换器、油管和管接头等。

液压系统中用于传递能量的介质是矿物质油,其功用除了传递能量外,还有冷却、润滑、防锈、减震和净化等。

二、液压控制阀

液压系统中使用的液压控制阀按用途不同可分为三类。

方向控制阀:用于控制液压系统中油液的流向,如单向阀、换向阀等。

压力控制阀:用于控制液压系统中油液的油压,如溢流阀、减压阀、顺序阀等。

流量控制阀:用于控制液压系统中油液的流量,如节流阀、调速阀等。

上述三类阀既可以单独使用也可以组合成复合阀。

1. 方向控制阀

(1)单向阀

①普通单向阀

普通单向阀的功用是使油只能单向流过。其阀芯较多采用导向和密封较好的锥阀,小流量的也可采用结构简单的球阀。

如图 2-2 所示为采用直通式锥阀结构的普通单向阀。当压力油由 A 口进入时,油压力 p_1 克服弹簧 3 的张力和阀芯 2 的摩擦阻力、惯性力,使阀芯开启,油流向 B 口;而当压力油由 B 口进入时,弹簧力使阀芯迅速关闭,截断油路。单向阀的弹簧有不同规格供选用。若仅用来控制油单向流动,可选用较软的弹簧,以减小油正向流动的压力损失($p_1 - p_2$)。这种单向阀的开启压力一般为 0.03~0.05 MPa,在允许流量范围内损失通常增加不多。

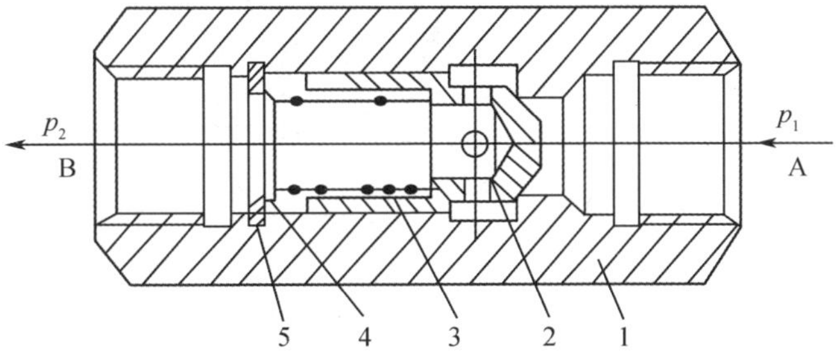

1—阀体;2—阀芯;3—弹簧;4—弹簧座;5—挡圈。

图 2-2 普通单向阀

普通单向阀有时也装设在回油管路中作背压阀用,使回油保持一定的压力;此外,还可与细滤器、冷却器等并联,作安全阀使用,当这些元件因脏堵而压降过大时开启旁通。在这些场合，单向阀被当成了压力控制阀使用，这时需换用较硬的弹簧。背压阀开启压力一般为0.2～0.6 MPa；细滤器的安全旁通阀开启压力一般不超过0.35 MPa。

②液控单向阀

图2－3所示为液控单向阀结构简图和图形符号。当控制端K没有油压时，从A到B流动，流体压力作用在主阀芯上，克服弹簧力将锥阀从阀座上抬起，从B到A则不允许流动，这与普通单向阀动作一样；当需要油液反向通过时，接通控制油，顶杆上升打开主阀芯，让油液反向流出。

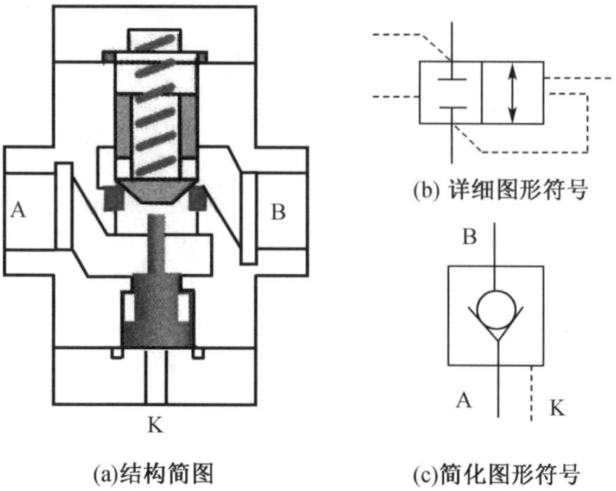

图2－3　液控单向阀结构简图和图形符号

③液压锁

液压系统中还常使用一种布置在同一阀体中的双联液控单向阀，亦称液压锁。图2－4所示即为带卸荷阀芯的液压锁。在A或B口有压力油通入时，不仅能将该侧单向阀芯顶开，让油通过，而且还可通过控制活塞2先使另一侧的卸荷阀芯3开启，然后再使单向阀芯4开启，允许回油流过。当A、B皆无压力油进入时，两侧单向阀芯在弹簧作用下皆关闭，可使油路锁闭。

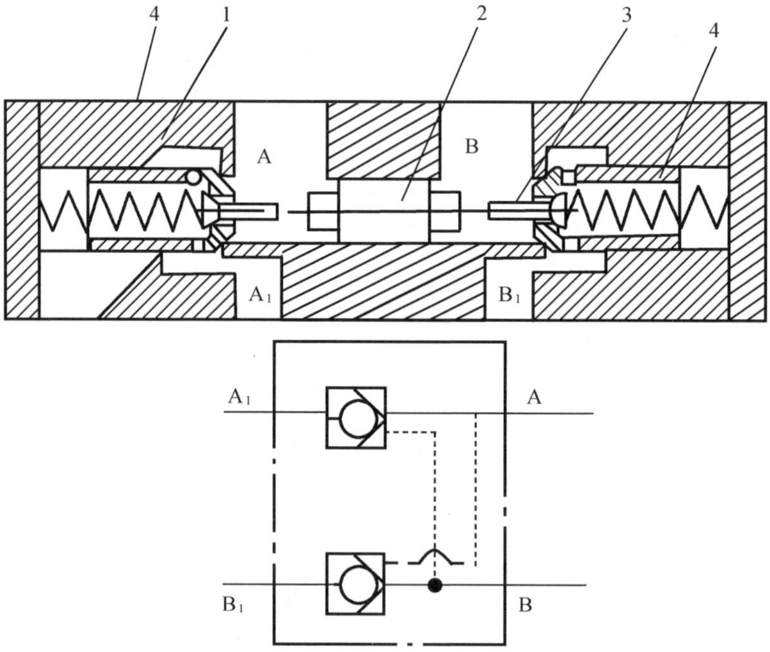

1—阀体；2—控制活塞；3—卸荷阀芯；4—单向阀芯。

图2－4　液压锁

(2)换向阀

换向阀的功用是利用阀芯相对阀体的位移,改变通过阀的油路的沟通情况。换向阀的控制方式有手动、机械、电磁、液动和电液等多种;按阀芯工作位置和所控制的油路的数目来分,则有二位、三位和二通、三通、四通、五通、六通等。

下面以常用的三位四通电磁换向阀和电液换向阀为例,说明换向阀的结构和工作原理。

①电磁换向阀

图 2-5 所示为力士乐公司 WE 型三位四通电磁换向阀的结构及图形符号。图中,压力油进口用 P 表示,通油箱或油泵吸口的回油口用 T 表示,而通执行元件的工作油口则用 A、B 表示。

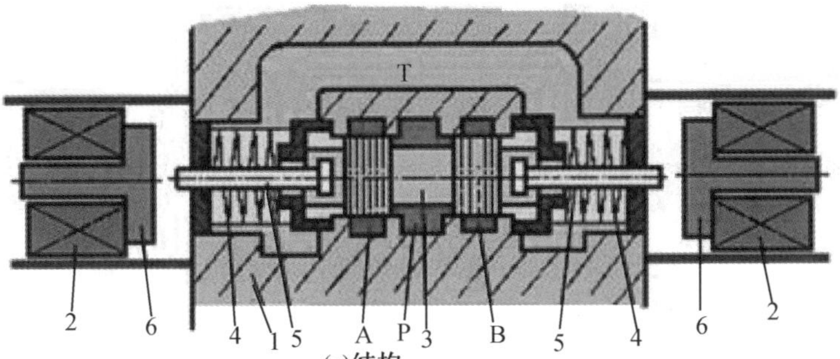

(a)结构

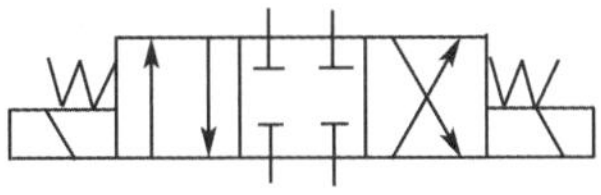

(b)图形符号

1—阀体;2—电磁铁;3—阀芯;4—弹簧;5—推杆;6—衔铁。

图 2-5 三位四通电磁换向阀结构及图形符号

三位四通换向阀的三个工作位置:

a. 当左、右电磁铁 2 都断电时,阀芯 3 即在两侧弹簧 4 的作用下处于图示中间位置,此时,各油口 P、T、A、B 不相通。

b. 当右端电磁铁通电而左端断电时,右端衔铁 6 被吸上而压动推杆 5,克服左端弹簧力和阀芯移动阻力将阀芯推到左端位置,油路变换为图形符号右框所示,P 与 B 通,A 与 T 通。

c. 当左端电磁铁通电而右端断电时,阀芯被推到右端位置,油路就如图形符号左框所示,P 与 A 通、B 与 T 通,于是通执行元件的进排油方向也随之改换。

电磁铁有故障时,可推动手动应急按钮移动阀芯。

换向阀的密封是靠阀芯的圆柱形台肩与阀体的配合间隙来保证的,间隙通常为 0.01 ~ 0.03 mm,对配合面的精度和粗糙度要求较高。间隙密封难免有少量内漏泄,不同规格换向阀的内漏泄量为 10 ~ 30 mL/min。

根据阀芯在中位的油路沟通情况,有多种不同中位机能的换向阀。我国规定的中位机能滑阀类型见表 2-1。国外产品所用滑阀类型并不同,订货时应注意。机能不同的阀在中位时作用不同。有的阀中位 A、B 隔断(如 O、M 型),则执行元件油路锁闭;而有的阀 A、B 相通(如 H、U、P、Y 型),则执行元件"浮动"——可在外力作用下随意移动。有的阀中位 P、T 相通(如 H、K、M 型),油泵卸荷;而有的阀中位 P、T 不通(如 O、Y、J、U、N 型),油泵不能卸荷;X 型中位油泵与回油口节流相通,仍保持一定压力(部分卸荷),可向控制油路供油。

②电液换向阀

电磁换向阀电磁铁吸力有限,滑阀尺寸不能过大,允许流量最大不超过 120 L/min,要求流量更大则应选用电液换向阀。

表 2-1 三位四通换向阀的中位机能

滑阀类型	符号	中位油口状况、特点
O 型	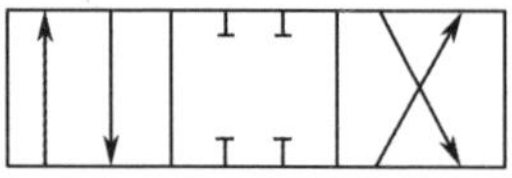	P、A、B、T 四口全封闭，液压泵不卸荷，液压缸闭锁。工作机构回油腔中充满油液，可以缓冲，从停止至启动比较平稳，制动时液压冲击较大。可用于多个换向阀的并联工作
H 型	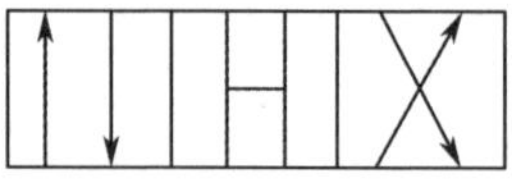	四口全串通，活塞处于浮动状态，在外力作用下可移动(如手摇机构)，泵卸荷。从停止到启动有冲击。不能保证单杆双作用油缸的活塞停止
Y 型	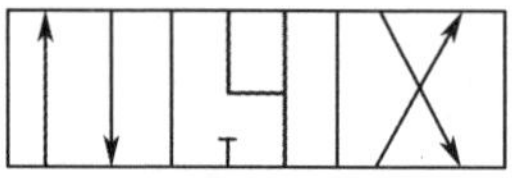	P 口封闭，A、B、T 三口相通，活塞浮动在外力作用下可移动，泵不卸荷。从停止至启动 O 型与 H 型之间有冲击、制动性能
K 型	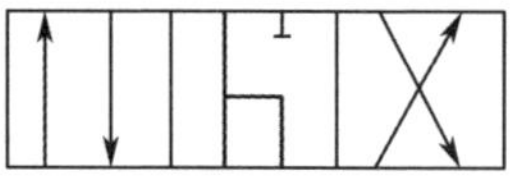	P、A、T 三口相通，B 口封闭，活塞处于闭锁状态，泵卸荷。两个方向换向时性能不同
M 型	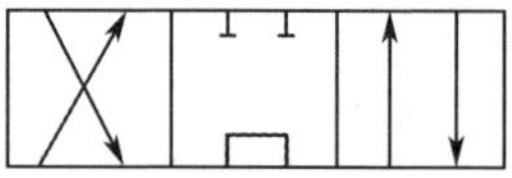	P、T 口相通，A 与 B 口均封闭，活塞闭锁不动，泵卸荷。不可用手摇装置，停止至启动较平稳，制动时液压冲击较大，可多个并联工作
X 型	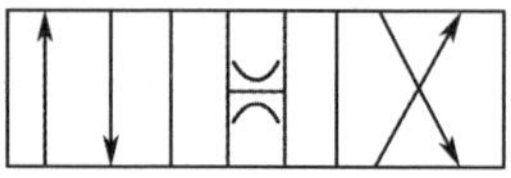	四个油口因节流口而处于半开启状态，泵基本上卸荷，但仍保持一定压力。避免换向冲击，换向性能介于 O 型与 H 型之间
P 型	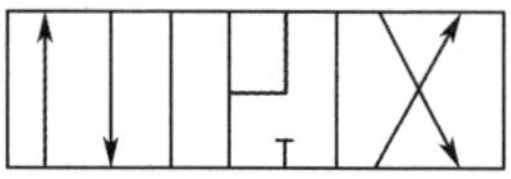	P、A、B 三口相通，T 口封闭，泵与缸两腔相通，可组成差动回路。从停止至启动比较平稳
J 型	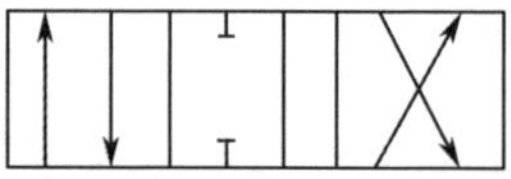	P 与 A 口封闭，B 与 T 口相通，活塞停止，但在外力作用下可向一边移动，泵不卸荷
C 型	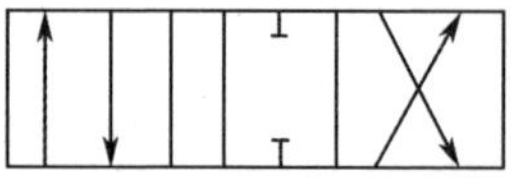	P 与 A 口相通，B 和 T 口皆封闭，活塞处于停止位置。油泵不卸荷。从停止至启动比较平稳，制动时有较大冲击
N 型	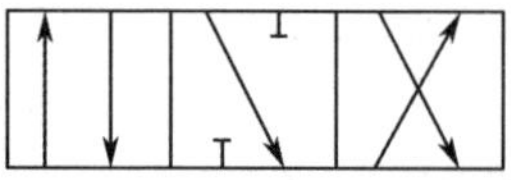	P 和 B 口皆封闭，A 与 T 口相通，与 J 型机能相似，只是 A 与 B 口互换了，功能也类似
U 型	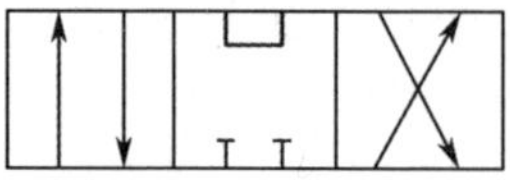	P 和 T 口都封闭，A 与 B 口相通，活塞浮动，在外力作用下可移动，泵不卸荷。从停止至启动、制动比较平稳

电液换向阀由作先导阀(简称导阀)用的、通径较小的电磁换向阀和控制主油路用的、通径较大的液动主阀叠加而成。图 2 – 6 所示为弹簧对中型电液换向阀。

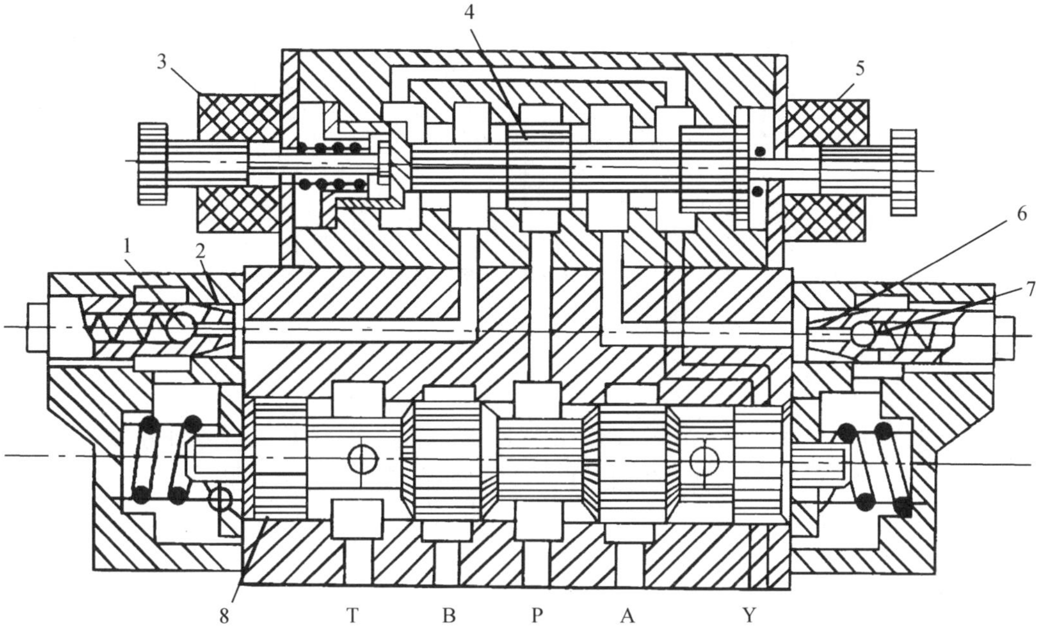

1,7—单向阀;2,6—节流阀;3,5—电磁线圈;4—导阀阀芯;8—主阀阀芯。

图 2 – 6 弹簧对中型电液换向阀

当导阀右端的电磁线圈 5 通电时,导阀阀芯 4 左移,控制油经阻尼器(单向节流阀)的单向阀 7 进入主阀阀芯 8 的右端控制油腔,而主阀左端的控制油则经阻尼器的节流阀 2 流回油箱,于是主阀阀芯克服弹簧力和移阀阻力被推到左端。反之,电磁阀左端电磁线圈 3 通电时,主阀则移到右端。弹簧对中型电液换向阀的导阀中位机能应选 Y 型,以便导阀两端线圈断电回中时,主阀两端控制油皆能泄回油箱,而使主阀芯在两端弹簧力作用下回中。

调小一侧阻尼器节流阀的开度,可使主阀芯向该侧移动速度减缓,减小液压冲击。阻尼器也可由一对单向节流阀组成一体,装在导阀与主阀之间。性能要求不高的可不设阻尼器。有的主阀的两端设有行程调节螺栓(可选),可改变主阀换向时油口的开度。

弹簧对中型电液换向阀结构简单,应用广泛,但其主阀阀芯须靠弹簧力回中,故弹簧较硬,控制油压须较高。另外,也有液压对中型电液换向阀,其电磁先导阀的中位机能为 P 型,两端电磁线圈皆失电时,控制油同时进入主阀阀芯两端的控制油腔,在定位套筒的帮助下使主阀阀芯处于中位,其具体结构可参见相关专业书籍。

③梭阀

液压系统中常用的梭阀实际是一种液控二位三通阀。图 2 – 7 所示为其结构图及图形符号。它有两个压力油入口 A、C 和出口 B。压力油由任一入口供入,推动阀芯关闭另一侧入口,使进油单独与出口沟通。

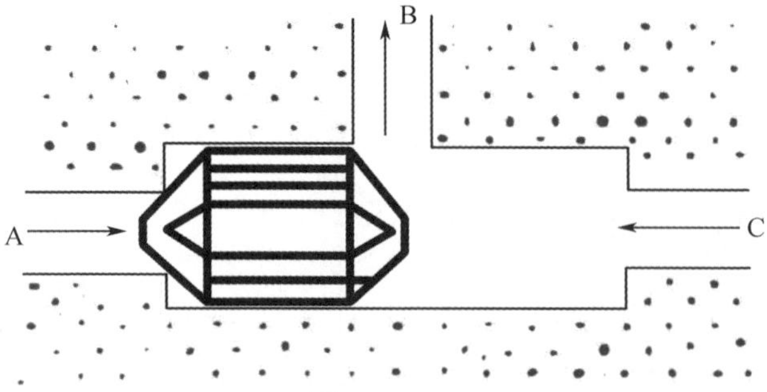

(a)结构

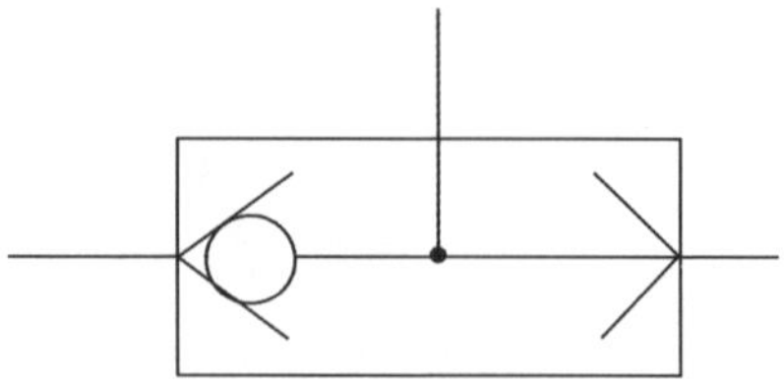

(b)图形符号

图 2－7　梭阀

2. 压力控制阀

(1)溢流阀

溢流阀的作用是在系统油压超过调定值时泄放油液。它最主要的功用有两个:一个是作安全阀用,在系统正常工作时常闭,仅在油压超过调定值时开启;另一个是作定压阀用,在系统工作时常开,靠自动调节开度改变溢流量,以保持阀前油压基本稳定。

溢流阀根据其动作原理可分为直动型和先导型。

①直动型溢流阀

如图 2－8 所示为力士乐公司的 DBD 型锥阀式直动溢流阀结构和我国规定的直动型溢流阀或溢流阀的一般图形符号。用调节手轮 5 可调节弹簧 2 的张力来改变调定压力。当 P 口油压超过调定值时,阀芯 3 开启,从 T 口溢油回油箱。阀芯外端的阻尼活塞 4 起导向和阻尼作用,可提高阀的稳定性。

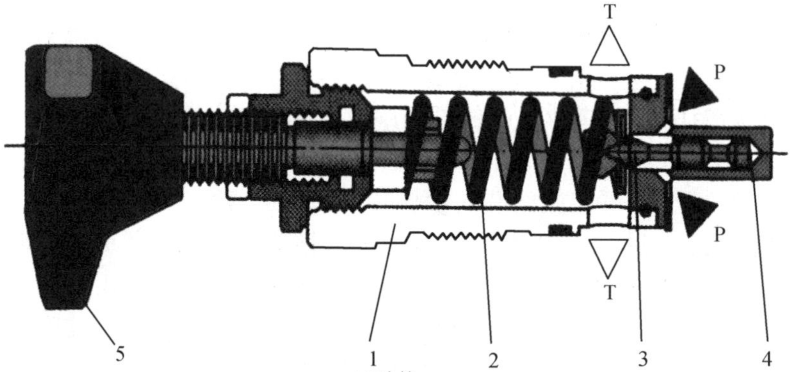

(a)结构

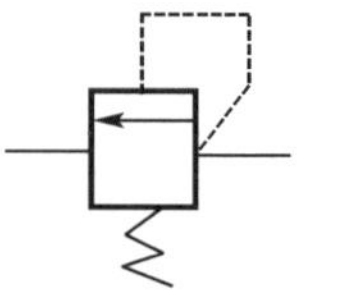

(b)图形符号

1—阀体;2—弹簧;3—阀芯;4—阻尼活塞;5—调节手轮。

图 2－8　DBD 型锥阀式直动溢流阀

直动型溢流阀多数适用流量较小。因为流量大则阀芯尺寸也大,必然需要较硬的弹簧,这样阀芯开度变化时弹簧的张力变化大,工作油压的变化就会太大。但 DBD 型锥阀式直动溢流阀经过精心设计,将弹簧张力传递到阀芯的弹簧座上开有圆形凹槽,会改变锥阀出口液流的方向,产生与弹簧张力相反的液动力。阀开度增大时流量增大,液动力也增大,可抵消增大了的弹簧张力,使工作油压变化不大。这种阀的最大工作压力可达 63 MPa,允许最大流量甚至可达 330 L/min。

②先导型溢流阀

图 2－9 所示为国产先导型溢流阀结构及其图形符号。这种阀由主阀和导阀组合而成。主阀阀芯 5 是一底部有阻尼孔 7 的圆筒形锥阀，与阀套 6 滑动配合，用以控制进油口 P 与溢油口 T 的隔断与接通。压力油从进口 P 进入到主阀下方，经阻尼孔通至主阀上方的油腔，然后通到导阀 1 的前腔。导阀实际是一个小型直动型溢流阀。当油压未达到其开启压力时，导阀关闭，阀内油不流动，主阀上下油压相等，主阀在主阀弹簧 8 作用下关闭，溢油口被隔断。

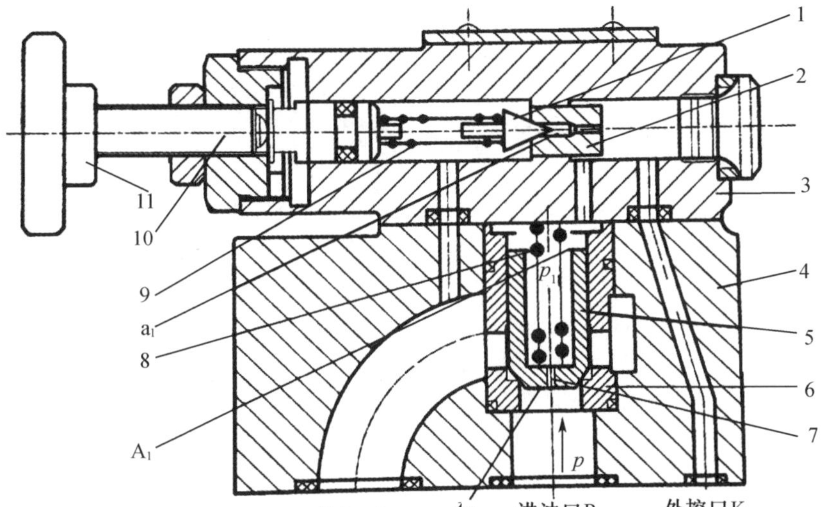

(a)结构

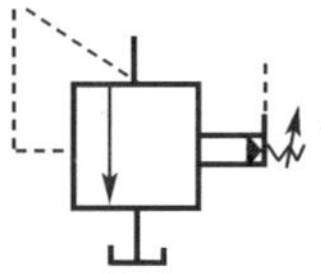
(b)图形符号

1—导阀；2—导阀座；3—阀盖；4—阀体；5—主阀阀芯；6—阀套；7—阻尼孔；8—主阀弹簧；9—调节弹簧；10—调节手轮轴；11—调压手轮。

图 2－9 先导型溢流阀

当系统油压超过导阀的开启压力时，导阀被顶开，少量油经导阀座 2 的孔口 a_1、阀盖 3 和阀体 4 左侧的钻孔从溢油口 T 溢出。这时由于阻尼孔的节流作用，主阀下腔的油压 p 就会高于其上腔的油压 p_1。当系统油压 p 继续升高时，导阀开度及其溢流量随之增加，由于调节弹簧 9 较软，故压力 p_1 增加很小，主阀上下的油压差也就增大。当大到足以克服主阀重力、摩擦力和主阀弹簧的张力 F_s 时，主阀开始抬起，主阀口即开启溢油。这时，由于主阀上方油压变化不大，只要系统油压稍有增加，主阀上下的油压差就会增大，主阀的升程也就相应加大，其溢流量也增加，阀进口的系统油压就可大体保持稳定。

③电磁溢流阀

电磁溢流阀由先导型溢流阀和电磁换向阀组合而成，其电磁换向阀可以是二位二通、二位四通或三位四通及不同的机能。用电信号控制其中电磁换向阀，可使溢流阀主阀阀芯上腔油通油箱或其他远控调压阀，即可迅速使溢流阀卸荷或改变其调定压力。

图 2－10 所示为国产 Y2※型电磁溢流阀图形符号及其结构。

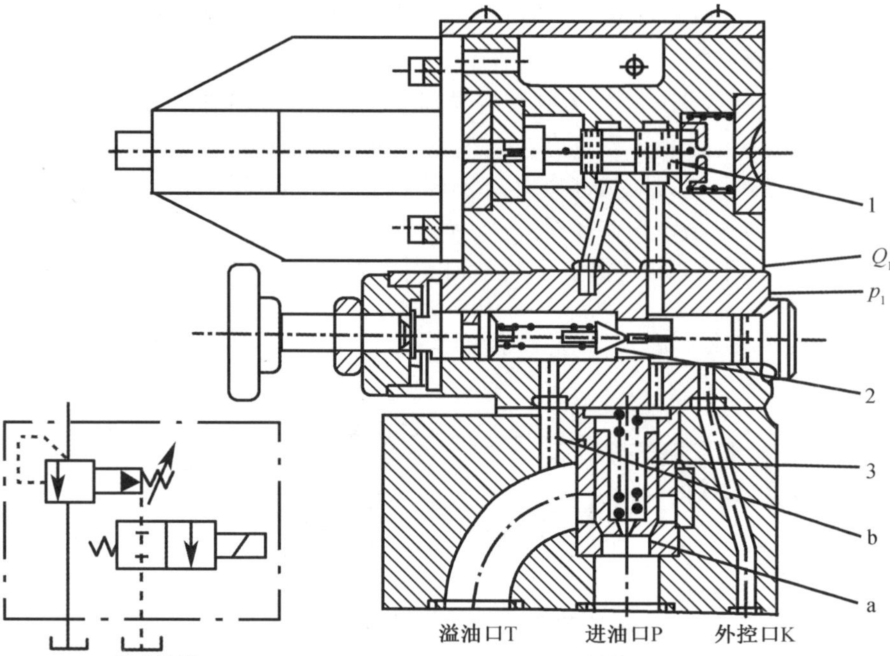

(a)图形符号　　(b)结构

1—电磁阀;2—先导阀阀芯;3—主阀芯。

图 2－10　电磁溢流阀

④卸荷溢流阀

卸荷溢流阀又称单向溢流阀,它由增加了控制活塞的先导溢流阀和单向阀组合而成。图 2－11 所示为 HY 型卸荷溢流阀。其工作原理如下。

液压泵输出的压力为 p 的油从 P 口进入,顶开单向阀 15,从 A 口向系统供油,其压力 p_A 因单向阀有压降而稍低于进油压力 p,同时又通过阀体 13 和阀盖 9 中的通道作用于控制活塞 7 的右端面。另外,油液通过主阀阀芯 11 下部阻尼孔和阀盖的通道进入导阀 5 前腔而作用于导阀,压力为 p_1,p_1 同时又作用于控制活塞的左端面。导阀未开启时,活塞左端油压 $p_1 = p$,稍大于右端油压 p_A,被推向右边。

当进口油压 p 升高到使导阀开启后,p_1 即大致保持不变,若泵的排压继续升高,则主阀上下油压差($p - p_1$)增大,主阀即开启溢流;这时因活塞右端压力 p_A 随泵的排压 p 同步升高,当大于左端压力 p_1 时,控制活塞左移,在它的帮助下导阀迅速开大,主阀上腔压力 p_1 急剧下降,主阀即全开,使泵卸荷。这时单向阀关闭,系统和控制活塞右端保持较高油压 p_A,从而使导阀保持全开。如果是没有控制活塞的普通先导型溢流阀,泵排压降低导阀和主阀即会关小,P 口将在调定压力下溢流而非卸荷。

(2)减压阀

减压阀能使流经它的油液压力降低,并大致保持所要求的数值。使用最普遍的是定值减压阀(简称减压阀),它能根据阀出口压力的变化改变阀的开度,以使阀后油压降低并大致保持调定值。定值减压阀也有直动型和先导型之分,后者性能好,较常用。还有能使阀进、出口的压差或压比保持恒定的定差减压阀或定比减压阀,这些阀通常采用直动型。

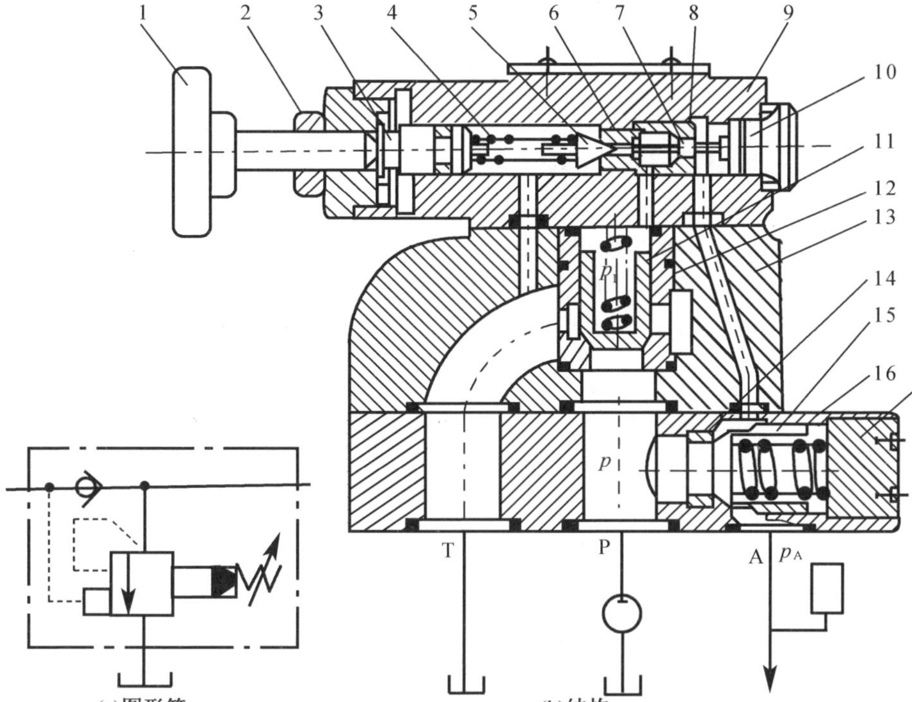

(a)图形符　　(b)结构

1—调节手轮；2—锁紧螺母；3—调节杆；4—调压弹簧；5—导阀；6—导阀座；7—控制活塞；8—活塞套；9—阀盖；10—螺塞；11—主阀阀芯；12—阀套；13—阀体；14—单向阀座；15—单向阀；16—单向阀体；17—丝堵。

图 2－11　HY 型卸荷溢流阀

①直动型减压阀

图 2－12 所示为直动型减压阀图形符号及结构。工作时，压力油(一次压力 p_1)从 A 口进入，通过滑阀 1 和壳体 2 之间的缝隙 B 产生节流损失，使出口 C 处压力 p_2(二次压力)比一次压力 p_1 低，即所谓减压。C 口的压力油经孔道进入滑阀下腔，对滑阀产生一个向上的力 p_2S(S 为滑阀端面面积)。若滑阀的开口量为 X，弹簧预压缩量为 X_0，刚度为 K，则滑阀平衡式为

$$p_2S = K(X_0 + X)$$

即
$$p_2 = \frac{K(X_0 + X)}{S} \quad (2-1)$$

由于阀开量 X 变化较小，因此 $K(X_0 + X)/S$ 是一个变化不

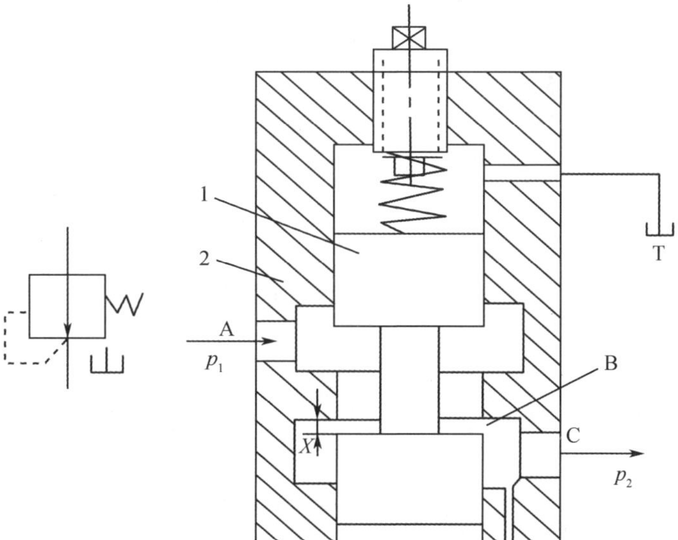

(a)图形符号　　(b)结构

1—滑阀；2—壳体。

图 2－12　直动型减压阀

大的常数，所以 p_2 近似为一个常数，即出口压力保持不变。这也可从阀的工作原理看出：在某瞬时，滑阀处于平衡，$p_2 < p_1$，即要求的减压。当阀进口压力 p_1 因某种原因升高，则出口压力会立即随之升高，滑阀底部油压升高使滑阀上移，关小开口 X，使节流效果增加，压差增大，从而使出口压力又降到原来压力为止；当阀的进口压力因某些原因降低时，则出口压力随之降低，滑阀底部油压也降低，在弹簧作用下，滑阀下移增大开口，使节流效果减弱，压差减小，出口油压又上升到原来的值。如果阀进口压力 p_1 不变，通过流量增加时，则压差增大，使出口压力降低，滑阀底部油压也降低，滑阀下移，增大开口，减弱节流效果，使出口油压上升到原来值。反之，流量减小，则会出现相反的过程。因此，减压阀因为其开口量 X 能随出口压力的升降而自动地关小或开大，从而保证出口压力恒定。

②先导型减压阀

图 2－13 所示为先导型定值减压阀的图形符号及结构。

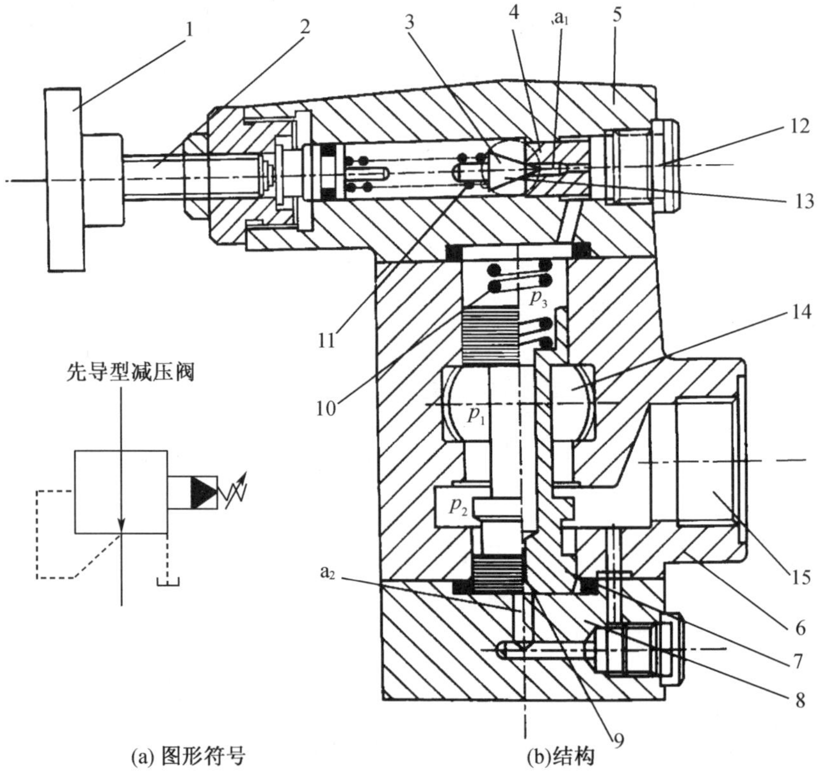

1—调压手轮；2—调节螺钉；3—导阀；4—导阀座；5—阀盖；6—阀体；7—主阀阀芯；8—端盖；9—阻尼孔；10—主阀弹簧；11—调压弹簧；12—外控口 K；13—泄油口 L(虚线圆)；14—进油口；15—出油口。

图 2－13　先导型定值减压阀

先导型定值减压阀也由主阀和导阀两部分组成。从进口来的压力为 p_1 的高压油经主阀阀芯 7 的减压口节流后，压力降为 p_2，由出口流出。降压后的油经阀内通道被引到主阀下方的油腔；再通过主阀的阻尼孔 9，到达主阀上方油腔，该处油压为 p_3；然后经上盖中的通孔引至导阀 3 的前腔。正常工作时，压力 p_3 超过导阀开启压力，导阀常开，少量油液经阻尼孔和导阀从泄油口 L13 泄油，泄油流量一般为 1.5～2 L/min。主阀上腔的油压 p_3 因阻尼孔的节流作用，低于下腔油压 p_2。如忽略不大的主阀重力和摩擦力，当主阀开度稳定时

$$p_2 = p_3 + \frac{F_S}{A} \tag{2-2}$$

其中，F_S、A 为主阀的弹簧张力及液力作用端面面积。

如果 p_2 升高，则主阀上下油压差增大，主阀就会克服主阀弹簧 10 的张力上移，关小节流口，以阻止 p_2 增加；反之，如果 p_2 降低，则主阀就会下移，开大节流口，以阻止 p_2 降低。

由于导阀较小，移动距离短，其调压弹簧 11 较弱，故 p_3 的压力变化很小；主阀弹簧 10 仅需帮助主阀克服移动阻力，而无须与液压力外平衡，故刚度也不大，F_S 变化也不大。这样，依靠主阀自动调整节流口的开度，即可使出口压力 p_2 基本稳定于调定压力。转动调压手轮 1，改变调压弹簧的张力，即可改变减压阀的调定压力。如果阀后的压力 p_2 过低，致使导阀关闭，则主阀上下腔油压相等，主阀就会在弹簧作用下下移至全开位置，这时减压阀无法再维持出口压力恒定。减压阀的泄油口须直通油箱（外泄），这与溢流阀（内泄）不同。先导型减压阀也有外控口 K 12，可实现远程控制。若将图 2－13 中先导阀左端的堵头换接为远程调压阀，减压阀即可实现远程调压。

（3）顺序阀

顺序阀是一种用油压信号控制油路接通或隔断的阀，故也可将其看成是一种液动的二位二通阀。由于这种阀常用来以油压信号自动控制油缸或油马达的动作顺序，故称顺序阀。顺序阀也有直动型和先导型之分，并以直动型较为常见。

①直动型顺序阀

图 2－14（a）所示为直动型顺序阀的典型结构和符号。液压油从 P_1 进口引入，油压经控制油路引至控制活塞（此例的控制活塞与主阀阀芯做成一体）的左方，当其作用于控制活塞上的力超过弹簧调定的张力时，主阀开启，进出口油路即被接通。

②先导型顺序阀

图 2－14（b）所示为先导型顺序阀，进口油液先经控制油路被引至主阀下方，再经阻尼孔 2 引至主阀上方，然后到达导阀前方。当进口油压增大，超过导阀弹簧调定的开启压力时，导阀开启，主阀阀芯上下油压差克服主弹簧张力，则主阀开启，进、出口油路接通。与其他压力阀一样，先导型阀更适用于较高压力和较大流量的场合。

这种控制油压信号直接来自进口的顺序阀，被称为直控顺序阀。如果将下盖转 90°安装，以便把 a 油路堵住，同时卸除控制油口 K 的螺塞，并从该处接其他油压信号，以控制阀的开闭，就改成远控顺序阀了。

由上可知，顺序阀与溢流阀颇为相似。区别之处仅在于顺序阀的出口油路通往执行机构，阀一旦动作就全开，故进出口压差一般小于 0.5 MPa，因此泄油口必须以外接泄油管接通油箱（外泄）；而溢流阀则总是使出口直通油箱，故可以采用内部泄油，而正常溢流时进油压力和回油压力相差很大。

如使远控顺序阀的出口直通油箱，则该阀就成为可用外加油压信号而使系统卸荷的卸荷阀，这时泄油可采用通过阀内通道引至出口的内泄法。卸荷阀的图形符号如图 2－14（c）所示。

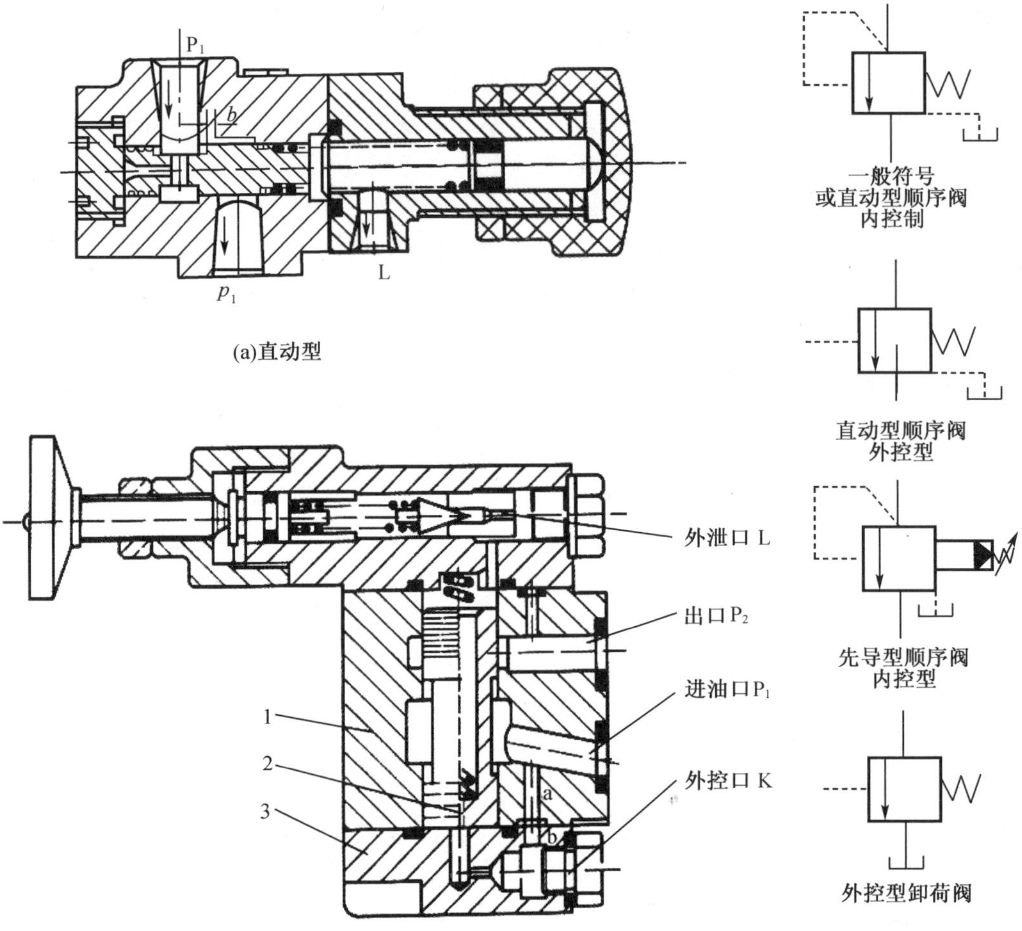

(a)直动型　(b)先导型　(c)图形符号

1—阀体;2—阻尼孔;3—下盖。

图 2－14　顺序阀

3. 流量控制阀

流量控制阀是靠改变阀的开度以改变通流面积,从而控制流量的一类控制阀。它通常多用于定量泵系统,借以控制执行机构(油缸或油马达)的运动速度。

(1)节流阀

节流阀是一种可借移动或转动阀芯的方法直接改变阀口的通流面积,从而改变流量的阀。节流阀装在定压液压源后面的油路中或定量液压源的分支油路上,便能起流量调节作用。图 2－15 所示为可调节流阀图形符号及结构。

油液通过阀芯 4 下部的径向小孔 a 作用在阀芯下端,同时又通过阀体 3 的流道 b 通到阀芯上端,两端的液压力几乎平衡。这样,便可轻便地转动手轮克服复位弹簧 5 不大的张力,使有轴向三角槽形状的节流阀阀芯移动,从而改变节流口的通流面积,并调节流量。

(2)调速阀

普通的调速阀(也称二通型调速阀)由定差减压阀和节流阀串联而成,在负载变化时定差减压阀能补偿节流阀前后的压差,使之近似不变,从而使通过阀的流量基本恒定,如图

2 - 16 所示。

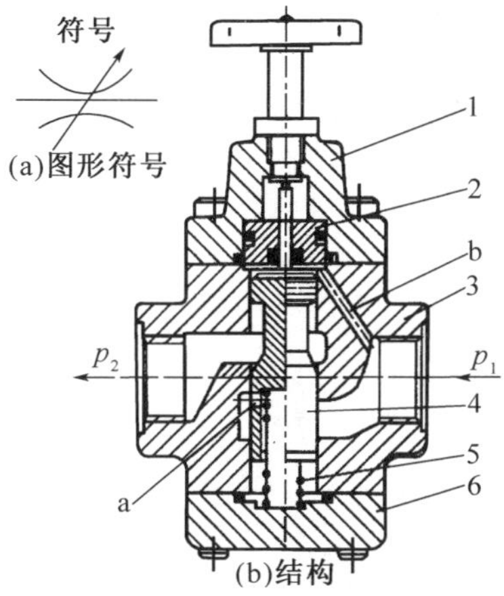

1—顶盖;2—导套;3—阀体;
4—阀芯;5—弹簧;6—底。

图 2 - 15 可调节流阀

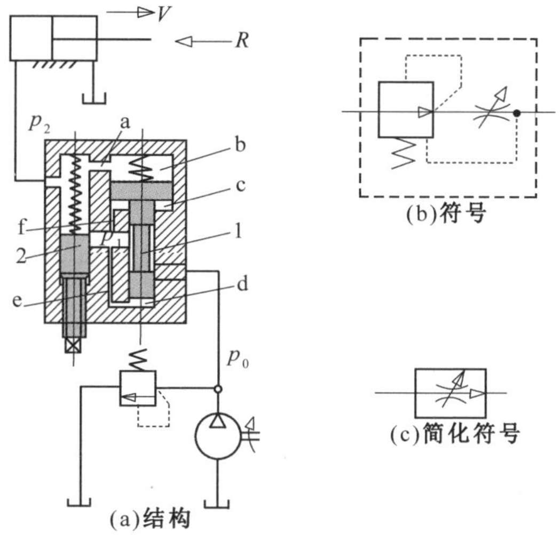

1—减压阀;2—节流阀。

图 2 - 16 调速阀

来自定压油源、压力为 p_0 的油液,先经定差减压阀 1 节流降压至 p_1,然后再经节流阀 2 降至 p_2,若使减压阀的阀芯开度依节流阀前后压差($p_1 - p_2$)的变动而自动地进行调节,以使 p_1 和 p_2 之差基本保持恒定,则节流阀的流量也就可大体保持稳定了。定差减压阀的工作过程正好满足上述要求,即阀芯上端的油腔 b 经孔 a 与节流阀后面的油腔相通,压力为 p_2,而油腔 c 和 d 则分别经孔 f 和 e 与节流阀前方的油腔相通,压力为 p_1。当载荷 R 增大以致使 p_2 升高时,减压阀阀芯就会下移,使减压阀阀口开大,于是 p_1 增加;反之,如载荷 R 减小以致使 p_2 降低,则减压阀阀芯就会因上方油压减小,而在 c、d 油腔油压 p_1 的作用下上移,将阀口关小,p_1 也就随之减小。因此,当减压阀阀芯稳定时,如忽略不大的阀芯重力和摩擦力,则可写出阀芯上作用力的平衡方程式,即

$$p_1 - p_2 = \frac{F_S}{A} \tag{2-3}$$

其中,A 和 F_S 为减压阀阀芯大端面积和弹簧张力。

由于减压阀阀芯的移动阻力不大,弹簧可以做得较软,此外减压阀阀芯的移动量也不大,故弹簧张力 F_S 变化不大。这样一来,节流阀前后的压差($p_1 - p_2$)也就因此保持基本不变。

这种串联式调速阀正常工作时一般最少应保持 0.4 ~ 0.5 MPa 压差,其中节流阀压差为 0.1 ~ 0.3 MPa。

(3)溢流节流阀

溢流节流阀(也称三通型调速阀)由定差溢流阀和节流阀并联而成,亦称旁通型或分路式调速阀,负载变化时定差溢流阀补偿节流阀前后的压差,使之近似不变,从而使通过阀的流量基本恒定,如图 2 - 17 所示。

来自定量油源压力为 p_1 的压力油,从入口引入,一路绕过定差溢流阀 2 经节流阀 1 控制供往执行机构,而另一路则经定差溢流阀控制由泄油口 O 泄往油箱。定差溢流阀与前面讲过的一般溢流阀不同,其溢流量是由节流阀前后的压力 p_1 和 p_2 之差来控制的,故能使节流阀前后的压差($p_1 - p_2$)大致保持恒定。其工作过程为溢流阀下方的油腔 a、b 和上方油腔

c 分别与节流阀的进口和出口相连通，油压分别为 p_1 和 p_2。当 p_2 因负载增加而升高时，定差溢流阀阀芯就会下移，使阀口关小，溢流量减小，p_1 便升高；反之，当 p_2 减小时，定差溢流阀阀芯就会上移，使溢流量增加，p_1 也就随之减小。定差溢流阀阀芯上作用力的平衡方程式与式(2－3)相同，弹簧力和阀芯的移动量也都不大，故当阀芯处在不同位置时，(p_1-p_2) 的变化也就不大。

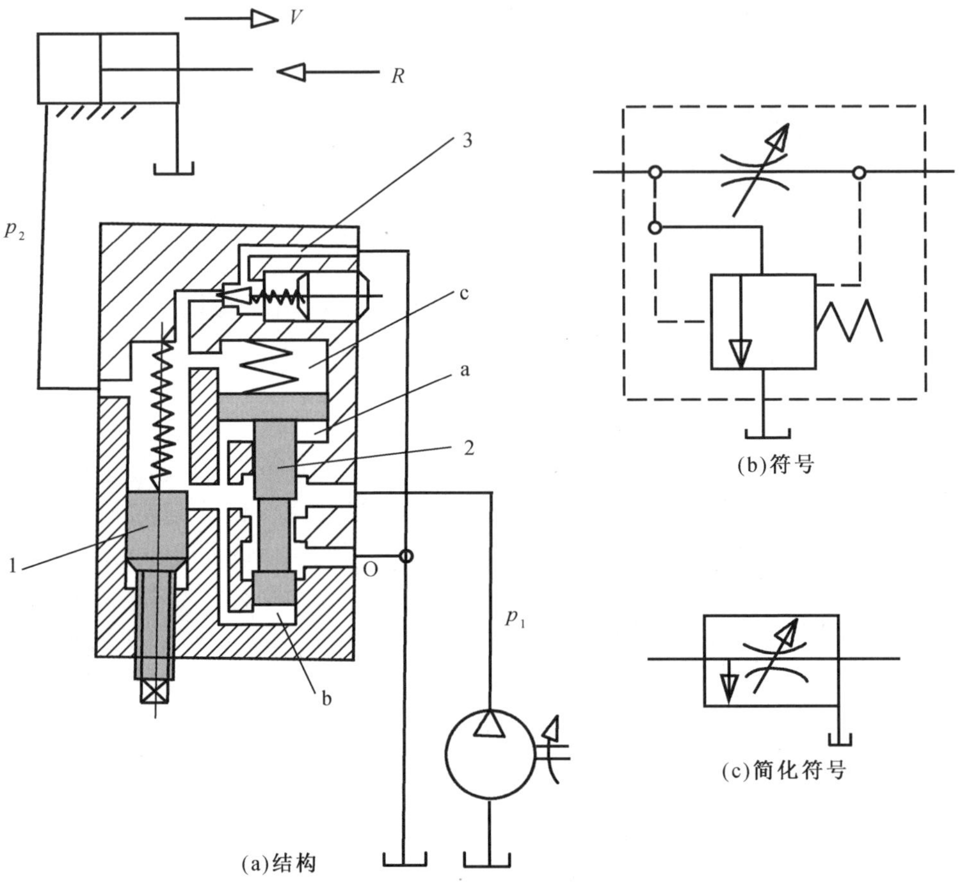

1—节流阀；2—定差溢流阀；3—安全阀。

图 2－17　溢流节流阀

因为这种阀不是与定压油源而是与定量油源配合使用的，因此为防止负载过大时 p_1、p_2 升得太高影响安全，故节流阀的出口一般都装有安全阀 3。

溢流节流阀因油泵全部排油都进入阀内，故与串联式调速阀相比，溢流阀阀芯的移动阻力较大，弹簧也较硬，因此这种节流阀压差(p_1-p_2)较大(0.3～0.5 MPa)，阀芯位置改变时压差的变动同样较大，故流量稳定性不如串联式。但它能使油泵的排出压力(p_1-p_2)随负载而变，故功率损耗较少，油液的发热程度较轻，较适用于对流量稳定性要求并不很高的场合。

三、液压泵

在液压系统中，液压泵将机械能转换成油液的压力能，为液压系统提供具有一定压力和流量的液体去驱动执行元件，所以液压泵又称液压动力元件。

在第一章中已经了解到容积式泵能产生较高的压力，且流量受工作压力的影响较小，故适合作液压泵。常用的液压泵有齿轮泵、螺杆泵、叶片泵和柱塞泵。前三种泵已介绍过，本节只介绍一下柱塞泵。

柱塞泵与普通的往复式柱塞泵在结构上有显著的不同，即为了满足提高转速（减小体积）和供液均匀的要求，采用多作用的回转油缸形式，并取消了泵阀。这种泵设有变向变量机构，以便在转速和转向不变的情况下能够改变油流的方向和流量。柱塞式变量油泵可依柱塞布置方式的不同而分为径向柱塞式与轴向柱塞式两种，后者又有斜盘式轴向柱塞泵（斜盘泵、直轴泵）和斜轴式轴向柱塞泵（斜轴泵）两类。径向柱塞泵因尺寸大，转速低，性能参数较差，在船用机械中已很少使用。

1. 斜盘式轴向柱塞泵

（1）工作原理

斜盘式轴向柱塞泵工作原理如图 2－18 所示。泵轴 1 用键与缸体 3 相连，在缸体上沿轴向均匀地加工出一圈油缸，各缸中设有柱塞 4，靠其作用于底部的油压或用机械的方法，始终贴紧在斜盘 5 上，而斜盘则可绕 O 点偏转，即其轴线相对于泵轴线的倾角 β 可以改变。缸体的左端面抵紧在配流盘 2 上。配流盘用定位销与泵体 9 固定并在其上开有两个弧形的配流窗口 6，以使各相应的油缸分别与泵的吸排油口 7 和 8 相通。

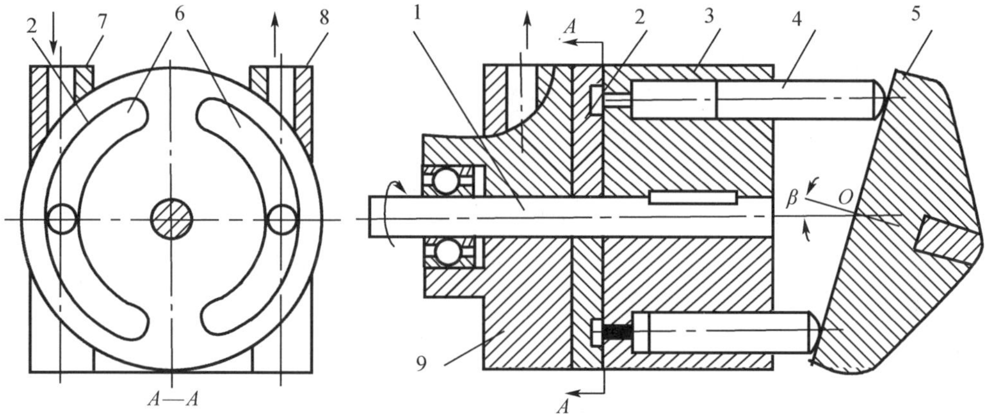

1—泵轴；2—配流盘；3—缸体；4—柱塞；5—斜盘；6—配流窗口；7，8—吸排油口；9—泵体。

图 2－18 斜盘式轴向柱塞泵工作原理图

（2）CY14－1B 型轴向柱塞泵结构实例

CY14－1B 型轴向柱塞泵外观上由前泵体、后泵体和泵盖（或变量机构）三部分组成。如图 2－19 所示，传动轴 6 将原动机的动力输入通过花键驱动缸体 4 旋转，缸体上一般开有 7～9 个柱塞缸孔，每个缸孔中均装有一个柱塞，柱塞泵就是靠柱塞底端密封工作腔容积的变化工作的。柱塞的另一端为球头结构，它与滑履上的球窝铰接在一起。工作时滑履将贴在斜盘上滑动。为了保证滑履在工作时不脱离斜盘表面和柱塞泵吸油时柱塞向外伸出，将滑履套入回程盘对应的孔中，并通过集中返回弹簧的弹簧力将滑履压在斜盘上。

集中返回弹簧装在传动轴的部分中空的孔中，它一方面通过钢球、回程盘将滑履压向斜盘，其反作用力通过套筒将缸体压向配流盘，以保证缸底和配流盘之间的初始密封。配流盘介于缸体和前泵盖之间,其作用是通过配流盘上的两个腰形窗口将柱塞底部的密封工作腔与前泵盖上的进出油口连通。变量机构的作用是通过控制斜盘的倾角控制柱塞的行程以达到改变泵的排量的目的。斜盘上两个耳轴担在变量壳体上的两块铜瓦上,斜盘可绕铜瓦的中心旋转。变量活塞上的销轴嵌入斜盘的尾槽中,当变量活塞上下移动时可操纵斜盘绕铜瓦中心旋转,改变泵的排量。

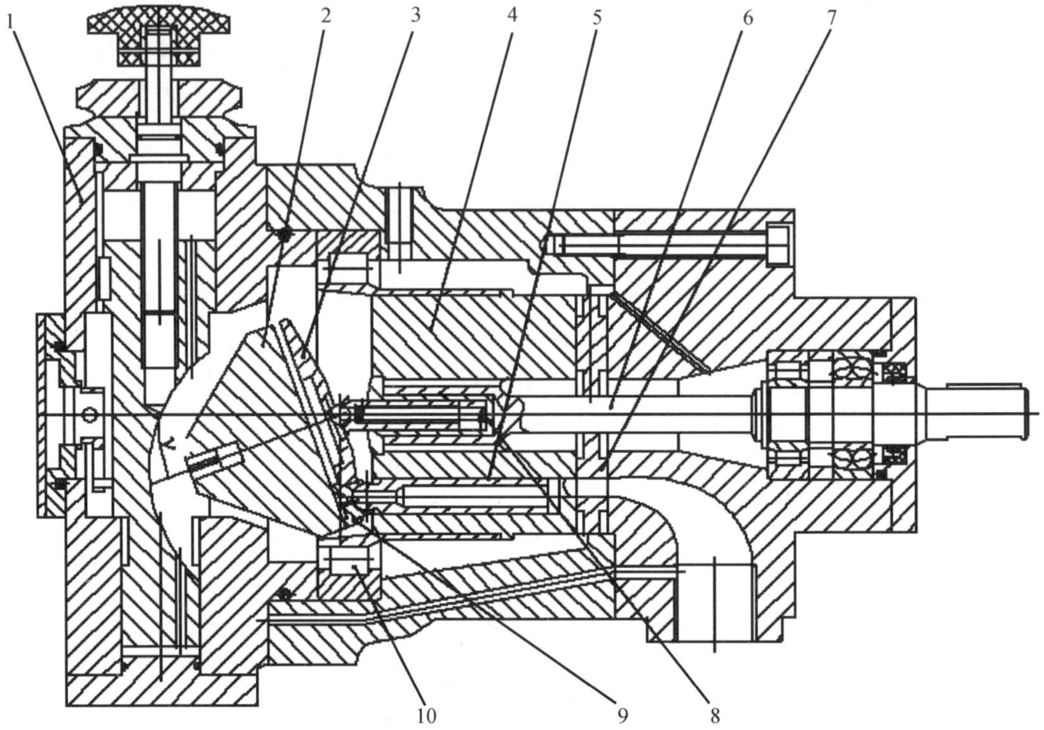

1—变量机构;2—斜盘;3—回程盘;4—缸体;5—柱塞;6—传动轴;7—配流盘;
8—预紧及集中返回弹簧;9—滑履;10—缸体外大轴承。

图 2-19　CY14-1B 型轴向柱塞泵结构

另外,传动轴的一端支承在短柱滚子轴承和向心球面球轴承上,另一端支承在缸体上。

2. 斜轴式轴向柱塞泵

(1)工作原理

图 2-20 为斜轴式轴向柱塞泵的工作原理图,斜轴泵与斜盘泵不同的是缸体 3 的轴线与传动轴 1 的轴线斜摆了一个角度 γ。传动轴通过端部的驱动盘带动与之铰接的一组连杆 2 转动,通过连杆的锥形表面与柱塞 4 内壁面的接触,驱动柱塞和缸体一起转动,使缸体中各油缸的容积变化,于是通过不转的配流盘 5 上相应的油窗口 6,7 和与之贴合的泵体内的油路,即可实现吸油和排油。改变缸体摆角 γ 的大小,即可改变泵的排量;改变摆角的方向即可改变吸、排油的方向。

(2)结构实例

如图 2-21 所示为 A7V 恒功率(LV 型)斜轴式轴向柱塞泵的结构图。其柱塞与油缸间的部分漏油可经柱塞和连杆内的孔道去润滑连杆大小端的球铰。中心连杆的球铰也用类似方法润滑。配流盘 2 与缸体 1 是球面配合,中心连杆左端有碟形弹簧将缸体压紧在配流盘上，以保持预紧力并自动补偿磨损间隙。配流盘的背面也是球面，可在变量壳体 12 的弧形滑道上滑动。

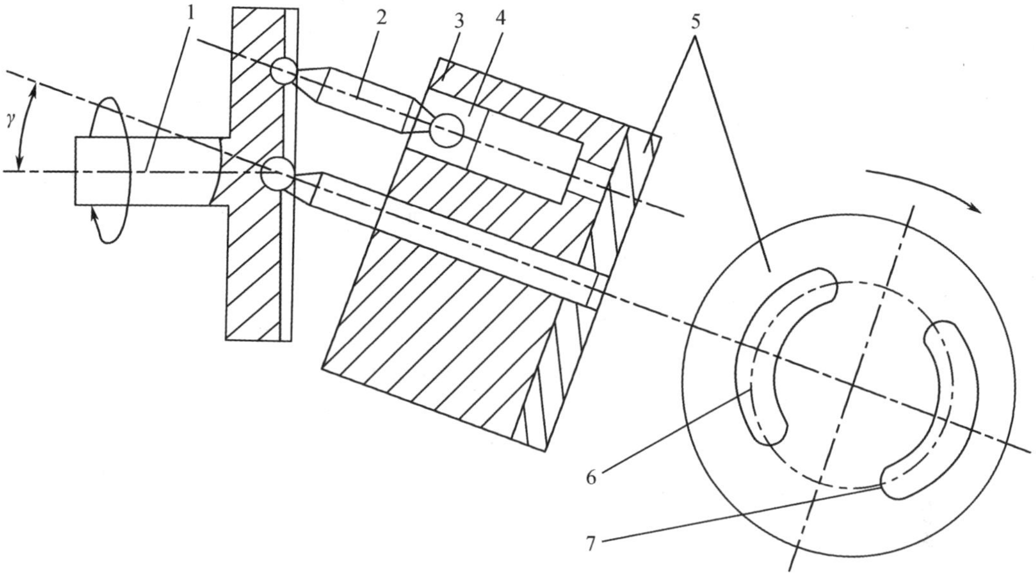

1—传动轴；2—连杆；3—缸体；4—柱塞；5—配流盘；6，7—油窗口。

图 2－20　斜轴式轴向柱塞泵工作原理图

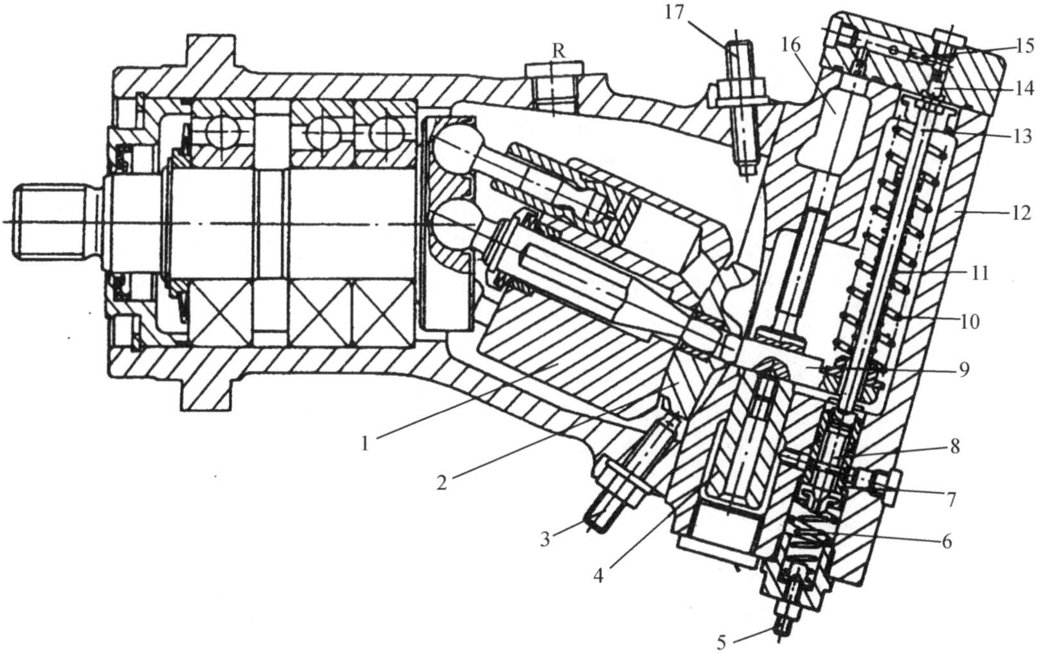

1—缸体；2—配流盘；3—最大摆角限位螺钉；4—变量活塞；5—调节螺钉；6—调节弹簧；7—阀套；8—伺服滑阀；9—拔销；10—外弹簧；11—内弹簧；12—变量壳体；13—导杆；14—先导活塞；15—节流孔；16—变量活塞小端油缸；17—最小摆角限位螺钉。

图 2－21　A7V 恒功率（LV 型）斜轴式轴向柱塞泵

四、液压马达

液压缸输出直线运动，液压马达（亦称油马达）输出回转运动，它们都是液压装置的执行元件，其作用是将液压油的压力能转换为机械能，带动机械设备工作。就工作原理而言，任何容积式泵（除结构上有吸、排单向阀者外），如从其一根主油管输入压力油，而从另一根主油管回油至油箱或液压泵的吸口，则都能被油驱动回转变成液压马达。但液压马达一般都要求能双向转动，若液压泵结构是对称设计，当然可以反过来作液压马达用；若液压泵是按不可逆转设计，则液压马达与之结构细节上会有所不同。液压泵总是尽量设计得转速高、尺寸小，故其结构类似的液压马达是高速、小扭矩，低速、大扭矩液压马达需专门设计。

1. 活塞连杆式液压马达

活塞连杆式液压马达是一种径向柱塞式低速大扭矩液压马达（图 2 – 22），国外称斯达发（Staffa）马达。五个油缸（也有七个油缸的）在圆周上径向均布，构成星形壳体 5。各油缸都装有活塞 18。活塞与连杆 16 的小端铰接，而连杆大端则以自己的凹形圆柱面紧贴在与输出轴 1 制成一体的偏心轮外缘上，并用一个抱环 6 箍住，使其不与偏心轮脱离。输出轴的一端通过十字滑块 9 与配流轴 11 相连接，并带动配流轴一起旋转，配流轴的圆柱面上加工有 A、B、C、D、E 五个工作槽，用六道密封环 14 分隔。其中环形槽 A、B 通过配流壳体 8 的孔道与法兰连接板 10 上的对应油口 A_1、B_1 相通，并经配流轴内的孔道分别通配流槽 D 的两侧油腔 A_2、B_2，然后通过壳体的油道向各缸配油。随着配流轴的转动，两侧油腔 A_2、B_2 即可通过壳体上的通道与各油缸轮流相通。

活塞连杆式液压马达的旋转过程如图 2 – 23 所示。当液压马达的偏心轮处在图示位置时如经 A_1 口输入压力油液，并使 B_1 口与油箱相连（A_1、B_1 见图 2 – 22 中标示），则压力油就要经 A_2 腔进入 1 号缸和 2 号缸，这样作用在两活塞上的油压力 F_1 和 F_2，就会通过连杆的轴线传递到偏心轮上，直指偏心轮圆心 O_1。由于 O_1 与输出轴的中心 O 之间具有偏心距，所以由 F_1、F_2 产生的合力会对输出轴形成转矩，使其作逆时针方向回转，而 4 号缸和 5 号缸中的油液则经 B_2 腔和 B_1 口排往油箱。当进油缸的活塞在油压的推动下到达下止点时，由于配流轴的随同转动，进油缸也就开始与进油的 A_2 腔错开，而即将与 B_2 腔接通以准备排油，就如图 2 – 23 中 3 号缸所处的位置那样。而当活塞到达上止点时，则该油缸又会与排油腔错开，并即将接通进油腔，如图 2 – 23 中 5 号缸即将到达的位置那样，所以一旦配流轴在进油缸油压的推动下开始转动，就会造成各油缸按顺序不断地进油和排油，因而也就使油马达得以持续运转。

2. 静力平衡式液压马达

静力平衡式液压马达是在连杆式马达的基础上发展而来的，也是五缸布置，所以习惯称之为五星轮式液压马达，国外称罗斯通（Roston）马达。

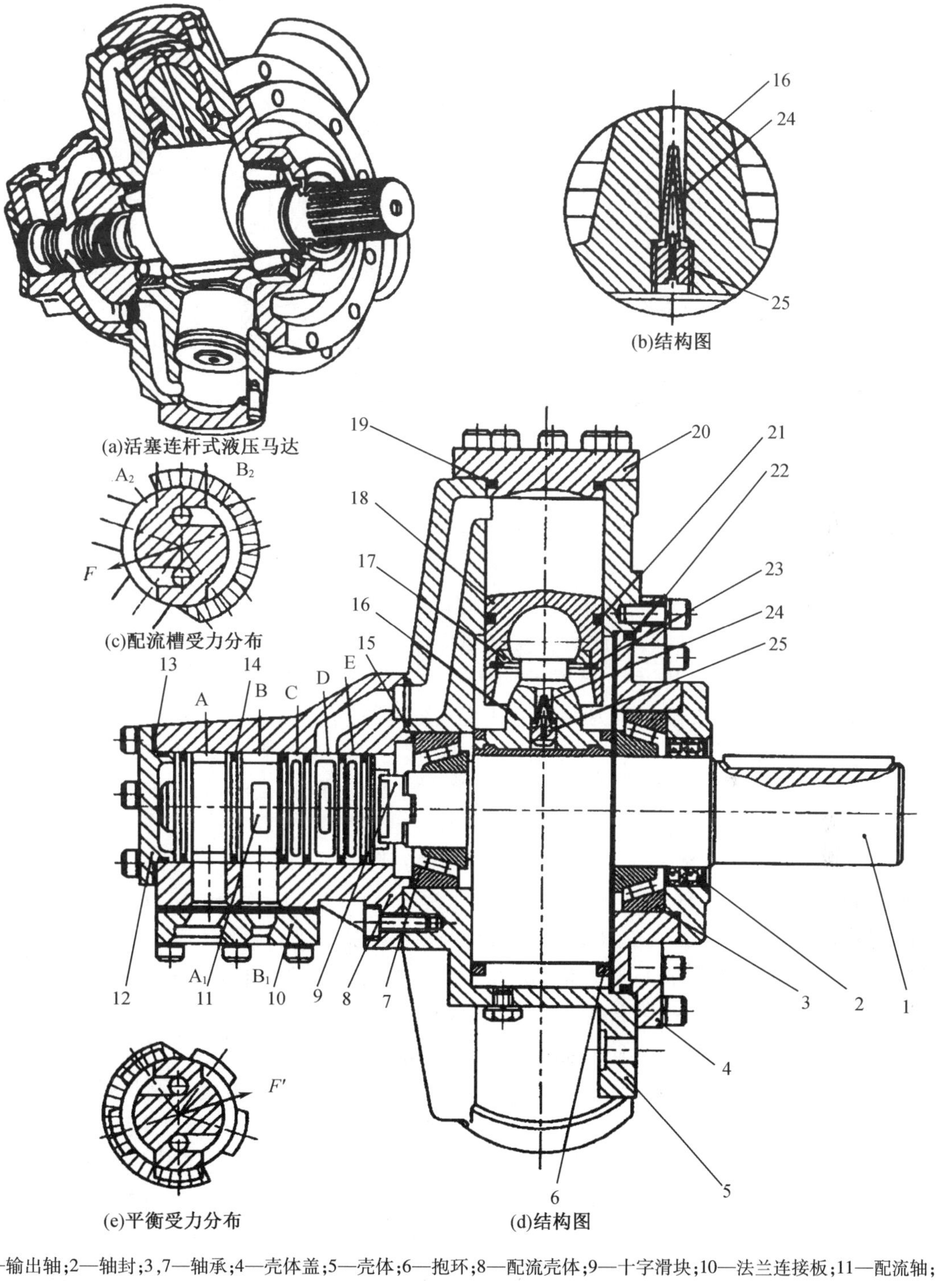

1—输出轴;2—轴封;3,7—轴承;4—壳体盖;5—壳体;6—抱环;8—配流壳体;9—十字滑块;10—法兰连接板;11—配流轴;12—端盖;13—调整垫片;14—密封环;15—调整环垫;16—连杆;17—球承座;18—活塞;19,22—密封圈;20—油缸盖;21—活塞环;23—弹性挡圈;24—过滤帽;25—节流器。

图 2－22　活塞连杆式液压马达结构图

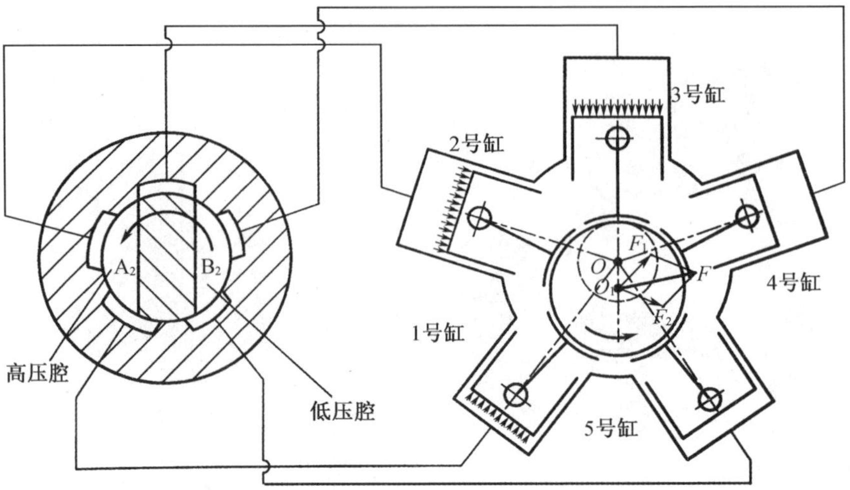

图 2-23　连杆式油马达的工作原理图

静力平衡式液压马达的工作原理如图 2-24 所示。当压力油从 a_1 口供入,经曲轴的内部钻孔进入偏心轮和五星轮之间的 a_1 腔时,b_1 腔就将经 b_1 口与油箱相通。由于作用在偏心轮上的油压合力通过偏心轮的中心 O',因此也就会对曲轴的中心 O 形成顺时针方向的转矩,使曲轴按顺时针方向回转。而滑套在偏心轮上的五星轮,由于受柱塞底部端面的约束,则只能做平面运动而不能转动。随着输出轴的转动和五星轮的相应位移,1 号、2 号和 5 号缸的空间容积就将增大,于是压力油液也就会从 a_1 腔经五星轮和柱塞中的通道进入其间;与此同时,3 号缸和 4 号缸中的容积则不断减小,其中的油液也就经 b_1 口不断排出。所以,只要对 a_1 口始终供送压力油液,并使 b_1 口一直与油箱相通,那么油马达的曲轴也就会持续运转。

3. 内曲线式液压马达

内曲线式液压马达是一种多作用的径向柱塞式液压马达。这种液压马达结构很多,但工作原理基本相同。图 2-25 即表示一种内曲线式液压马达的结构。图中,输出轴 1 与转子 3 用螺栓相连,并由定子 2 和端盖 7 的滚动轴承支承。在转子中,沿径向均匀地分布着若干个油缸,每个油缸都配有一个柱塞 4,柱塞的头部顶在横梁 5 上,横梁可在转子槽内横向滑动,而其两端则安装着带有滚针轴承的滚轮 6。滚轮紧贴在定子的内工作表面上,并可在其上滚动。定子的内工作表面由几段均匀分布而且形状相同的特定曲面所组成,称为导轨。导轨曲面的段数也就决定了油马达的作用次数。例如,在图 2-25 的液压马达中共有 8 段导轨,因此该液压马达即为八作用式液压马达。转子套装在固定不动的配流轴 10 上。在配流轴的圆周上均匀分布着 $2x$(x 为作用次数)个配流窗口。配流窗口彼此相间地分为数目相等的两组,每一对相邻的窗口都分属两组而彼此不通,并总是相反地各自对应于导轨的升降段。工作时,每一配流窗口都可与转子油缸底部的油孔轮流相通,同时还可经轴内的通道分别与外接油孔 A、B 相连。

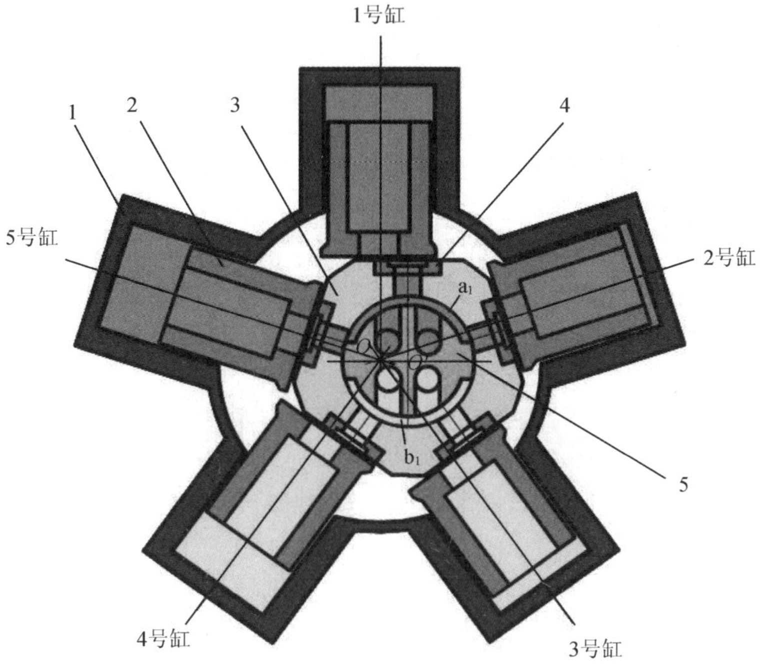

1—壳体;2—柱塞;3—五星轮;4—压力环;5—偏心轮。

图 2 - 24　静力平衡式液压马达工作原理图

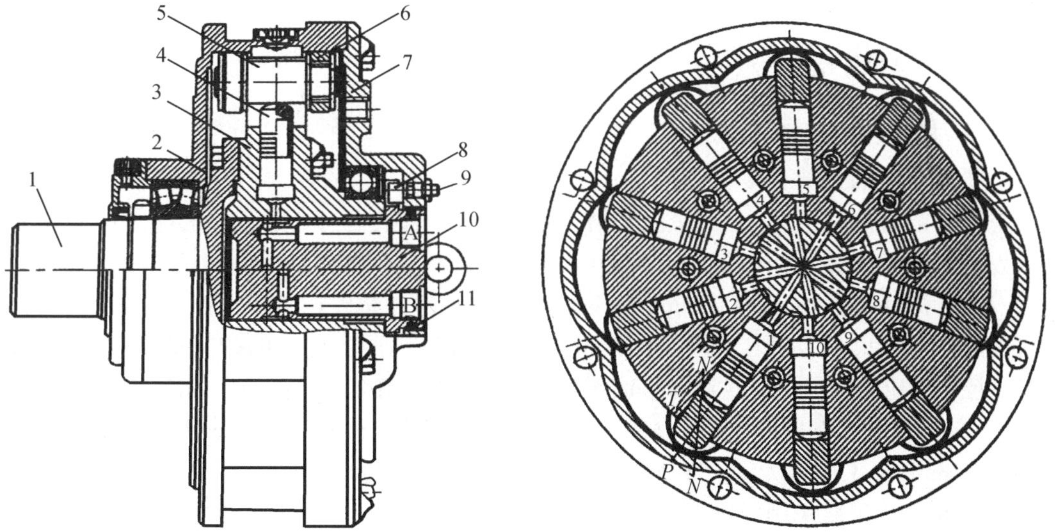

(a)左视图　　(b)正视图

1—输出轴;2—定子;3—转子;4—柱塞;5—横梁;6—滚轮;7—端盖;8—偏心销;9—锁紧螺母;10—配流轴;11—密封圈。

图 2 - 25　内曲线式液压马达

当液压马达处在如图 2 - 25(a)所示位置时,如将压力油从油孔 A 通入,则油液就会从配流窗口进入图 2 - 25(b)中的 1,2,6,7 号油缸。由于这些油缸的滚轮此时正处在各段导轨的同一侧曲面上(这时该侧曲面即称为工作段),所以通过上述各段油缸中的柱塞、横梁和滚轮作用在导轨曲面上的油压力 P，就都可像 1 号油缸所示那样，分解为 N、T 两个分力。其中，导轨法向的分力与导轨对滚轮的反作用力相平衡，面切向分力 T 则迫使油缸作顺时针方向的旋转，带动输出轴转动；与此同时，处在各段导轨曲面另一侧（这时该侧曲面即称为排油段）的 3，4，8，9 号油缸，因正与排油窗口相通而排油。排油压力一般要求保持在 0.5 ~1 MPa，以使处在排油段上的滚轮不会与导轨脱离，它虽将产生阻碍转动的转矩，但因其值很小，故不会阻碍液压马达转动。

由上可见，只要对 A 油口不断地供送压力油液，同时使 B 油口通畅地排油，则液压马达就会按顺时针方向持续转动，并经输出轴输出扭矩。而当改换油液的进、排方向时，则导轨曲面的工作段和排油段也就会互相转换。使切向分力 T 的方向与上述相反从而使液压马达反转。

应当说明，为了使油缸在转过进、排油窗口之间的区间时（参看图 2 – 25 的 5，10 号油缸位置）能保证密封，并避免产生困油现象，在相应的导轨曲面上，就须有一小段圆弧形的过渡段，以使油缸在转过此过渡段时，能够既不与吸油和排油窗口相通，同时又使柱塞不会产生往复运动。

由于各配流口之间的密封间隔很短，致使该处的泄漏量常为内曲线液压马达总漏泄量的主要部分，因此对配流轴和油缸体间的配合间隙也就提出了严格的要求。

五、液压辅助元件

液压系统中除了动力元件、执行元件、控制元件外，油箱、滤油器、蓄能器、压力表、密封装置、管件等，都称为液压系统辅助元件，它们是构成液压系统必不可少的元件。

1. 滤油器

滤油器在液压系统中的主要作用是滤去油液中的杂质污物，使油液保持清洁；降低故障率，延长液压油和装置的使用寿命。

（1）液压系统对滤油器的要求

①要有合适的过滤精度

滤油器的过滤精度是指滤芯能滤除油液中杂质颗粒直径 d 的尺寸，是选用滤油器的首要参数。其一般可分为四种精度：粗滤（$d>0.1$ mm）、普通滤（$d\geq0.01$ mm）、精滤（$d\geq0.005$ mm）和特精滤（$d\geq0.001$ mm）。网式滤油器的过滤精度通常用每英寸[①]滤网长度上的滤孔数目（称为目）来表示。为了保证密封，高压元件滑动配合面之间的间隙比较小，允许通过的污粒尺寸也应当较小。在液压伺服系统中，要求过滤精度高。而在一般的液压系统中，当工作压力 $p=2.5\sim8$ MPa 时，要求 $d\leq0.025\sim0.05$ mm；当工作压力 $p=8\sim31.5$ MPa 时，要求 $d<0.025$ mm；当工作压力 $p>31.5$ MPa 时，要求 $d<0.01$ mm。

现在各国已普遍采用国际标准 ISO 4572，以过滤比来评定液压滤油器的过滤精度。

过滤比 β_x 是滤油器上、下游单位体积油液中大于某给定尺寸 x 的固体颗粒数 N_u、N_d 之比，即

$$\beta_x = \frac{N_u}{N_d}$$

式中 N_u——上游油液中大于某给定尺寸 x 的颗粒数目；

① 1 英寸（in）=2.54 cm.

N_d——下游油液中大于同一尺寸 x 的颗粒数目。

②滤油器上的压力损失应尽量小

滤油器上的压力损失随油液通过滤芯的流速、油的黏度,特别是油中杂质多少而变化。液压泵吸油口的滤油器压力损失最好在 0.01 MPa 以下,管路上的滤油器压力损失应小于 0.05 MPa。

如图 2-26 所示为滤油器的压差特性曲线,即表示规定黏度(一般为30 $mm^2 \cdot s^{-1}$)的油液以公称流量通过滤油器的压降随工作时间变化的关系。一般船用液压滤油器初始压降不大于 0.08 MPa,随着使用时间的增加,累积的污垢量增加,压力损失从初始值逐渐增加,在达到饱和压降后,继续使用则压降将急剧增加,有指示、发信装置的滤油器此时应发出堵塞信号。滤油器带安全旁通阀时,其开启值比饱和压降约大 10%。一般来说,过滤精度高则压力损失也大。

滤油器铭牌上通常标出初始压力损失,有的还标出最大(饱和)压力损失。滤芯的强度应能承受饱和压力损失和可能的液压冲击,但只要不是完全堵塞,就无须承受系统最大工作压力,故强度较低的滤芯(如纸质滤芯)也可用于高压系统。

③要有足够的过滤能力

滤油器的过滤能力是指通过滤芯的油液流量。吸油管路上的滤油器,其流量一般应取泵流量的两倍以上,其他管路上的滤油器,其滤芯的过滤面积应取管道截面积的 40~80 倍。

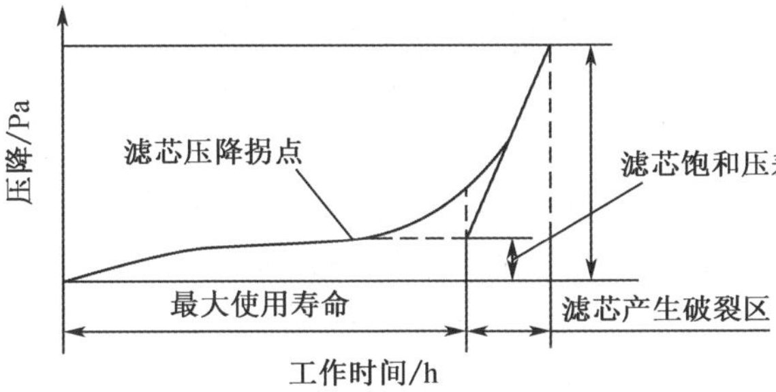

图 2-26 滤油器的压差特性曲线

④滤芯应具有一定的机械强度,能承受油液的压力

(2)常见的滤油器

根据拦截污物的方法,可以把滤油器分为表面型滤油器、深度型滤油器和磁性滤油器。磁性滤油器以高磁能永久磁铁吸附分离油中磁敏性金属颗粒,一般与前两类滤油器组合在一起使用,常用的滤油器种类如下。

①纸质滤油器

纸质滤油器是利用过滤纸上的微孔来滤除油液中的杂质污粒的,其滤芯结构如图 2-27 所示。为了增加过滤面积,滤纸 3 通常做成辐射状。金属丝网 4 是用来增强抗压强度的。油液从纸芯外部流入,经过滤后从中间孔流出,纸芯微孔的直径为 0.03~0.07 mm。纸质滤油器介于表面型和深度型之间,但一般归类为深度型。

②线隙式滤油器

线隙式滤油器由端盖、带孔眼的筒形芯架、缠绕在芯架外部的铜丝及壳体等组成。线隙式滤油器是通过金属线之间的缝隙来滤除油中的杂质污粒的。金属线之间的缝隙是这样形成的,把圆形截面的铜丝每隔一段距离压扁一段,然后缠绕在芯架上,形成了线与线之间的缝隙。油液从进口流入,经过线隙进入滤芯内部,再从出口流出。这种滤油器用在压力油路上,有 0.003 mm 和 0.05 mm 两种过滤精度;用在泵的吸油管路上,有 0.08 mm 和 0.1 mm 两种精度。

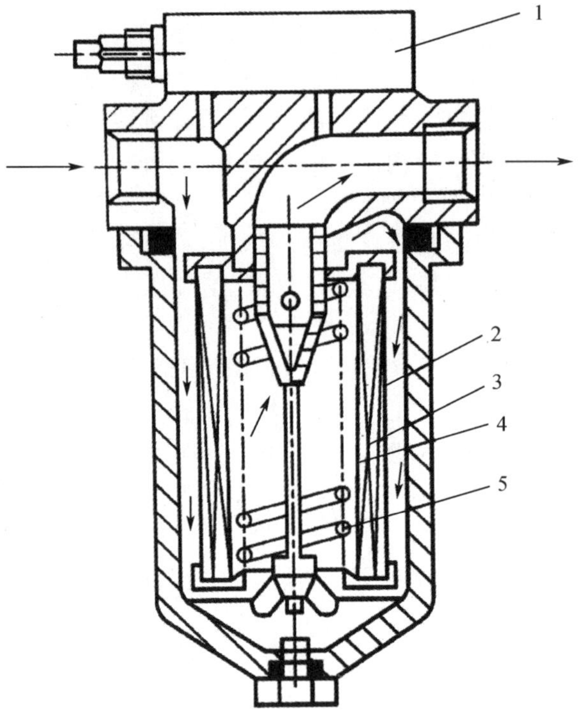

1压差报警器;2—粗孔钢板网;3—滤纸;4—金属丝网;5—支承弹簧。

图 2-27　纸质滤油器

③网式滤油器

网式滤油器是通过方格式金属网滤除油中的杂质污物的。滤油器由上、下盖板和铜丝网等组成。铜丝网包围在开有圆形窗口的金属(或塑料)圆筒上,其过滤精度有 200 目、150 目等多种。网式滤油器多用在液压泵的吸油管上,作为系统的粗滤。

④烧结式滤油器

烧结式滤油器的滤芯是由颗粒状青铜粉末压制后经烧结而成的,利用颗粒之间的微孔进行过滤。它被放置在壳体和端盖之内。选择不同粒度的粉末和壁厚可获得不同的过滤精度。滤芯可做成杯形、管形、板形等多种形状。烧结式过滤器的过滤精度为 0.01 ~ 0.1 mm,它强度高,性能稳定,能在高压下工作,但滤芯清洗比较困难,同时还要十分注意金属颗粒脱落而造成的危害。

2. 油箱

油箱的主要功能是储存油液,此外,还有散热以控制油温、阻止杂质进入、沉淀油中杂质、分离气泡等功能。如图 2-28 所示为常用的开式油箱结构图。

为了确保液压系统正常工作,油箱必须满足以下要求:

(1)容积应足够大,以利于油液冷却和分离空气、杂质。其容积一般取泵每分钟输油体积的 2 ~5 倍;或当所有管路及元件均充满油时,油面需高出过滤器 50 ~100 mm,而液面高度只占油箱高度的 80%。

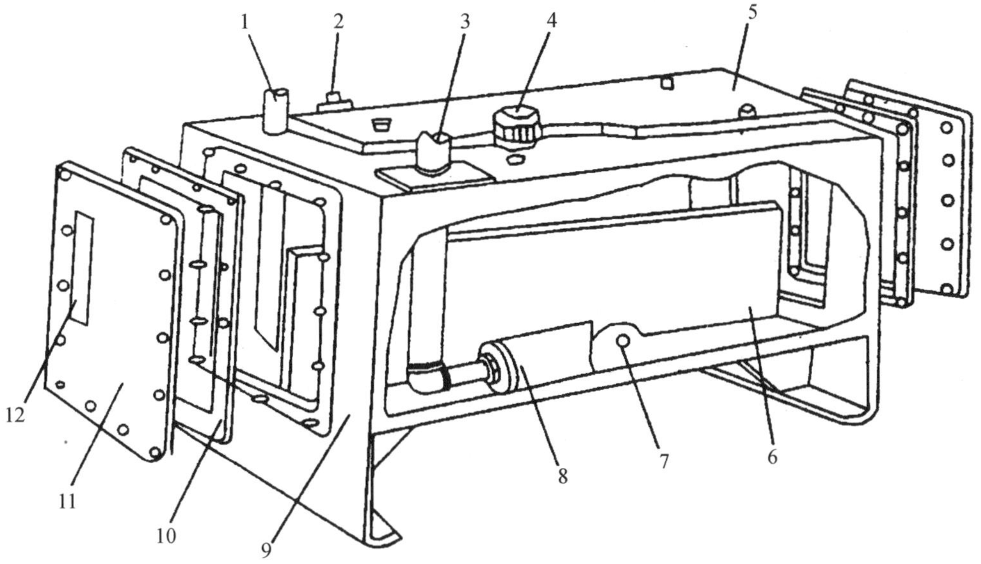

1—回油管;2—泄油管;3—吸油管;4—空气滤清器;5—电机底座;6—隔板;
7—泄油口;8—滤油器;9—箱体;10—密封垫;11—侧盖板;12—液位计。

图2-28 开式油箱结构图

(2)油箱内壁应涂有耐油防锈涂层。

(3)内设隔板将回油和吸油隔开,使油在箱内的流动路线延长,便于油散热和分离油中气体、沉淀杂质。隔板高度约为油面高度的2/3。

(4)设通气孔保持箱内为大气压,通气管上带空气滤清器,防止空气中的灰尘侵入。

(5)油箱底部距地面150 mm以上,以利于散热和放油,最低处应设置放油塞。

(6)可拆卸侧盖板应足够大,以方便清洁和检修,油箱侧面通常设有油温表和油位计。

(7)吸油管和回油管管口应在最低油面之下适当深度,以免吸入空气和溅起泡沫,吸油管的口径应为其余油管径的1.5倍,以免泵吸入不良;液压控制阀、泵、马达的泄油管出口常在油面之上。吸油管、回油管管口切成45°斜切口,方向朝向箱壁,与箱底、箱壁距离应大于管径的3倍。

3. 蓄能器

蓄能器是一种能蓄存和释放液压油压力能的元件,在液压系统中有三种用途:

(1)储存油液,在短时间内与液压泵一起供给系统大量油液。

(2)使系统保持一定的油压力。

(3)吸收压力冲击和压力脉动。

蓄能器有多种类型,气囊式蓄能器是最常用的蓄能器,如图2-29所示。壳体2是一个耐压的无缝钢瓶,内有一个耐油橡胶制成的气囊3,气囊内部常充以氮气。下部有一个弹簧控制的菌形阀4,正常工作时常开,油排空则关闭,防止气囊被挤出。

安装和使用蓄能器必须注意以下几点:

(1)油口向下垂直安装,以免杂质沉淀其中妨碍工作。

(2)装在管路上的蓄能器需用支架固定,但不能焊接固定。

(3)蓄能器与管路之间应安装截止阀,以便需要时能与系统隔断。

(4)蓄能器与液压泵之间应安装单向阀。

(5)气囊式蓄能器内禁止充氧气或空气。

(6)至少每隔 6 个月检查一次压力。

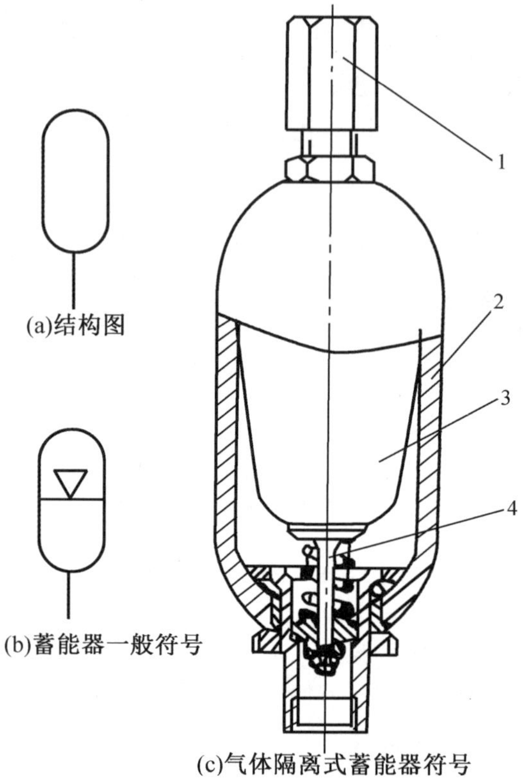

1—充气阀;2—壳体;3—气囊;4—菌形阀。

图 2-29　气囊式蓄能器

第二节　舵　设　备

舵是船舶的主要操纵设备,除喷水推进装置等特种船舶外,一般船舶都设有舵装置。操舵者通过操舵可以使船舶保持或改变航向或进行回转,以达到控制船舶方向的目的。

一、舵的作用原理

舵通常安装在船尾,通过与水流相互作用,产生转船力矩而使船产生回转运动。

船舶航行时,如舵叶处于正舵位置,即舵角(舵叶与船舶纵线之间的夹角)$\alpha=0°$时,则舵叶所受的水作用力相等,对船的运动方向不产生影响。若将舵叶向某舷偏转任一角度 α,则其两侧的水流就会如图 2-30 所示那样,不再保持对称,水流绕流舵叶时的流程在背水面就要比迎水面长,背水面的流速也就较迎水面大,而其上的静压力也就较迎水面的小。这样,舵叶两侧所受水的压力(称为舵压力)F_N 就将垂直于舵叶,作用于舵叶的压力中心 O,并指向舵叶的背水面,除 F_N 外,水流对舵叶还会产生与舵叶纵线方向一致的摩擦力 F_T。所以,当舵叶偏转舵角 α 后,在舵叶的压力中心上,就会产生一个大小等于 F_N 与 F_T 合力的水作用力 F。

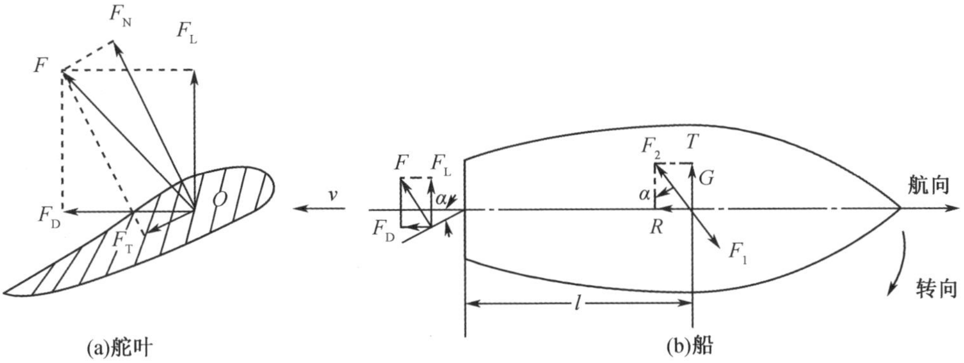

图 2－30　舵的工作原理

舵上的水作用力 F 也可分解为与水流方向垂直的升力 F_L 和与水流方向平行的阻力 F_D，并可写成

$$F_L = \frac{1}{2}C_L\rho Av^2 \quad (2-4)$$

$$F_D = \frac{1}{2}C_D\rho Av^2 \quad (2-5)$$

$$x = C_x b$$

式中　C_L、C_D、C_x——升力系数、阻力系数、压力中心系数

ρ——水的密度，kg/m^3；

A——舵页的单侧浸水面积，m^3；

v——舵页处的水流速度，m/s；

x－舵压力中心至舵导边的距离，m；

b－舵页的平均宽度，m。

舵叶上的水作用力 F 对船舶的运动将会产生一系列影响。如图 2－30 所示，按照理论力学原理，假设在船舶重心 G 处加上一对方向相反而数值均等于 F 的力 F_1、F_2，那么水作用力 F 对船体的作用，即可用水作用力对船舶重心所产生的力矩 $\boldsymbol{M}_S$ 和 F_2 的作用来代替。其中，由 F 和 F_1 形成的力矩迫使船舶绕其重心向偏舵方向回转，称为转船力矩；而力 F_2 则又可分解为 R 和 T 两个分力，其中纵向分力 $R = F_2\sin\alpha$，增加了船舶前进的阻力，而横向分力 $T = F_2\cos\alpha$，则将使船向偏舵的相反方向漂移。此外，由于水作用力 F 与船舶的重心 G 并不在同一水平面上，因此船在转向的同时，还存在着横倾与纵倾力矩。

目前，海船舵叶的展弦比 λ（λ = 舵叶高度/舵叶平均宽度）一般取 2～2.5，转船力矩达到最大值时的舵角大多介于 30°～35°，一般都规定 35°为最大舵角；而河船因吃水较浅，一般 λ 为 1.0～2.0，转船力矩的最大值出现在 35°～45°舵角，所以最大舵角也就定在这一范围内。

二、舵设备的组成与布置

如图 2－31 所示，舵设备由舵 6、转舵装置 5、舵机 4、操舵装置和传动装置 3 组成。

舵设备的各组成部分应能在规定的时间内将舵转动，能限制舵的转舵角度，能将舵可靠地停止在限制舵角内的任何位置上，能从驾驶室监视舵位，同时还能迅速地由主要的操舵装置转换为备用的或应急的操舵装置。整套装置应坚固、可靠、耐用。在满足使用要求的前提下，应尽量减小各部分的外形尺寸和质量。

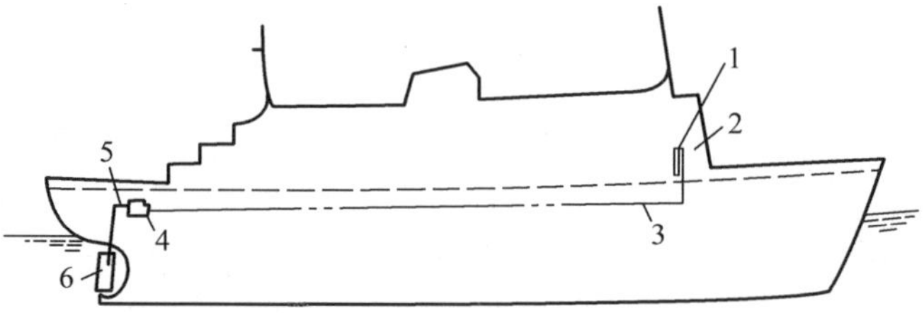

1—操舵器；2—舵角指示器；3—传动装置；4—舵机；5—转舵装置；6—舵。

图 2－31　舵设备的组成示意图

在图 2－31 中，舵角指示器 2 是反映舵面转动角度的仪表，装于驾驶室，用以了解和监视舵角的实际位置。操舵器 1 是供舵工或驾驶员转舵用的手柄或舵轮。传动装置 3 将舵机的启动信息由驾驶室传至舵机舱。舵机 4 是带动舵转动的机械，系转舵的原动力。转舵装置 5 的作用是把舵机的动力传递给舵 6。舵是舵面、舵杆及其支撑部件的总称。

三、舵的构造和类型

1. 舵的构造

如图 2－32 所示，舵的主要组成构件有：上舵杆 2、下舵杆 4、舵板 5、舵壁 6、舵钮与舵销 7、连接法兰 9 及上、下舵承 1，3 等。上舵杆由船内部穿出船外，其上端与操舵器相连，下端与舵相连，操舵器通过上舵杆转动舵面，因此上舵杆也就是舵的转轴，一般呈圆形断面，支承它的是上下舵承。上舵杆的直径大小视其承受的扭矩和弯矩而定。下舵杆亦称舵主件，对于非平衡舵，位于舵面的前缘，通常也是呈圆形断面，舵壁就装在其上，舵压力矩通过它传至上舵杆。舵壁是前后布置的用以把舵面和下舵连接起来的构件，可将舵面上的载荷传至下舵杆并加强舵面自身的刚性。在舵壁的前方设有舵钮，用舵销将其与舵柱的上舵钮相连，舵面绕着舵销转动。因为舵有向两面同等转动的机会，因此舵臂一般都是相互间隔地分列于舵面的两侧，由舵面前缘向后缘延伸，长度约为整个舵宽减去舵面厚的两倍。舵壁与舵板焊接起来。

2. 舵的类型

舵是舵设备中承受水动力以产生转船力矩的部件，一般安装在船尾螺旋桨后面。舵的种类较多，一般按以下几种方法分类。

（1）按舵叶的剖面形状分

①平板舵

平板舵如图 2－33 所示，又称单板舵。舵叶为一块平板，在舵叶两侧交替设水平舵筋，起加强作用。这种舵结构简单，但阻力较大，失速现象发生得早，所以仅用于非自航船、帆船或小艇。

②流线型舵

流线型舵如图 2－34 所示，又称复板舵。这种舵由沿其骨架的线型覆盖舵板焊制而成，舵叶水平剖面呈流线型。其特点是：舵的升力系数大，阻力系数小，因而水动力性能好，舵效高。因舵板水密且舵叶内部空心，从而产生一定浮力，减少了舵承上的压力。舵的强度高，但构造比较复杂。

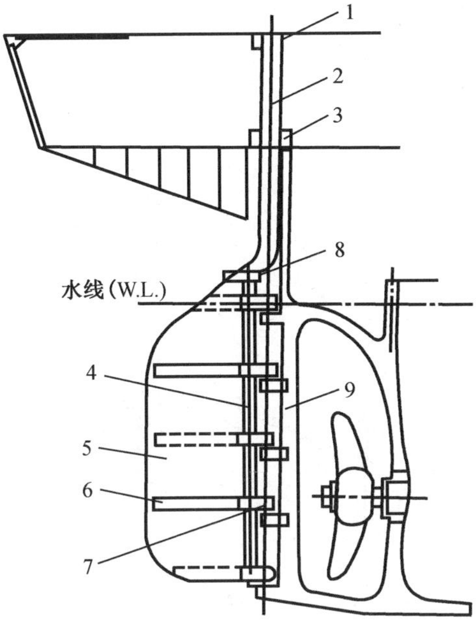

1—上舵承;2—上舵杆;3—下舵承;4—下舵杆;5—舵板;6—舵壁;7—舵钮与舵销;9—连接法兰。

图 2 -32 舵的构成

(2)按舵杆轴线位置分

①不平衡舵

不平衡舵如图 2 -35(a)所示,又称普通舵。其舵叶全部位于舵杆轴线之后,舵钮支点较多,舵杆强度容易得到保证。但这种舵的水压力中心离转动轴较远,转舵时需要较大的转舵力矩,只适用于小船。

②平衡舵

平衡舵如图 2 -35(b)(c)(d)(f)所示。舵叶在舵杆轴线前后均有分布。舵杆轴线之前的舵叶面积(平衡部分面积)与舵叶全部面积之比称为平衡比度或平衡系数,一般为 0.2 ~0.3。这种舵的舵力中心距转动轴线近,所需转舵力矩小,因而可以减小所需舵机功率。流线型平衡舵是目前海船上广泛应用的一种舵。

③半平衡舵

半平衡舵如图 2 -35(e)所示。这种舵的下半部为平衡舵,上半部为不平衡舵,平衡比度通常小于 0.2。它适用于艉柱形状比较复杂的船舶。

(3)按舵的支承方式分

①多支承舵

多支承舵如图 2 -35(a)所示,这种舵一般为不平衡舵,由舵承、舵钮和舵托三部分支承并承受舵的水动力。船体艉柱设有舵柱,舵叶前缘通过三个或三个以上的舵销与舵柱上的舵钮铰接,舵的重力主要还是由设在船体内的上舵承来支撑。

②双支承舵

双支承舵如图 2 -35(b)(c)(d)所示,是设有上部和下部两处支撑的舵。

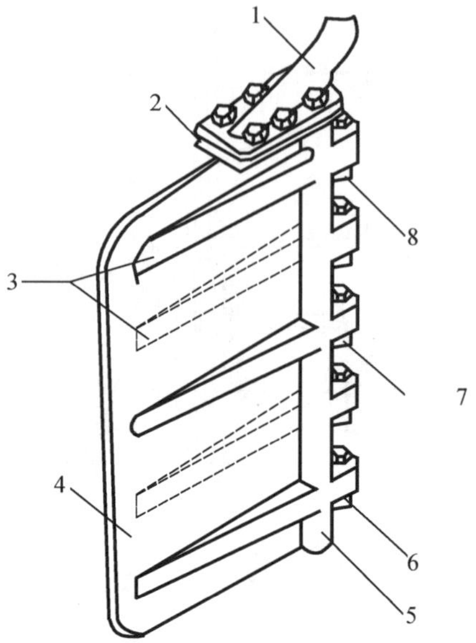

1—上舵杆;2—连接法兰;3—舵筋;4—舵板;5—下舵杆;
6—下舵销;7—中间舵销;8—上舵销。

图 2-33　平板舵

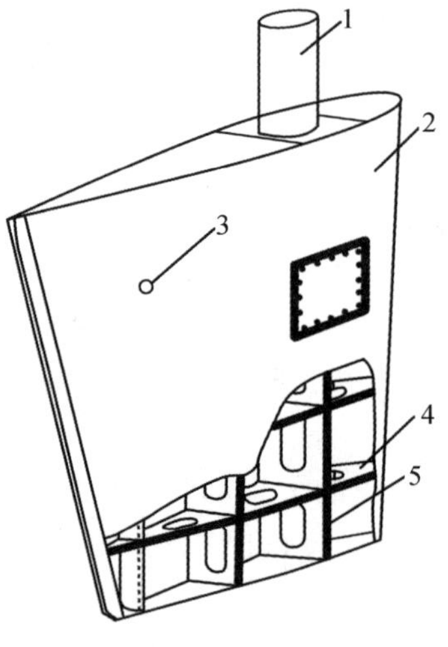

1—舵杆;2—舵板;3—吊舵孔;4—水平隔板;5—垂直隔板。

图 2-34　流线型舵

③悬挂舵

悬挂舵如图 2－35(f)所示，这种舵只有上支承而无下支承，其舵叶全部处于悬挂状态。

④半悬挂舵

半悬挂舵如图 2－35(e)所示，其下支承的位置设在舵叶中间。

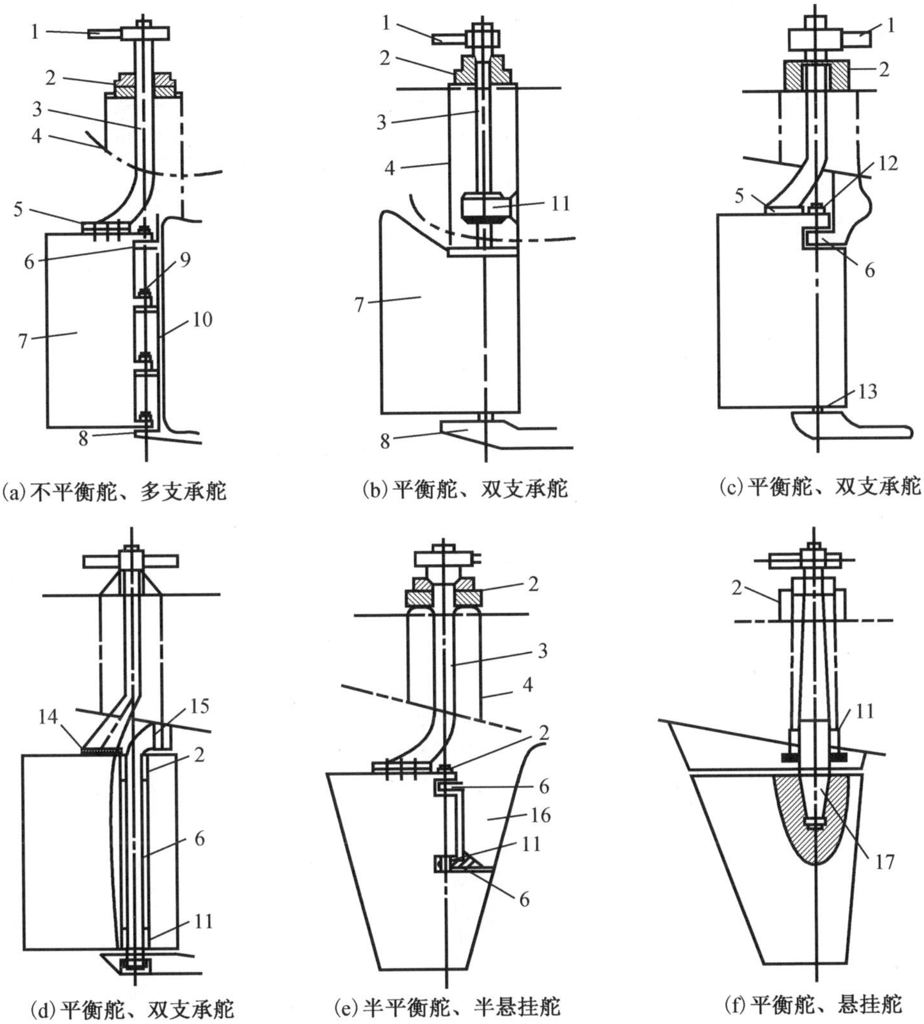

1—舵柄；2—上舵承；3—舵杆；4—舵杆套筒；5—连接法兰；6—舵钮；7—舵叶；8—舵托；9—舵销；10—舵柱；11—下舵承；12—上舵销；13—下舵销；14—水平法兰；15—垂直法兰；16—挂舵臂；17—连接锥体。

图 2－35　舵的种类

四、游艇的操舵方式

1. 舷外机直接手动换向,小型船外机一般采用这种方式。

2. 遥控机械钢索操舵系统,一般采用船外机额定马力大于20马力[①]。根据所用钢索是否设置滑轮又分为以下两种。

①遥控机械钢索操舵式。

②滑轮导钢索操舵式,据美国游艇法规(ABYC)规定,其适用船外机总马力最大为50马力(图2-36)。

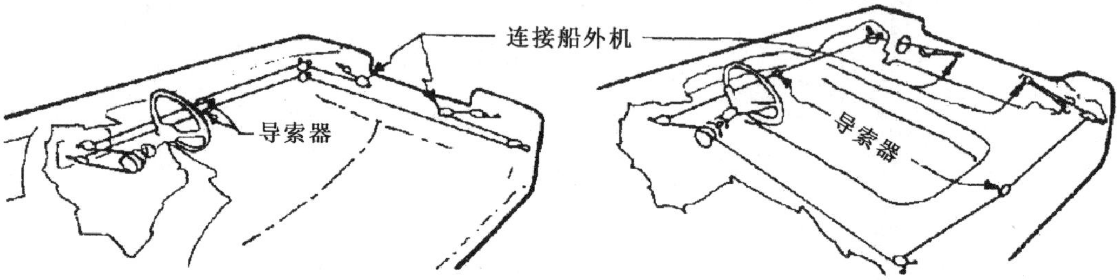

(a)单侧　(b)双侧

图2-36　滑轮导钢索操舵式

(3)手动液压操舵系统,以手动液压泵直接驱动液压缸来转动舵称(图2-37)。

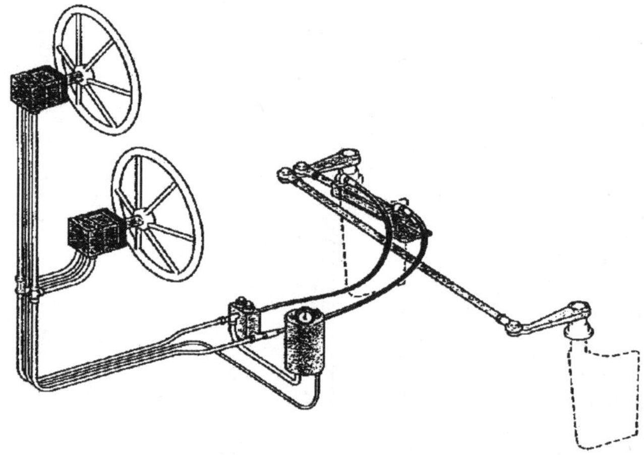

图2-37　手动液压操舵系统

(4)液压动力操舵系统,以引擎驱动或电动马达驱动液压泵,提供液压动力推动液压缸来转动舵(图2-38)。

动力操舵装置一般由操舵机构及传动机构等组成,主要是利用液压油压力推动舵柄拉杆,使船舵改变位置,这种液压操舵机构的优点是省略了许多附件,如钢索、曲柄及链条等,因此操作十分轻便灵活,并且没有摩擦噪声。

---

① 马力指公制马力,1公制马力=735 W

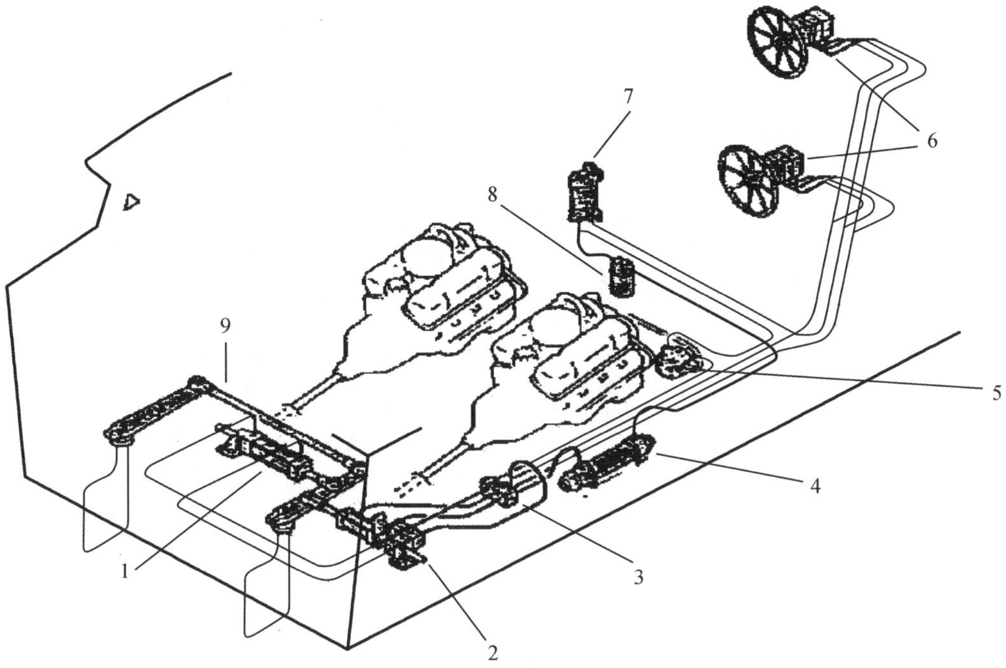

1—舵机油缸；2—伺服油缸；3—顺序阀；4—热交换器；5—液压油泵；6—操舵单元；
7—油箱；8—滤器；9—推动杆。

图 2－38　液压动力操舵系统

五、舵机配舵方式

1. 单舵

（1）单舵单缸，如图 2－39 所示。

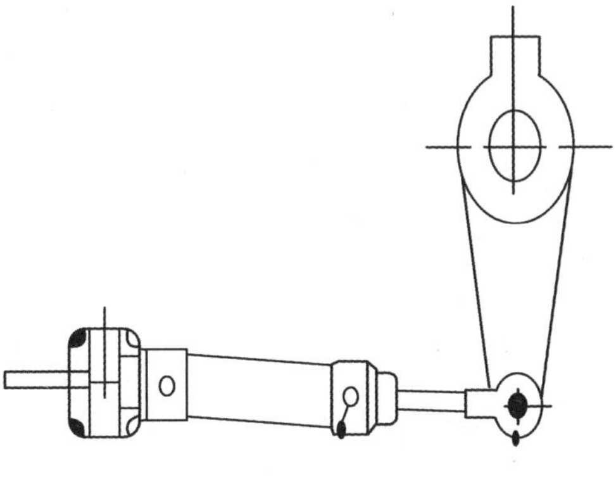

图 2－39　单舵单缸

(2)单舵双缸或四缸,如图 2－40 所示。

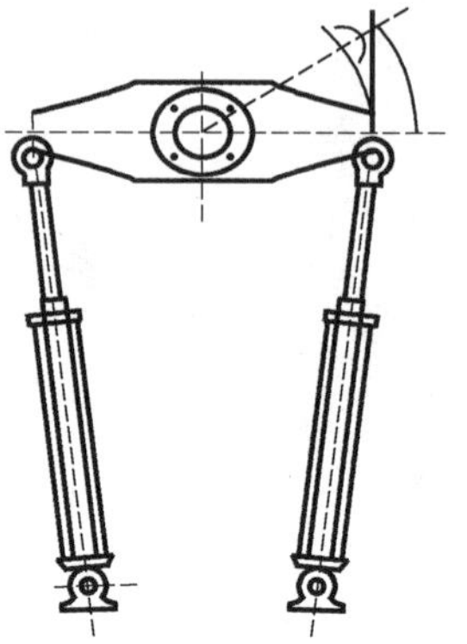

(a)单舵双缸

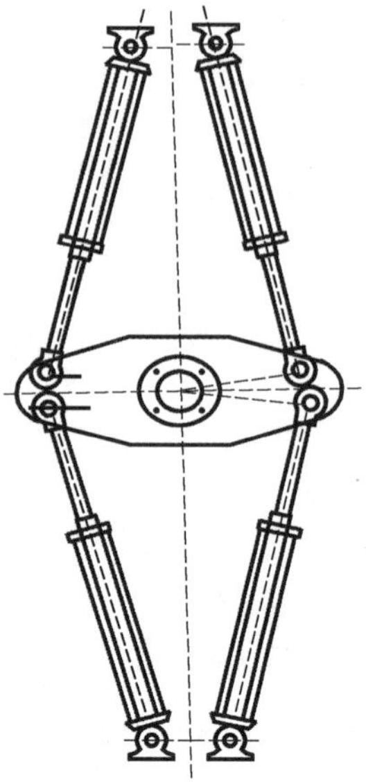

(b)单舵四缸

图 2－40　单舵双缸或四缸

2. 双舵

(1)双舵单缸,如图 2－41 所示。

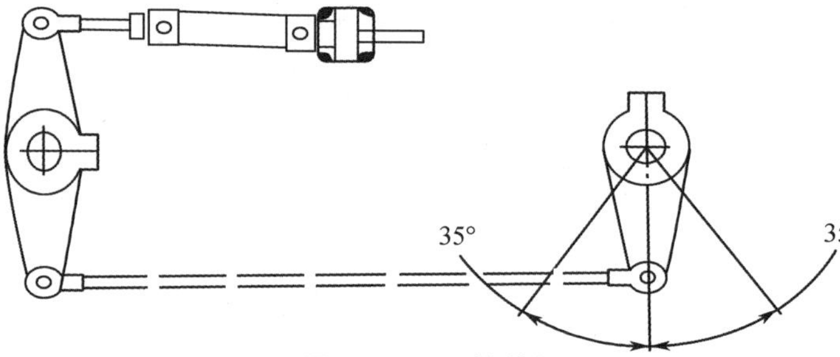

图 2－41　双舵单缸

(2)双舵双缸,如图 2－42 所示。

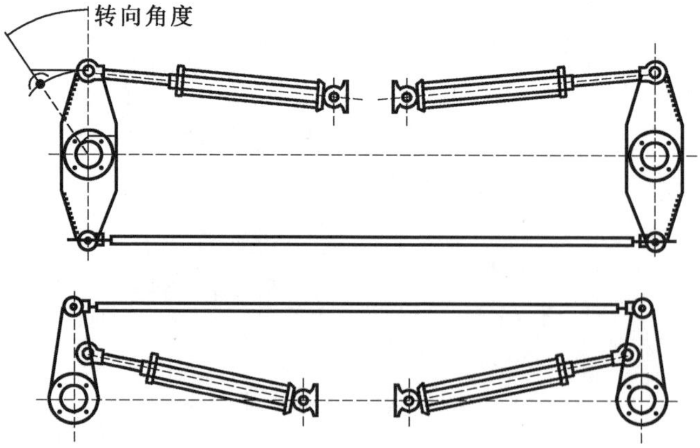

图 2－42　双舵双缸

六、舵设备应能满足的技术要求

《游艇入级建造规范》规定，舵设备应该满足以下技术要求。

(1)操舵装置应能确保航行时对艇的操纵是可靠的。

(2)动力操纵的操舵装置应设有两个动力源(舵桨一体式装置除外)。对于单一动力源的动力操舵装置，应设有独立于动力源的人力操舵装置。

(3)采用Z型推进装置，舵桨装置应在驾驶室和舵桨机室设有舵角指示器；舵桨装置应有良好的润滑，其润滑油温度应不大于70 ℃；舵桨装置的上、下轮齿箱，转舵齿轮箱等部件制造完毕后应进行0.2 MPa的液压试验，组装后应进行0.1 MPa的密性试验。

(4)采用具有方向控制功能的喷水推进器，方向控制装置应能在驾驶室内进行操纵。

(5)操舵的位置应使操舵的人员具有良好的航行瞭望视野。

第三节 锚 设 备

船舶不仅要求运动性能优良，还要保证在一切可能发生的情况下(货物的装卸、人员的上下、等候或空出码头线、躲避风浪或进行检疫)，船舶能有效停靠。

船舶有两种停靠方式，一种是抛锚停泊，另一种是系缆停泊。所谓抛锚停泊就是利用锚设备将船舶系在港内或岸外泊地水底。抛锚停泊一般用在等候泊位、躲避台风、等候领港、接受检疫、船舶在港外抛锚停泊，还有巨型船舶受吃水限制的港外停泊、海洋结构物在海上停泊作业这些情况。而另一种系缆停泊是利用系船设备将船舶直接系结在码头或岸边，其使用范围为货物装卸、旅客上下。普通民船大部分以此方式停靠在码头上。

锚设备不仅能使船舶可靠停泊，同时也起到操纵船舶的作用。锚设备作用主要有以下几点：(1)锚泊；(2)抛锚制动；(3)控制船首方向；(4)船舶在大风浪中失控的情况下，利用拖锚或拖链漂泊滞航，以争取时间改善处境；(5)搁浅船用锚固定船身，协助脱险；(6)登陆艇登陆时，预先抛下艉锚，待登陆完毕后，收紧艉锚，借此脱离海滩。

对游艇来说，锚泊设备的要求与其营运性相关，对于某些小型游艇，没有锚泊作业，或者说不宜抛锚，因此游艇原则上不强制配备锚泊设备。本节仅针对设计上考虑有锚泊需要的游艇进行介绍。

一、船舶的锚泊方式

锚泊方式随着不同的水域、气象条件和船只锚设备的布置情况而各异，通常有以下几种。

1. 船首抛锚

船首抛锚分为船首抛单锚和船首抛双锚，如图2－43所示。

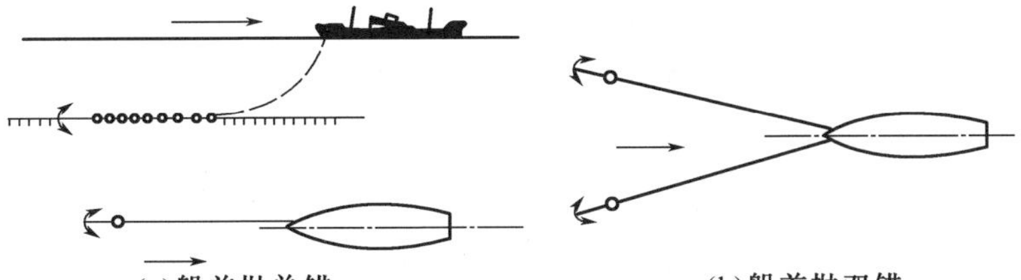

(a)船首抛单锚　　(b)船首抛双锚

图2－43　船首抛锚示意图

船首抛单锚用于气候条件好，停泊时间不长的情况。抛单锚时，船载水面上活动范围较大。船首抛双锚用于活动受限制或水域有较大的风浪、急流影响的情况。由于船首抛锚时船体所受的风力、水流力最小，所以船首抛锚是船舶锚泊的主要形式，也是船舶主锚布置艏部的原因。

2. 舷侧抛锚

舷侧抛锚如图2－44所示，是为了使水流或风向与船中线成垂直状态或有一定交角，以便通风消毒或使船能在下风一舷装卸货物或进行其他作业。

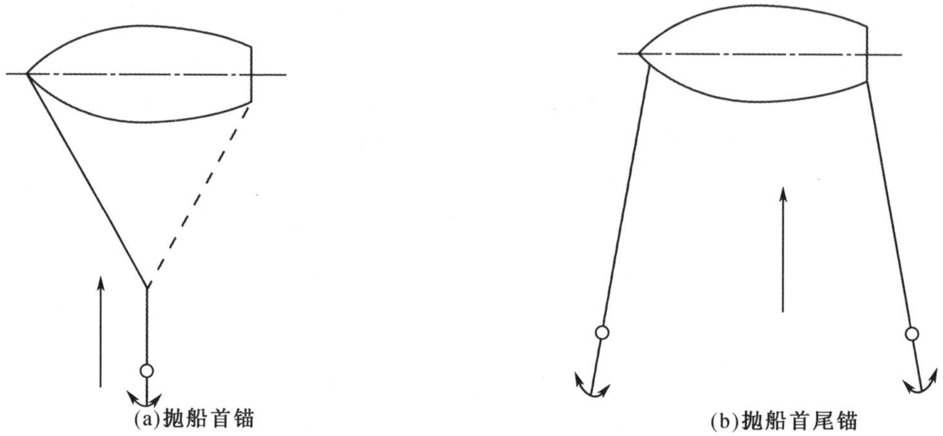

图2－44　舷侧抛锚示意图

3. 船尾抛锚

船尾抛锚多用于内河船舶，当船舶顺水航行时，可避免船只因抛锚而掉头，如图2－45所示。对于经常需抛艉锚的船舶，应具有较完善的艉锚设备。

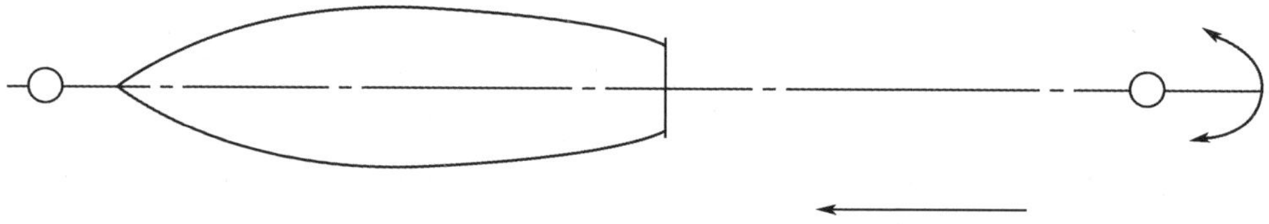

图2－45　船尾抛锚示意图

4. 艏艉抛锚

艏艉抛锚如图2－46所示，在船舶经受涨、落周期作用而活动水域又受限制及某些特殊情况下使用。

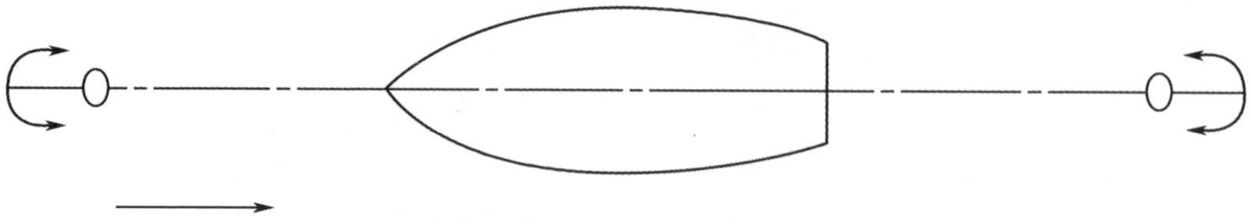

图2－46　艏艉抛锚示意图

5. 多点抛锚

多点抛锚如图2－47所示。某些海洋浮动结构物，如钻井船、钻井平台、采油平台和航标船、打捞救生船等，按作业要求对位移量有一定限制时，则采用多点锚泊定位。一般用三锚定位。定位要求高的钻井船、半潜式平台用6～10个锚，根据作业区的水深及抗风暴的要求，甚至有的高达21个锚。

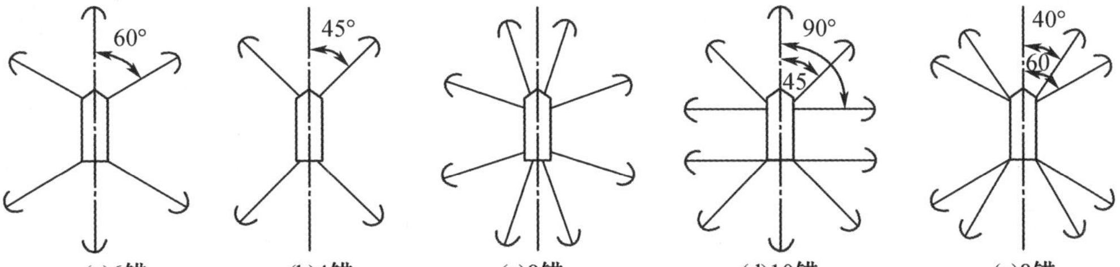

图2－47 多点抛锚示意图

二、锚设备的组成

游艇的锚设备根据其尺寸的大小有所不同，对于大型游艇其锚设备和海船有些类似，小型游艇的锚设备非常简单。这里首先介绍的是大型游艇锚设备的组成。锚设备由下列主要部分组成：锚1、锚索、锚链筒2、掣链器3、导链滚轮、导索器、锚机5、锚链管6、锚链舱7和弃链器等，如图2－48所示。

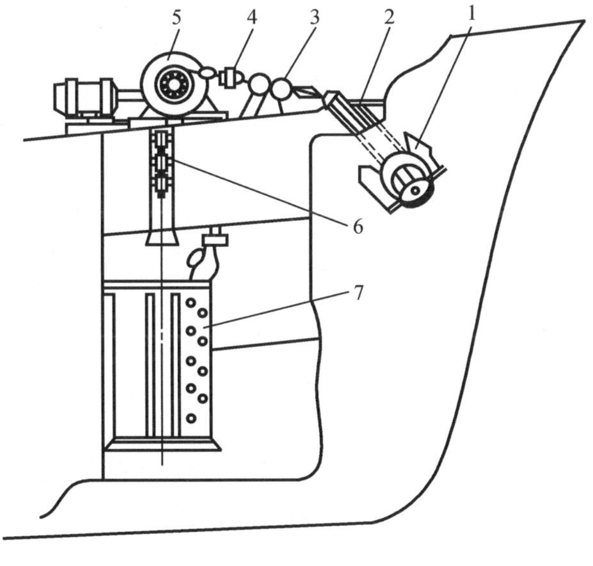

1—锚；2—锚链筒；3—掣链器；4—锚链；5—锚机；6—锚链管；7—锚链舱。

图2－48 锚设备的组成

锚：啮入水底泥土产生抓力，平衡船舶所受的外力。

锚索：连接锚和船体的绳索，用于系锚并传递锚的抓力。

锚链筒：从舷外引导锚至甲板，收锚后储存锚干及部分锚链。

掣锚器：起锚后，掣锚链条或链钩可借松紧螺旋扣使锚紧贴船体。

掣链器：止住锚链并将力传递给船体，使锚机不处于受力状态。

导链滚轮、导索器:导引锚链,减少锚链与锚链筒之间的摩擦,防止锚链翻滚。

起锚机械:抛锚与收锚用的动力机械。

锚链管:引导锚链进出链舱。

锚链舱:储存锚链。

弃锚器:平时固结锚链的末端链环,紧急时打开以抛弃锚和锚链。

锚泊设备首先应能保证停泊的安全可靠,即可靠地抵御风、水流、波浪等对船体的作用。同时,要求抛起锚方便,能迅速地起锚出航和抛锚停泊,在紧急情况下能立即弃锚,离开锚地。另外,我们还要求航行时能良好地收藏锚。最后,对锚设备配置力求整个锚泊设备质量轻,占地小。

三、游艇用锚

游艇选用锚的原则是以轻便为主,因此主要选用铝制锚及大抓力锚。

游艇用的锚有丹福尔锚、布鲁斯(Bruce)锚、犁型锚、折叠锚、三角锚、四爪锚和波日特等。现主要介绍以下几种常用的锚。

1. 德尔塔锚

德尔塔锚是一种多功能锚,其外形如图 2 – 49 所示,锚爪尖锐,锚头较大。优点是锚安装在船头,有很好的抓重比,操作迅速。缺点是船舶摆动时有可能导致走锚(此时需重新抛锚)。锚抓面相对较小,在松软泥土底质表现糟糕,收藏时锋利的锚杆边缘容易摩擦受损。

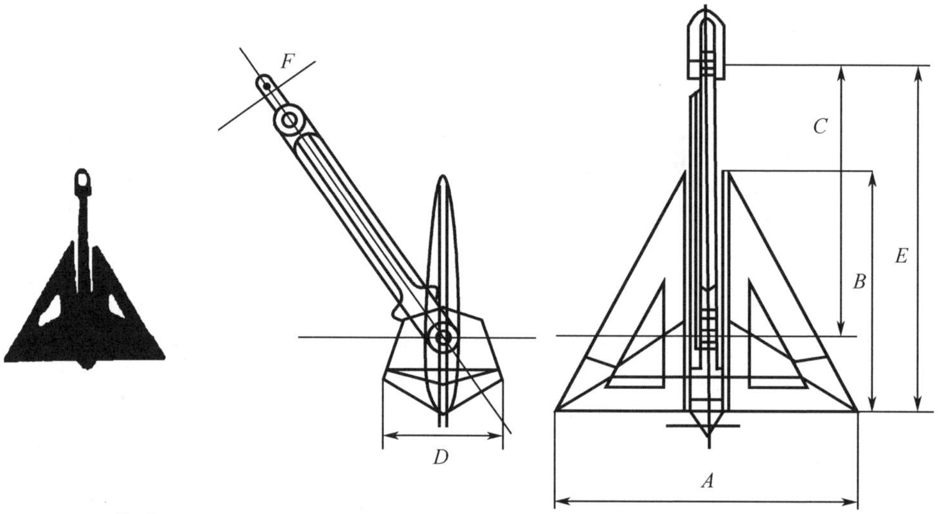

(a)外形　　(b)结构图

图 2 – 49　德尔塔锚示意图

2. CQR 锚

CQR 锚也是一种多功能锚,其外形如图 2 – 50 所示。优点是锚柄处采用铰链设计,船舶可以摆动,铺爪前端特意加重,有利于锚的复位。缺点是收藏时由于有铰链,锚容易在船头滚轮上摆动摩擦(因此有必要固定住)。CQR 锚的价格高,相对抓力来说本身太重(不过可以避免别人的模仿)。锚爪抓深部分依赖锚重,25 磅[①]以下的小号锚常常起不到作用。

---

① 1 磅(lb) = 0.454 kg。

可移动部分会卡住手指。

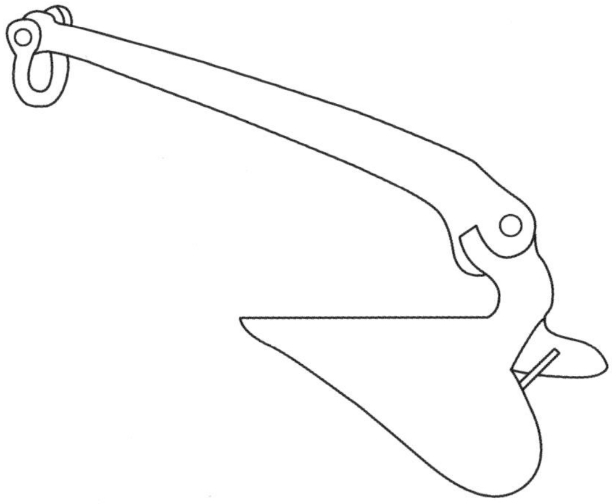

图 2-50 CQR 锚示意图

3. Fortress 铝制锚

Fortress 铝制锚为丹福尔锚风格，质量小，适用于各种土质。优点是直线抓力大，在泥地地质表现最好，抓重比特别大。缺点是完全不适用于岩石或者水草地质。一侧过重时，锚杆容易弯曲，因此最好花钱买一个抗拉强度高的锚。锚松动时很少能复位，收藏麻烦，可移动部分可能会带来危险。

4. Manson Superme 锚

作为一种新兴产品，Manson Superme 锚是一种“双重锚杆”的固定锚，有两种不同的配置可供选择。一种配置适应岩石和珊瑚礁底地质，另一种配置适应沙地和泥地地质。锚杆中有一狭长的缝隙，万一碰到阻碍，可以让锚“倾翻”。不过，它最显著的特征应该是可自动修正保护杆，有助于锚迅速抓地，是一款真正的全能锚，有镀锌和不锈钢两款可供挑选。优点是操作迅速，抓持底质深，功能全面，广受好评。缺点是新产品的价格很高。

5. 布鲁斯锚

布鲁斯锚是多功能锚/岩石底质锚（用于固定海上钻井井架），其外形如图 2-51 所示。优点是收藏方便、迅捷，抓重比好，可复位性能好。缺点是锚爪容易抓住石头而不能使用，要把它装进甲板上的储藏柜比较困难。

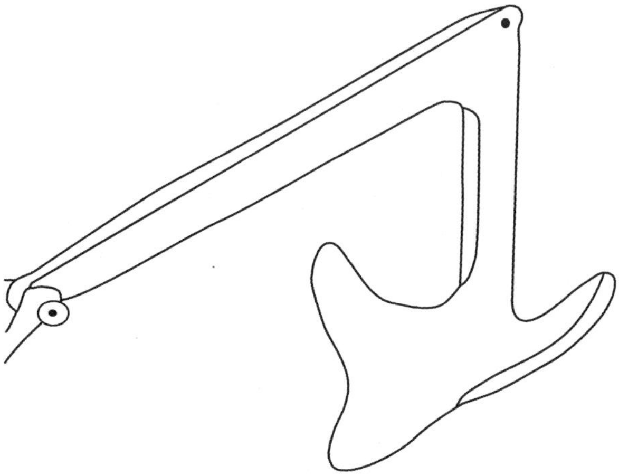

图 2-51 布鲁斯锚示意图

四、锚链

锚链是锚与船体的连接件，可把船舶拉住，使船舶不致因风浪、水流等作用而漂离。锚链由若干单个链环组成。链环分为无挡链环、有挡链环、加大铁环、末端铁环、转环和锚卸扣几种，如图 2－52 所示。无挡链环的链径不大于 13 mm，一般用于小船及内河船舶上。锚链的长度以节为单位，每节长约 25～27 m。在每节链环的末端均带有两个加大链环，一个是有挡的加大链环，另一个是无挡的加大链环。节与节间用卸扣连接。一船在与锚直接相连的一节链环末端设转环，以免船舶因风浪和水流等作用而造成锚链的过分扭绞。

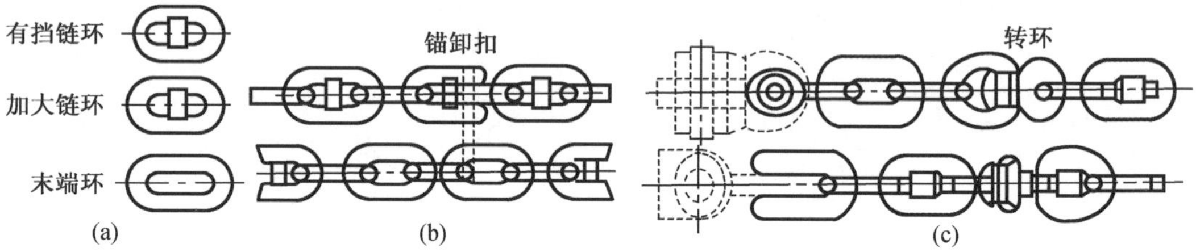

图 2－52　锚链的组成

根据锚链的生产方式可将其分为焊接、铸钢和锻造三种。焊接锚链生产效率高，成本低，体积小，质量轻，品质好。目前大部分销链均为焊接锚链。铸钢锚链强度高，寿命长，变形小，耐磨性好，用料省。但它生产工序多，周期长，成本较高，耐冲击负荷能力差，因而使用较少。锻造锚具有较好的韧性，但生产效率低，成本高，一般用于工程船舶。

五、掣链器

掣链器位于锚机与锚链筒之间的甲板上，用以夹住锚链。抛锚后，闸上掣链器，可将锚链的拉力传给船体，使锚机不处于受力状态。航行时，掣链器承受锚和部分锚链的重力，并将收到锚链筒内的锚贴紧船体，不致发生撞击。

掣链器的形式有多种，常用的有闸刀式和螺旋式两种，此外还有凸轮式、钩式等。

如图 2－53 所示为闸刀式掣链器。当闸刀松开时，链环就能通过掣链器滑移。当闸刀放下时，链环就被卡住，止动销是为了可靠地锁住锚链。闸刀式掣链器结构简单，工作可靠，但操作不便，主要应用于中小型船舶上。

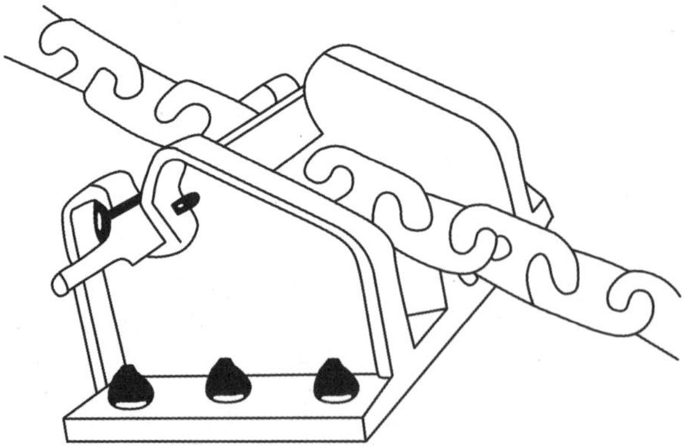

图 2－53　闸刀式掣链器

如图 2－54 所示为螺旋式掣链器。当转动摇柄时，两边的两块夹板在螺杆的作用下合拢，将锚链夹住。当松开夹板时，锚链可以滑移。螺旋式掣链器工作可靠，操作方便，但操作时间长，一般应用在大型船舶上。

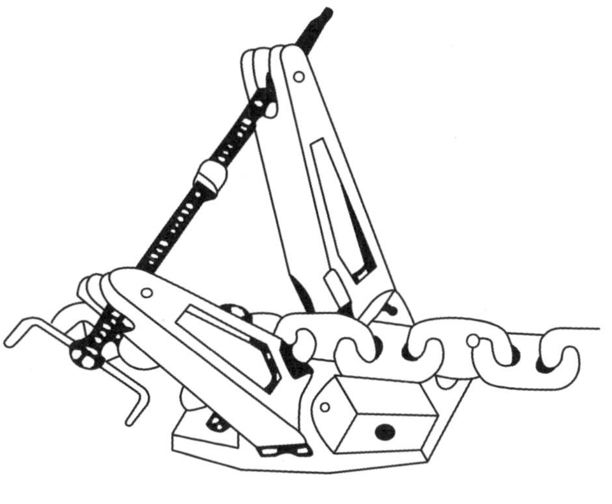

图 2－54 螺旋式掣链器

六、锚链筒

锚链筒在船舶起、抛锚时作为锚链的通道，而在船舶航行时用于收存锚。通常只有无杆转爪锚（霍尔锚、斯贝克锚）才能收存于锚链筒中。艏锚的锚链筒设于船舶首部的两舷。其上端出口位于主甲板或艏楼甲板上，下端出口位于船外板上，成倾斜状态，因而称之为倾斜式锚链筒。船舶设有艉锚时，其锚链筒通常设在艉部船体中心线处，形式同艏部锚链筒相似。

锚链筒按其对水面倾斜的程度基本上可分为陡削式和平斜式两种。陡削式锚链筒用在干舷较大或有艏楼的航速不高的民用船舶，优点是在收锚时能顺利地将锚拉近锚链筒，因此使用广泛。对于无艏楼的干舷较小且航速较高的船舶，为了方便锚侵入水中，必须采用平斜式锚链筒。它同陡削式锚链筒相比，锚链筒的内径应适当加大，尤其在舷侧出口处锚唇的型线应予以特殊考虑。

锚链筒上方一般设置有锚链筒盖。其作用有：防止航行中遭遇大风浪时的上浪；锚泊和靠泊时，防止窃贼沿着锚链爬上来；防止船员意外掉落到锚链筒内（有些船在锚链筒周围无栏杆保护）。

七、锚机

锚机是锚装置中最重要的组成部分，它用来收放锚链达到起锚和抛锚的目的。由于一般锚机也常用来绞缆、拖曳和整理索具，故也装有绞缆卷筒。锚机主要由原动机、传动机构和链轮组成。

按动力源不同，锚机可以分为蒸汽锚机、电动锚机和液压锚机。目前除某些油船上还使用蒸汽锚机外，一般船舶基本上都采用电动锚机和液压锚机。

电动锚机具有结构简单，制造、管理和维修方便，能实现自动化操作等优点，在船舶上一直长期使用。液压锚机与电动锚机相比具有体积小，占地面积少，容易实现正反转、无级调速和恒功率驱动与启动，制动迅速、平稳，对电站冲击负荷小等优点。但它效率低，耐超负荷能力差、噪声大、制造和维修困难。随着液压技术的逐步推广，液压锚机的应用将更为广泛。

按照链轮布置方式的不同，锚机可以分为卧式锚机和立式锚机。卧式锚机的链轮轴水平布置（图 2－55），设置在甲板上，操作管理方便，但常常遭受风浪侵蚀，并占据了较大的甲板面积。

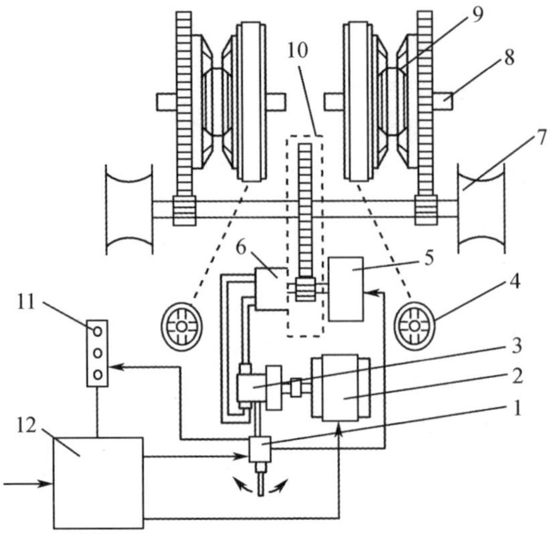

1—手柄;2—电动机;3—油泵;4—刹车手柄;5—电磁刹车;6—油马达;7—绞缆筒;
8—锚链轮离合器;9—锚链轮;10—齿轮箱;11—控制按钮;12—电源箱。

图 2 –55　卧式电动液压锚机

立式锚机又称起锚绞盘,其链轮轴垂直布置。如图 2 –56 所示,原动机及传动机构均设在甲板以下,避免了卧式锚机的缺点。但它的链轮轴承受很大的弯矩,因此需要将链轮布置得尽量靠近甲板。一般民用船舶多采用卧式锚机,而舰艇则多采用立式锚机。

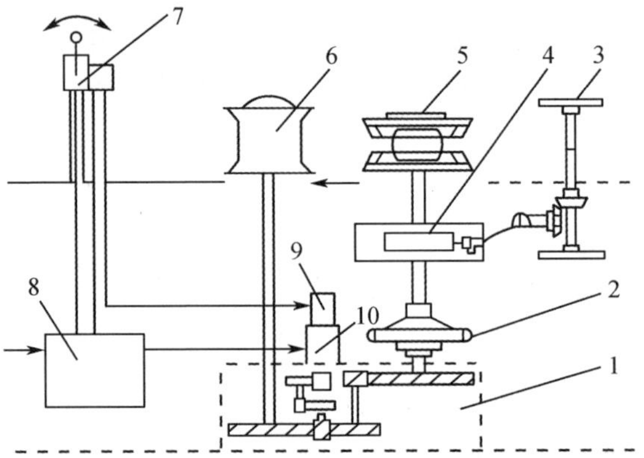

1—齿轮箱;2—离合器电动机;3—制动手轮;4—锚链轮制动器;5—锚链轮;6—绞缆筒;
7—控制手柄;8—控制箱;9—电力制动器;10—电动机。

图 2 –56　立式锚机

八、《游艇入级与建造规范》相关要求

1. 一般要求

(1)锚泊和系泊设备的配备应适合游艇预期的营运条件和结构形式。本节锚泊设备的配备为非强制性要求。

(2)不锈钢和铝合金材料制造的锚将根据设计的试验负荷予以特殊考虑。

(3)对纤维增强塑料游艇,锚设备在艇上的存放应避免对艇体的损坏。

2. 锚设备

(1)游艇一般配置一个大抓力艏锚,其质量由游艇总长和水线长的平均值查表2-2,取值乘以如下系数 k 确定:A类艇 $k=1$;B类艇 $k=0.9$;C类艇 $k=0.85$;D类艇 $k=0.80$。

表2-2 锚泊及其锚链和系泊索

长度 $[(L_{oa}+L)/2]$/m	锚 质量/kg	锚链直径		纤维系泊索	
		链/mm	索/mm	长度/m	破断力/kN
6	5	6	10	22.5	25
7	6	6	10	22.5	25
8	7	6	10	22.5	25
9	9	8	12	22.5	25
10	10	8	12	22.5	25
11	12	8	12	25	30
12	15	8	12	25	30
13	17	8	14	25	30
14	19	8	14	25	30
15	21	10	14	25	30
16	23	10	14	30	30
17	26	10	14	35	32
18	28	10	16	35	32
19	31	12	16	40	32
20	34	12	16	40	32

(2)如配置的锚为非大抓力艏锚,则其质量应不小于上述规定质量的1.3倍,但锚链直径无须增加。

3. 锚链

(1)附于一个锚上的锚索长度宜适合于游艇的航行区域,但一般艏锚均不宜小于游艇总长的4倍或30 m,取大者。

(2)锚链既可以采用锚链或锚链加锚索,也可以采用全部采用锚索。

(3)当锚索采用纤维绳索或钢丝绳索时,应确保其破断负荷与应配备的锚链的破断负荷相等。

(4)与锚机构成一体的锚泊系统应有系固于艇体结构的锚索的固定端,并能在紧急情况下予以释放。

(5)当采用钢丝绳作为锚索时,纤维/钢丝绳索的两端应插节眼环。

4. 系泊设备

(1)游艇应根据其类型和营运条件配备系泊索,对艇长12 m以上的艇一般配备两根系泊索。

(2)系泊索的直径不小于15 mm。

(3)每艘游艇应根据其类型、营运条件和结构形式设置适量的系缆桩或羊角,但最少数量如下。

①艇体总长 L_{oa} 不超过 6 m 的游艇,一般在前甲板或等效结构上设置一个系艇桩或羊角。

②艇体总长 L_{oa} 大于 6 m 的游艇,除在艄柱顶部设置导缆孔或导缆滚轮以外,一般还应在后甲板或等效结构上至少设置一个系艇桩或羊角。

(4)每艘游艇宜设有护舷橡胶及防碰垫等保护设施。

(5)游艇应设置被拖带的装置。拖缆的长度一般与艏锚锚链长度相同,其直径应不小于其配备锚索的 0.85 倍长度。

(6)结构加强。

①凡用以固定锚链、锚索、系艇索、拖索的属具(如系缆桩、羊角、拖柱)的安装处下方和附近的艇体结构应予以加强,使之能承受所受载荷。

②如用以固定锚链、锚索、系艇索、拖索的属具采用螺母和螺栓紧固,则在安装处应采用适当的垫圈或复板。

第四节　系 泊 设 备

一、系泊设备的组成

船舶为停靠码头、系带浮筒、旁靠他船和进出船坞等所使用的机械设备,总称为系泊设备。系泊设备主要由系泊索、系缆桩、导缆器、系泊索卷车、系泊机械等组成。利用绞缆机收绞缆索,即可使船舶系靠。在船首,系缆卷筒通常和锚机一起,用同一动力驱动,并可以通过离合器啮合或脱开,在船尾则大多设置独立的绞缆机。

1. 系泊索

系泊索传递船舶系泊时所受的外力,它是船舶系泊或拖带时所用的柔韧绳索,系船缆绳应该满足的一般要求是:强度大、耐腐蚀、耐磨损、密度小、弹性适中、质地柔软、使用方便等。系船缆绳应由船级社认可的生产商制造,其材料和结构形式应符合船级社接受的有关标准。

系船缆绳的种类和规格较多,可用的有钢丝绳、合成纤维缆绳和植物纤维绳。常用的是合成纤维缆绳和钢丝绳两大类。

(1)合成纤维缆绳

目前海船上最常用的系船缆是合成纤维缆绳,一般为八股编绞绳结构。植物纤维绳作为系船缆一般只用在小型船舶上。

用于化纤缆绳的纤维主要有聚酰胺、聚酯、聚丙烯(PP)和聚乙烯(PE)等。传统的船用化纤绳有以下几种。

①尼龙绳

尼龙绳采用聚酰胺纤维制成,是传统化纤绳中强度最大的一种,它的特点是耐磨,对酸、碱和油类等有一定的抵抗能力,但伸长率较大,弹性大,有一定吸水性,耐热性和耐光性较差,曝晒过久强度会下降。

②涤纶绳

涤纶绳是以聚酯纤维为原料制成的,其强度和耐磨性仅次于尼龙绳,是普通化纤绳中最耐高温和耐气候的绳索，适应高负荷连续摩擦，耐冲击，抗酸、碱和油类能力强，吸水率仅为 0.4%，但价格高。

③丙纶绳和乙纶绳

丙纶绳采用聚丙烯纤维制成，是普通化学纤维绳中密度最小的一种（丙纶纤维的密度仅为 0.91 g/cm^3）。其吸水性不大，能浮于水面，耐磨，低温时仍具有足够的强度，并且柔软便于操作；但耐光和耐热性差，易老化。其破断力为尼龙绳破断力的 51% ~66%。丙纶绳是目前船上应用得较多的一种缆绳。经改进制造工艺和原料的选择，改良的丙纶绳的破断力已提高至尼龙绳的 90%。

乙纶绳采用聚乙烯纤维制成，其特性与丙纶绳较为相似。传统的化纤绳中乙纶绳的抗化学腐蚀性最强。

④维尼龙绳

维尼龙绳的强度在化纤绳中最小，外表很像棉纱绳，弹性差，吸水性最大，耐油类和盐类物质，价格较低。

随着高分子材料工业的发展，一些高强度、高性能的化纤缆绳近年来相继应用于船舶、海洋工程等领域。下面列举两种。

①芳纶纤维绳

芳纶纤维绳采用芳香族聚酰胺纤维，它具有强度高，耐磨，断裂伸长率低（约 3%），韧性好，耐高温和低温，耐海水和酸，碱等优点。

②超高相对分子质量聚乙烯纤维绳

超高相对分子质量聚乙烯纤维绳是目前世界上强度最高的纤维绳，其比强度（强度与质量之比，即相同质量下的强度）是钢丝绳的 15 倍，比芳纶纤维绳高 40%，是锦纶绳和丙纶绳的 5 倍以上，且具有耐紫外线、耐化学品、耐海水、耐摩擦、抗切割、密度小、断裂伸长率低（约 4%）、断裂功大、不回潮等优点，可用于国防、特殊船舶、海上石油、远洋运输等领域。

另外，为了兼顾缆绳的经济性和使用性能，也常用两种或两种以上纤维材料的混合纤维绳。

（2）钢丝绳

钢丝绳的特点是强度大、质量轻、使用寿命长，其结构如图 2－57 所示。其种类有硬钢丝绳、半硬钢丝绳和软钢丝绳三种。

(a)6×7　(b)6×19　(c)6×24　(d)6×30　(e)6×37　(f)6×61

图 2－57　钢丝绳的结构

①硬钢丝绳

硬钢丝绳由 6 股钢丝股绕着 1 股钢丝股芯搓成，无油麻芯，是最硬的钢丝绳，操作不便，但强度最大。其除用作大桅和烟囱等支索（静索）外，还可用作拖索和系船索。

②半硬钢丝绳

半硬钢丝绳由 6 股钢丝股绕着 1 股油麻芯搓成，中间有 1 股油麻芯，强度较大，比硬钢丝绳软，操作较方便。其一般用作拖缆、保险缆和系船缆，也可用作重型吊杆的吊货索。

③软钢丝绳

软钢丝绳与半硬钢丝绳基本相同，但在每股钢丝股内还有 1 股油麻芯，共有 7 股油麻芯。它最柔软，便于操作，强度最小，一般用于系船缆、吊货索、吊艇索及系固等。

其中，油麻芯起衬垫作用，减少内部摩擦；同时增加柔软度，便于操作；也可以防止内部锈蚀，起润滑作用。钢丝绳的软硬不仅与油麻芯有关，与钢丝的韧性及结构形式也有关，同结构类型同直径的钢丝绳丝数越多越软。

CCS《材料与焊接规范》规定，用作系船索、拖索和艉锚索的钢丝绳应符合以下要求：

①应采用优质碳素结构钢，其硫、磷含量应≤0.035%。

②钢丝的抗拉强度一般在 1 420 ~ 1 570 N/mm^2、1 570 ~ 1 770 N/mm^2 或 1 770 ~ 1 960 N/mm^2范围内。

③应采用全镀锌的钢丝绞制成。

通过研究发现，钢索的弯曲半径过小时，其强度会受到很大损失，因此在设计和选用绞车卷筒和导缆器等设备时，必须有适当的直径或表面弯曲半径，以避免钢丝绳弯曲时发生强度损失。钢索建议的最小弯曲半径比为 12，但目前常用的一些标准采用 6 ~ 6.5。

在使用钢丝绳时，有一些方面需要注意。

①在钢丝绳 10 倍直径长度内发现断丝超过 5% 或有显著变形、磨损和锈蚀时应换新。

②钢丝绳不应有扭结、急折；系缆时弯曲处应至少有 6 倍钢丝绳直径以上的弯曲半径。

③发现钢丝绳锈蚀，其使用强度应降低 30%。

④一根钢丝绳不能同时出两个头使用。

⑤用完后，钢丝绳应整理卷好在缆车上，罩好帆布罩。平时应对转动部分定期检查和涂油防锈。使用系缆卷车时，应特别注意卷车的转速。松缆时应使用缆车的脚踏制动来控制速度，不能用手来制止缆车的转动，以免发生危险。

纤维缆有植物纤维缆和合成纤维两种，由于其较钢丝绳而言有质量小、柔软性好、抗腐蚀性强等优点，因此在船舶上使用较多，特别是游艇。纤维缆应由 CCS 认可的工厂制造，并应符合 CCS 接受的有关标准。

2. 系缆桩

系缆桩是固定在甲板上，用于系泊缆绳的桩柱。当系缆的一端与岸上系结后，便可将系缆拉紧，按 8 字形式围桩柱 3 ~ 5 圈，便能将系缆固定住。游艇上的带缆桩一般是用不锈钢材料制造的。

系缆桩的结构形式非常多，有单柱系缆桩、双柱系缆桩、单十字系缆桩、双十字系缆桩、斜式双柱系缆桩及羊角桩等，如图 2 - 58 所示。

通常系缆桩按照系缆的直径从有关标准中选取，遇到特殊情况或需要采用非标准系缆桩时，必须进行强度的校核。

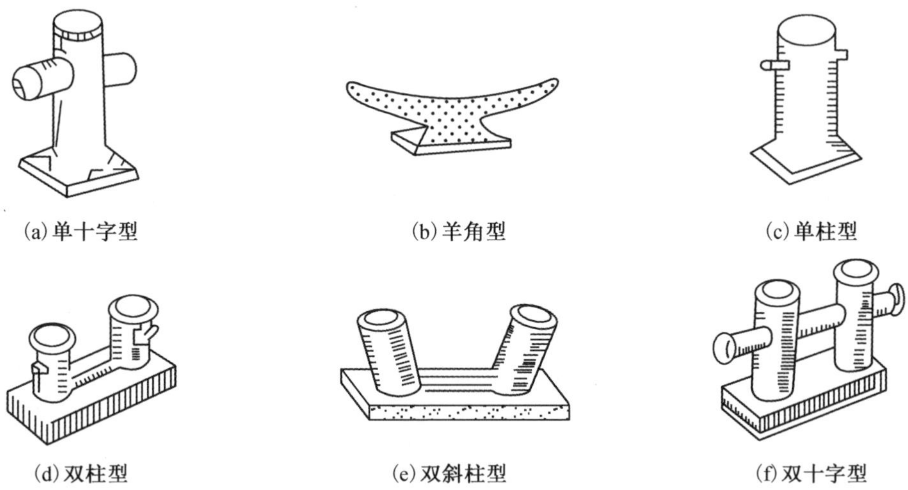

图 2－58 各种形式的系缆桩

3. 导缆器

导缆器是供引导系泊索通过和避免磨损的器具。导缆装置形式多样。

导缆孔:装在舷墙上的闭孔桩导览器,可供引导系缆用。导缆孔按其安装位置分为舷墙式和甲板式。游艇上的导缆孔一般采用不锈钢材料制造。导缆孔按照孔的形状有圆形与扁圆形之分。扁圆形导缆孔一般用于舷墙较低情况,通常导缆孔根据缆绳直径从有关标准中选取。

导向滚柱:用在甲板端部及上下两层甲板间,它由若干个圆柱形滚柱组成,或者由几个带曲度表面的滚柱组成,如图 2－59 所示。

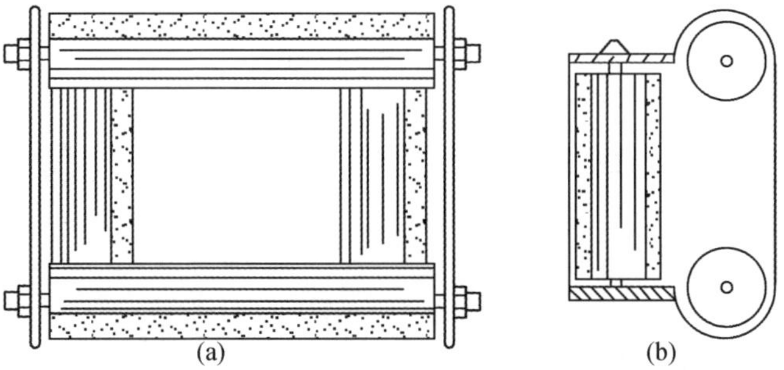

图 2－59 导向滚柱

导缆钳:有闭式、开式、无滚柱和带滚柱等种类,如图 2－60 所示。导缆钳都是铸造的,有整体式和组合式两种。大中型船舶都采用带滚柱的导缆钳(可减轻对系缆的磨损),一般设置在艏艉的舷墙或甲板上。

导向滚轮:有直立式和水平式两类,一般设置在大中型船首尾部导缆钳或导缆孔与系缆机械之间的甲板上,用以改变缆绳方向或避免缆绳与舷边直接摩擦。导向滚轮通常作为配合锚机或绞缆机绞缆的导缆装置。

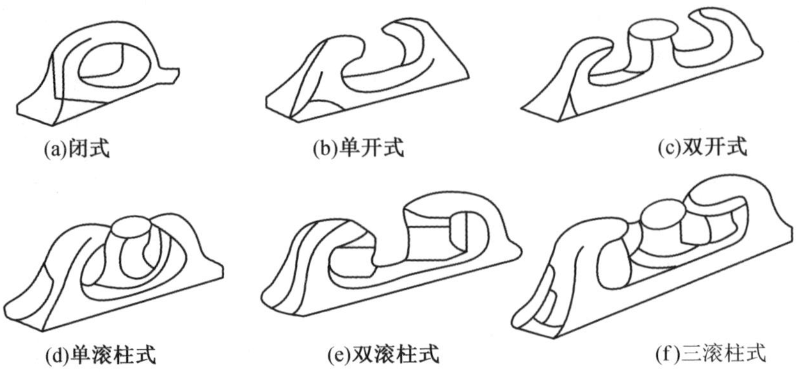

图 2－60　导缆钳

转动导缆器：又称万向导缆器（孔），其特点是在孔的左右及上下均装设滚轮，如图 2－61所示，使工作条件大为改善。

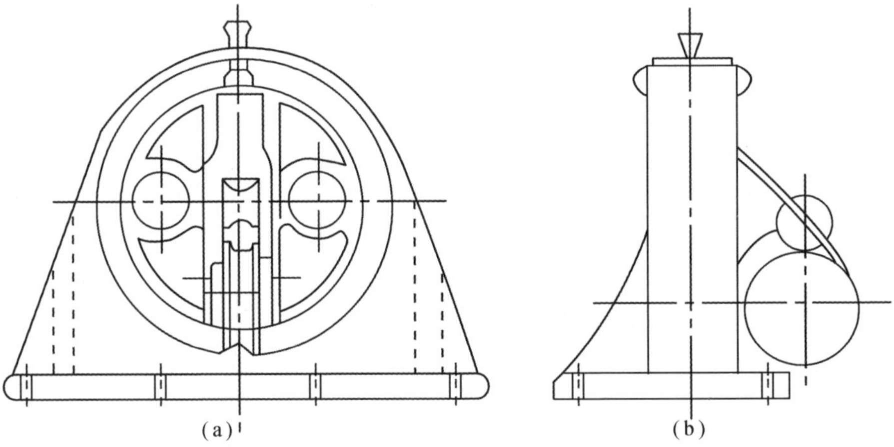

图 2－61　转动导缆器

4. 系泊索卷车

系泊索卷车用于收藏系泊索，如图 2－62 所示。它可分为麻索卷车、钢索卷车与电动钢卷车三种。

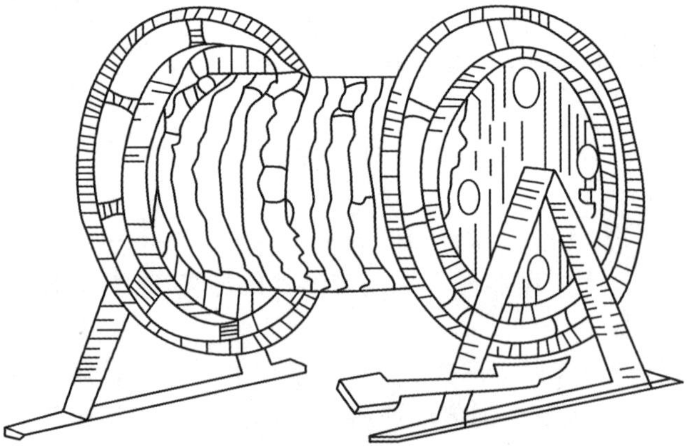

图 2－62　系泊索卷车

电动钢卷车通常有三种形式：一种是在锚机的系缆卷筒轴上套装卷筒；一种是在专用的系缆绞车上套装卷筒。此外，在较大型船舶上，也有独立设置的电动机驱动的电动卷车。

5. 系泊机械

系泊机械是用于收放缆绳（有的还兼储存缆绳）的机械，又称绞缆机。船首系泊机械一般与锚机组合为一体；船中则一般由起货机副卷筒兼作，有些大型船舶的中部也专设系泊机械；在船尾甲板则设独立的系泊绞车或绞盘。

按动力分，绞缆机有电动绞缆机和液压绞缆机，有的老式油船上还用蒸汽绞缆机。按卷筒轴（主轴）的方向，可分为卧式绞缆机和立式绞缆机两种。

卧式绞缆机又称系泊绞车。其主轴为水平布置，除在主轴端部布置边卷筒外，还可在同一主轴上布置 1 ~ 3 个主卷筒（绞车），如图 2 – 63 所示。每个绞车都设有独立的离合器和刹车。其使用特点是：带缆时，可直接从绞车上松出所需长度，并可利用动力机械松缆；缆绳带上码头后直接绞紧并承受其拉力，而不必将系船缆移挽到缆桩上；靠泊期间因潮水涨落和吃水变化需要调整缆绳受力时，可以很方便地随时收绞或松放缆绳；离泊解缆后，可直接将缆绳卷收在绞车兼作缆索卷车存放缆绳。这种绞缆机操作方便，但占甲板面积较大，在现代大型运输船舶中广泛采用。

主卷筒、自动系泊绞车或当边卷筒用于卷绕主要缆绳时，一般与带滚轮的导缆器配套使用。

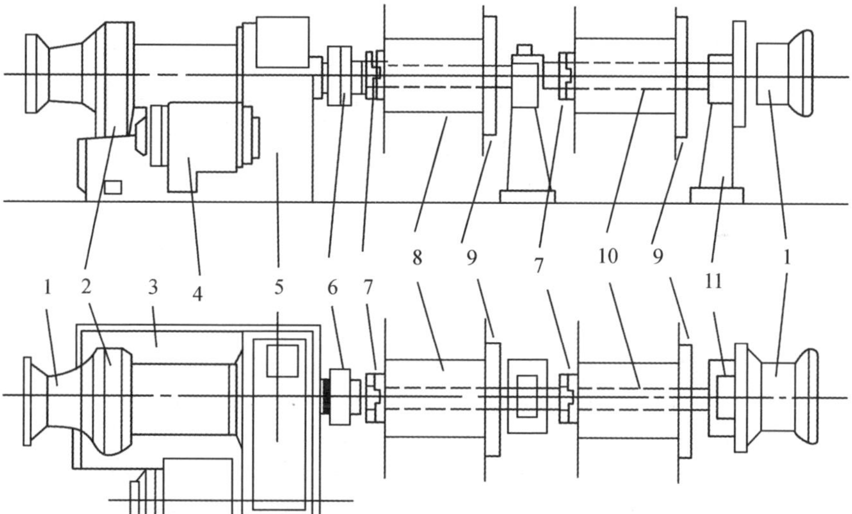

1—边卷筒；2—墙架；3—底座；4—电动机；5—减速箱；6—联轴节；7—主卷筒离合器；
8—系泊绞车（主卷筒）；9—主卷筒刹车；10—主轴；11—支架。

图 2 – 63 卧式绞缆机

立式绞缆机如图 2 – 64 所示，又称系缆绞盘。其动力装置一般设在甲板下面，主轴垂直布置，所以占用的甲板面积少，并有利于保护机器。其多设于军舰和甲板面积小的船舶上。

现代船舶特别是大型船舶如集装箱船、油船、散货船等，大都能在数小时内装卸万吨以上货物，以致船舶吃水变化快，易使缆索过分张弛而发生危险，因此这类船舶多装有自动系泊绞车（自动张力绞缆机），能根据缆索张力变化自动收放缆索，以保证船舶和码头的安全。其动力源有电动和液压两种。其基本原理是在绞缆卷筒上施加一个可调的动力矩，以便与系船缆上的张力所引起的拉力矩保持平衡。当船舶因吃水变化或受潮汐、风力影响,导致系船缆绳张力有所增减,从而偏离规定值时,自动系缆机能够相应地自动放松或收紧缆绳,使其张力稳定到规定范围。这样,可以防止缆绳拉断,保证系泊安全,并减少值班人员的操作和劳动强度。

如图 2 - 65 所示是一种电动液压自动系泊绞车的工作原理图。当系船缆张力减小时,自动控制压力调节阀 2 的元件动作,将压力调节阀关闭。于是,油泵 5 排出的高压液油进入液压马达 6,驱动其主轴和卷筒 3 旋转,将系船缆收进,如图中实线箭头所示。当张力达到某规定值时,压力调节阀自动开启,高压液油大部分经压力调节阀流回油箱 1,而少量的液油进入液压马达补偿泄漏的液油量,使卷筒停止转动。

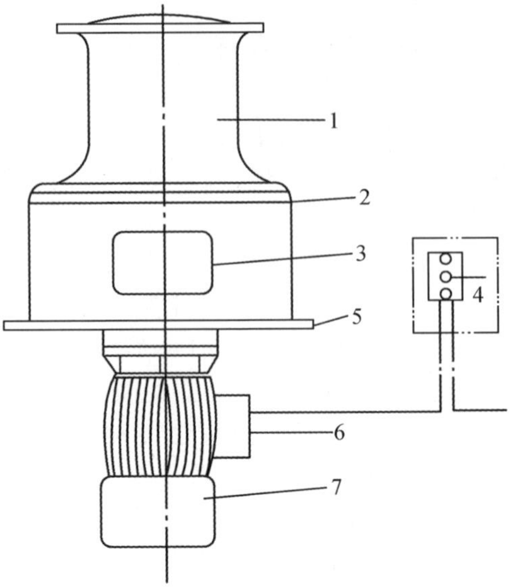

1—绞盘;2—基座;3—检查盖;4—操纵控制开关;5—甲板;6—接线盒;7—电动机。

图 2 - 64　立式绞缆机

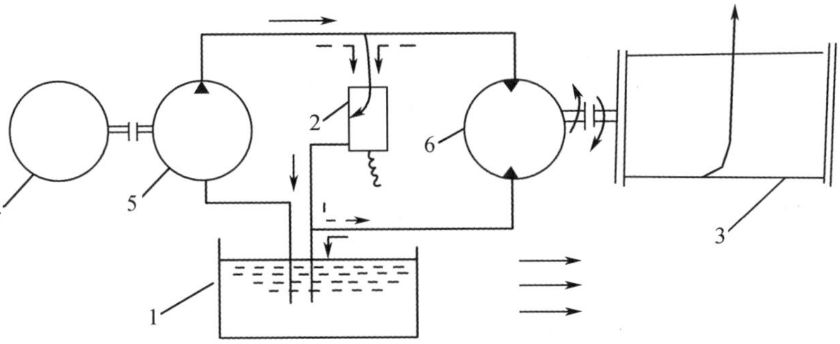

1—油箱;2—压力调节阀;3—卷筒;4—电动机;5—油泵;6—液压马达。

图 2 - 65　电动液压自动系泊绞车的工作原理图

当系船缆张力骤增而大于规定值时,即张力大于液压马达内液压制动力时,系船缆拉动液压马达反向旋转,系船缆绳得以放出,液压马达反向排出的液压油与高压液泵排出的液油汇合,经压力调节阀向低压油路循环,如图 2 - 65 中虚线箭头所示。

船缆张力的规定值和收进或放出速度可以通过改变压力调节阀弹簧的张力来调节。对于电动液压自动系泊绞车的管理维护工作,应特别注意工作油路的泄漏、液压油的冷却和确保压力调节阀正常工作。

采用自动系泊绞车可配以转动导缆装置(万向导缆器),以减少缆绳的磨损和自动调整缆索方向。自动系泊绞车通常设在船舶首、尾部,且缆绳必须卷在绞缆卷筒上,数量有限,只有部分缆绳可以自动收放。而当船舶吃水变化很大或因潮汐、风力使缆绳张力变化很大时,仍需人工及时调整所有的缆绳。自动系泊绞游艇用于与船舶中心线成 90°左右的横缆较理想,而倒缆则不宜采用自动系缆机,原因是可能引起船舶沿码头滑移。根据国际海事组织(IMO)的要求,停泊中的油船,其自动张力绞缆机应置于“不自动”的工作状态。

二、游艇系泊设备的配置

我国船检制定的《游艇检验技术要求》对游艇的系泊设备有以下要求。

(1)对 20 m 以下的游艇,根据其类型和营运条件配备系泊索,但艇长 12 m 以上的一般至少配备两根系泊索。每根纤维系泊索应根据艇长及其破断力按规定来确定。

(2)对 20 m 及以上的游艇,系泊索长度和破断力负荷应根据舾装数,按规定表查得,但舾装数计算公式中的系数 k 应按如下取值:沿海航区营运限制,$k=1$;遮蔽航区营运限制,$k=1$;平静水域营运限制,$k=0.85$。

(3)系泊索直径应不小于 15 mm。

(4)每艘游艇应根据其类型、营运条件和结构形式设置适量的系缆桩,但最少数量如下。

①艇体总长 L_{oa} 不超过 6 m 的游艇,一般在前甲板或等效结构上设置一个系艇桩或羊角。

②艇体总长 L_{oa} 大于 6 m 的游艇,除在艏柱顶部设置导缆孔或导缆滚轮以外,一般还在后甲板或等效结构上至少设置一个系艇桩或羊角。

(5)每艘游艇宜设有护舷橡胶及防碰垫等保护设施。

(6)游艇应设置被拖带的装置。拖缆长度一般与艏锚锚链长度相同,其直径应不小于其配备锚索的 85%。

(7)结构加强。

①凡用以固定锚链、锚索、系艇索、拖索的属具(如系缆桩、羊角、拖柱)的安装处下方和附近的艇体结构应予以加强,使之能承受所受的载荷。

②如用以固定锚链、锚索、系艇索、拖索的属具采用螺母和螺栓紧固,则在安装处应采用适当的垫圈或复板。

第五节 液 压 油

在液压装置中,液压油不仅用来传递液压能,也起润滑、冷却、阻尼、减震和防腐、防锈作用。其性能对液压装置的工作性能和使用寿命有重要影响。下面将对液压油的性能要求、种类与选用及污染度标准等内容进行介绍。

一、液压油应满足的要求

(1)适宜的黏度和良好的黏温性。

在液压系统工作温度变化范围内,黏度随温度变化越小越好。选用液压油首要的考虑因素是黏度。若黏度太高,则流动阻力大,液压泵排出压力会过高,使装置的机械效率下降;而且使泵的自吸能力降低,启动时可能会吸空。若黏度太低,则漏泄量增加,容积效率下降,油更容易发热;而且黏度过低则油膜承载能力下降,会导致磨损增加。

一般允许的液压油最低工作黏度为 13 ~ 16 mm^2/s;我国有关资料提出的叶片泵、齿轮泵、柱塞泵能够正常运行的最高油黏度分别为 500 ~ 700 mm^2/s、2 000 mm^2/s、1 000 mm^2/s。不同资料推荐的各种泵最适宜的液压油工作黏度范围略有差别,大致为 17 ~ 40 mm^2/s。

液压油的黏度指数(V.I)应在 90 以上。天然矿物油的最高黏度指数约为 115,加入专门添加剂甚至可提高到170以上。

(2)润滑性能好。

在液压传动设备中,除液压元件外,其他一些有相对滑动的零件也要用液压油来润滑。因此,液压油应具有良好的润滑性能。为了改善液压油的润滑性能,可加入添加剂增加其润滑性能。

(3)有良好的抗泡沫性和消泡性。

油液中的泡沫一旦进入液压系统,就会造成振动、噪声及油的可压缩性增大等,因此需要液压油具有能够迅速而充分地放出气体并不致形成泡沫的性质。为改善液压油的消泡性,可在油中加入消泡添加剂。

(4)具有良好的化学稳定性。

油液与空气中的氧气或其他含氧物质发生反应后生成酸性化合物,能腐蚀金属;油液遇水发生分解变质称为水解稳定性,水解变质后的油液黏度降低,腐蚀性增加。因此对液压油的要求是在储藏和工作过程中不易氧化变质,防止对液压元件起腐蚀作用。

(5)凝固点低,流动性好。

为保证能够在寒冷气候情况下正常工作,需要液压油的凝固点低于工作环境的最低温度,保证低温流动性。

(6)闪点高。

开口闪点至少要高于135 ℃,要能满足防火要求;倾点(在试验条件下能流动的最低温度,比凝固点高2~3 ℃)至少要比最低油温低7~8 ℃。

(7)与橡胶材料相容性好,不会使密封件、软管变形、变质。

(8)质量纯净,清洁度高,不含或少含杂质。

二、液压油的种类及其性能

1.我国液压油产品标准、产品特性及应用场合

液压系统工作介质的品种以其代号和后面的数字组成,代号L是石油产品的总分类号,H表示液压系统用的工作介质,数字表示该工作介质的黏度等级。

2003年我国等同采用了ISO 6743-4—1999《润滑剂、工业用油和相关产品(L类)的分类　第2部分:H组(液压系统)》。新的分类标准中按液压油的组成和特性及应用,将液压油分为矿油型和合成油型液压油、环境可接受液压油、液压导轨油、难燃液压油四大类。

针对矿物油型及合成烃型液压油(非难燃型),只包括L-HL、L-HM、L-HG、L-HV、L-HS五大类液压油产品,其质量级别、黏度级别、产品特性、应用场合等见表2-3。

每种产品牌号后面附带的数字如32,46,68等为名义黏度(mm^2/s),相当于该种液压油40 ℃时运动黏度变动范围的中心值。

在低压系统中可用价格较低的机械油代替液压油,但其精炼程度差,使用寿命短。透平油也可代替液压油,它酸值低、杂质少,抗乳化性和抗氧化安定性好,使用寿命比机械油长,价格比机械油高。这两种油的凝固点都较高,仅适于环境温度高于0 ℃的场合。

表 2－3 矿物油型及合成烃型液压油产品参数

序号	类别	一等品黏度级别	优等品黏度级别	产品特性	应用场合	备注
1	L－HL	15,22,32,46,68,100 共6个黏度级别	无优等品	抗氧防锈型	适用于机床的液压油，使用寿命比普通的机械油长一倍	
2	L－HM	15,22,32,46,68,100,150 共7个黏度级别	15，22，32，46，68 共 5 个黏度级别	在具有 HL 油的抗氧、防锈的基础上，突出了极压抗磨性	适用于高负荷的液压系统	一等品参照了法国国家标准 NFE48－603—1983，优等品参照了美国 DENISON 液压泵制造公司标准 HF0－1983 规格的理化指标制订
3	L－HG	32,68 共 2 个黏度级别	无	液压导轨油，具有抗黏滑性	适用于液压与导轨为一个油路系统的精密机床	
4	L－HV	10,15,22,32,46,68,100,150 共 8 个黏度级别	10，15，22，32，46，68，100 共 7 个黏度级别	低温抗磨液压油	适用于寒冷区	
5	L－HS	10,15,22,32,46 共 5 个黏度级别	10，15，22，32，46 共 5 个黏度级别	低温抗磨液压油	适用于严寒区	

黏度等级为 32 和 46 的液压油的密度 ρ(g/mL)为 0.87,0.875。矿物型液压油的比热容 $C=(0.4\sim0.5)\times4\ 187$ J/kg·K，即温度每升高 1 ℃需吸热 1.67～2.09 kJ，不到水的一半；热胀系数 $\alpha_v=(8.5\sim9.0)\times10^{-4}$/℃，即温度每升高 10 ℃体积膨胀 0.85%～0.90%；压缩率 $\beta=(0.5\sim0.8)\times10^{-3}$/MPa，但油中不可避免会混入气体而使 β 提高，一般压力每升高 10 MPa 液压油的体积能缩小 0.71%～1.42%。

2. 国外常用液压油产品标准

(1) ISO 11158—2009 标准

ISO 11158—2009 是液压油的产品标准，包括了 HH、HL、HM、HR、HV、HG 共 6 个质量等级、多个黏度级别，其标准要求的程度与 GB 11118.1—2011 中一等品的要求接近。

(2) 德国 DIN 51524 标准

DIN 51524 标准强调了油品的负载能力，主要用于欧洲市场。此标准共分三部分，第一部分，HL 系列；第二部分，HLP 系列，包括 6 个黏度级别(10、22、32、46、68X、100)，相当于

ISO 6743/4 中的 HM 系列;第三部分,HVIP 系列,相当于 ISO 6743/4 中的 HV 系列。

(3)ASTMD 6158—2005 标准

ASTMD 6158—2005 标准是 2005 年修订的针对矿物油型液压油的产品标准,包括 HH、HL、HM、HV 共 4 个质量等级的产品,每个质量等级包括 10,15,22,32,46,68,100,150 共 8 个黏度级别。

(4)DENISON 公司标准

DENISON 公司标准是目前世界上液压油标准中规格较高的标准,除理化数据的分析外,还包括过滤性、热安定性、水解安定性等模拟评定。另外,在评定极压抗磨性方面有苛刻的高压泵试验。

DENISON HF-1 适用于柱塞泵,要求通过 P46 柱塞泵试验。

DENISON HF-2 适用于叶片泵,要求通过 T6C 叶片泵试验。

DENISON HF-0 同时适用于柱塞泵和叶片泵,要求通过 T6H20C 双泵试验。

(5)ISO/DIS 15380 国际标准化组织的生物可降解液压油标准

ISO 于 1998 年 7 月在德国 VDMA 24568 生物降解液压油规格标准的基础上发布了 ISO/CD 15380 生物降解液压油(HETG、HEPG、HEES 和 HEPR 系列)质量标准提案。并于 2000 年 6 月通过了 ISO/DIS 15380 生物降解液压油标准草案。2002 年 ISO 发布了 ISO 15380—2002 环境可接受液压油(液)产品规格标准。该标准将生物降解液压油分为四个系列:HETG 环境可接受的液压油三甘油酯系列;HEPG 环境可接受的液压油聚醚系列;HEES 环境可接受的液压油合成酯系列;HEPR 环境可接受的液压油聚 α-烯烃合成油系列。每个系列含有 22,32,46,68 共 4 个黏度级别。

(6)ISO 12922—1999 难燃液压油(液)标准

1999 年,ISO 发布了由 TC28-TC131/联合工作组编制的 ISO 12922—1999 难燃液压油(液)组 HFAE、HFAS、HFB、HFDR、HFDU 产品规格标准。

三、液压油的选用

系统选用液压油时要根据使用的元件、工作环境、工作性能要求、经济性等多种因素来确定。

1. 考虑液压系统的环境条件

(1)参照环境温度选择。如果环境温度较低,应选用黏度较低的液压油;如果环境温度较高,应选用黏度高的液压油;如果环境温度变化范围很大,应选用高黏度指数的液压油;如果使用环境为严寒地区,则应选用低温液压油或严寒区低凝液压油。

(2)看液压设备附近是否有高温热源或火源。如果液压设备附近有高温热源存在,有着火危险时,应考虑用抗燃液压油。

(3)看液压设备附近是否潮湿。如果环境潮湿,液压油中易混入水分,则对液压油的防锈性、抗乳化性、水解安定性等严格要求。

2. 考虑液压系统的元件条件

(1)根据油泵类型选择。齿轮泵对液压油抗磨性的要求比叶片泵和柱塞泵低,因此齿轮泵常用普通液压油。

(2)根据油泵压力选择。油泵压力越高,对液压油的要求越高,一般油泵压力低于 8 MPa时,常用普通液压油;压力在 10 MPa 以上时,常用抗磨液压油。

(3)根据油泵转速选择。油泵转速越高,对油的抗磨性的要求越高,但泄漏率相对减小,故宜选用黏度较低的液压油,反之选用较高黏度的液压油。

(4)看油泵间隙的大小和泄漏情况。油泵间隙越大,内泄漏就越多,为了减少内泄漏,可选用黏度较高的液压油。

(5)看液压油是否兼作重负荷齿轮油。如果液压油还兼作重负荷齿轮的润滑油,可选择液压齿轮两用油。

(6)有电液伺服阀的液压系统必须选用高清洁度的液压油。

参考船舶行业标准 GB/T 3436—1992,推荐按照表 2-4 选用适当黏度的液压油。

表 2-4　适用液压油的品种和运动黏度

液压泵类型	工作压力/MPa	37.8 ℃运动黏度/($mm^2 \cdot s^{-1}$)		适用品种和黏度等级
		工作温度 0~40 ℃	工作温度 40~80 ℃	
叶片泵	≤7	30~50	40~75	HM 油,32,46,68
	>7	54~70	55~90	HM 油,46,68,100
螺杆泵	2~10.5 以上	19~29(50 ℃黏度)	25~49(50 ℃黏度)	HL 油,32,46,68
齿轮泵	10~32	30~70	110~184	HL 油,32,46,68,100,150(中、高压用 HM)
径向柱塞泵	14~35	30~128	65~270	HL 油,32,46,68,100,150(高压用 HM)
轴向柱塞泵	14~35	43~77	70~172	HL 油,32,46,68,100,150(高压用 HM)

注:寒冷地区室外工作环境温度变化大,应选用 HV 油。

四、液压油充入系统前的准备

液压系统安装完毕后,正式充油前,必须对油箱和系统进行彻底的清洗。清洗最好用专门的清洗油进行,并将其加热到 30~40 ℃。清洗油的黏度应足够低,以求对脏物有较强的溶解和冲洗能力,一般选用 30~40 ℃时黏度为$(13 \sim 25) \times 10^{-6}\ m^2/s$的环烷基油较为适宜。如清洗油不易从系统里放净,则就需在其中添加防锈剂和抗氧化剂,并注意它与液压油的相容性。系统清洗时应使用临时油泵以热的清洗油对系统循环冲洗,并使清洗液通过一专门滤器,直至滤器不再滤出污染物为止。清洁油箱时不得使用容易残留纤维的织物和容易破碎的泡沫塑料来擦抹,油箱的内壁也不得涂刷可能脱落的油漆。

系统清洗后,即可向系统充油,驱除系统内的空气。作业过程应根据各种液压系统的具体情况,按说明书的指示进行。一般步骤如下。

(1)开启系统中各放气阀(或松开压力表接头)、旁通阀及其他各截止阀及辅油路滤器前后的截止阀。

(2)经滤器将工作油加入补油箱(闭式系统)或循环油箱(开式系统),至最高油位。如油泵为初次使用,还必须向内灌注洁净的工作油。当系统设有手摇泵时,应用手摇泵向系统充油;也可同时拆开油缸顶部的适当接头,经滤器向系统灌油,以加快充油的速度;需要时也可启动主泵(如系统变量泵应尽量采用小流量)进行充油,但应随时注意向油箱补油。

(3)充油时注意放气阀、放气堵头的放气情况,有连续油流流出后加以关闭。

(4)使用系统主泵充油时,应关闭系统的放气阀和执行元件的旁通阀,在机旁操纵主油泵以小流量间断使执行元件向正、反两个方向运动,进行充油,注意应及时开启系统压力侧的放气阀放气,直至系统内空气放尽、充满油液。

(5)手动操作进行试运转,使油液在系统中循环,同时反复开启压力侧的放气阀,放出系统内残存的空气,直至执行元件运转平稳,无异常噪声。

在系统空气排尽以前,不要让泵长时间地连续排油,以免将空气搅入油液,那样很难再将空气放净。

对换新或修理的系统管路或元件,应在1.5 倍设计压力下进行试验,而且在系统充油后以1.25 倍最大工作压力对主油路系统进行密封性液压试验。试验应在上述压力下持续5 min,如无外漏及永久变形即为合格。

五、液压油污染度标准

1. 液压油污染度的测定方法

据资料显示,造成液压系统故障的原因70% ~80% 是由于工作介质污染。所以,世界各国对工作介质的污染控制十分重视。但首先要了解污染程度,因而相继制定了工作介质污染度等级标准与测定方法,并研制出各种检测仪器。

目前,油液污染度主要采用两种方法测定,即颗粒计数法和质量(称重)法。

由于质量法只表示颗粒污染物的总量,不反映颗粒污染物的尺寸大小及其分布,而颗粒污染物对元件和系统的危害作用与其颗粒尺寸分布及数量密切相关,因而随着颗粒计数技术的发展,目前已普遍采用颗粒计数法。

颗粒计数法测定的是油样单位容积中各种尺寸范围颗粒污染物的颗粒数(即颗粒浓度)。其表示方法有区间颗粒浓度和累计颗粒浓度两种。

区间颗粒浓度指单位容积的油液中含有某给定尺寸区间内的颗粒数。例如,1 mL 油样中5 ~10 μm、10 ~20 μm 等尺寸区间的颗粒数。

累计颗粒浓度指单位容积的油液中含有大于某给定尺寸的颗粒数。例如,1 mL 油样中大于10 μm、20 μm 等尺寸范围的颗粒数。

采用的颗粒计数方法主要用自动颗粒计数器计数和用显微镜计数。

2. 油液污染度等级标准

(1)污染度等级的国家标准GB/T 14039—2002(等同于ISO 4406)

随着对液压污染控制要求的进一步提高,以及自动颗粒计数器校准方法的改变,等同采用ISO 4406 标准的我国《液压传动　油液　固体颗粒污染等级代号》(GB/T 14039—1993)也进行了相应的修订,并于2002 年10 月11 日颁布了标准GB/T 14039—2002(2003 年5 月1 日起实施)。其主要变化表现在:

①使用自动颗粒计数器所报告的污染度等级代号,由三个代码组成,该代码可分为如下的颗粒尺寸及其分布:第一个代码代表每毫升油液中颗粒尺寸≥4 μm 的颗粒数;第二个代码代表每毫升油液中颗粒尺寸≥6 μm 的颗粒数;第三个代码代表每毫升油液中颗粒尺寸≥14 μm 的颗粒数。

②取消了原来的代码0.9,增加了代码25、26、27、28、>28,代码总数增加到30 个,各个

代码代表的颗粒浓度范围没有改变。

用显微镜计数,仍采用≥5 μm 和≥15 μm 两个尺寸的颗粒浓度代码表示油液的污染度等级。

根据每毫升油液试样中的颗粒数,再查表2-5即可确定油液等级代码,然后写出代号。

表2-5 ISO 4406油液污染度等级标准

代码	每毫升油液中的颗粒数		代码	每毫升油液中的颗粒数	
	>	≤		>	≤
>28	2 500 000		14	80	160
28	1 300 000	2 500 000	13	40	80
27	640 000	1 300 000	12	20	40
26	320 000	640 000	11	10	20
25	160 000	320 000	10	5	10
24	80 000	160 000	9	2.5	5
23	40 000	80 000	8	1.3	2.5
22	20 000	40 000	7	0.64	1.3
21	10 000	20 000	6	0.32	0.64
20	5 000	10 000	5	0.16	0.32
19	2 500	5 000	4	0.08	0.16
18	1 300	2 500	3	0.04	0.08
17	640	1 300	2	0.02	0.04
16	320	640	1	0.01	0.02
15	160	320	0	0.00	0.01

由表2-5可以看出代码每增加一级,颗粒数约增加一倍。而且,颗粒浓度愈高,等级代码愈大。也就是说,对于要求油液洁净程度越高的液压系统,比如液压伺服系统,所需要油液的污染度等级(代码数字)越低。

油样采集后,应用自动颗粒计数器检测,输出报告中的污染等级代号用三个代码按次序表示,相互间用一条斜线分隔。例如:代号22/18/13表示,在每毫升油液中,≥4 μm的颗粒数为20 000~40 000(包括40 000在内);≥6 μm的颗粒数为1 300~2 500(包括2 500在内);≥14 μm的颗粒数为40~80(包括80在内)。

油样采集后,应用显微镜计数,为了与用自动颗粒计数器所得的数据报告一致,代号也应由三部分组成,但第一部分用符号“-”表示,例如:-/18/13,其含义为1 mL给定油样中大于5 μm的颗粒数有1 300~2 500个,大于15 μm的颗粒数有40~80个。

污染度等级还可以用图示法或表格法表示,但相同的代号其含义是一致的,因此不再赘述。

(2)美国NAS1638污染度等级标准

美国国家宇航学会在1964年提出NAS1638油液质量污染度等级标准,简称NAS标准。

目前在世界各国仍广泛采用。它以区间颗粒浓度为基础,按照100 mL 油液中在给定的5个颗粒尺寸区间的最大允许颗粒数划分为14个污染度等级,见表2－6。最清洁的等级为00级,污染度最大为12级。从表2－6中的颗粒数可以看出,相邻两个等级颗粒数的递增比为2。因此,当油液的污染度超过12级,可用外推法确定油液污染度等级。

表2－6 NAS1638油液质量污染度等级标准(100 mL油液中颗粒数)

污染度等级	颗粒尺寸范围/μm				
	5～15	15～25	25～50	50～100	>100
00	125	22	4	1	0
0	250	24	8	2	0
1	500	89	16	3	1
2	1 000	178	32	6	1
3	2 000	356	63	11	2
4	4 000	712	126	22	4
5	8 000	1 425	253	45	8
6	16 000	2 850	506	90	16
7	32 000	5 700	1 012	180	32
8	64 000	11 400	2 025	360	64
9	128 000	22 800	4 050	720	128
10	256 000	45 600	8 100	1 440	256
11	512 000	91 200	16 200	2 880	512
12	1 024 000	182 400	32 400	5 760	1 024

我国国家标准GB/T 14039—1993液压系统工作介质固体颗粒污染等级代号与美国NAS1638污染度等级之间的大致对应关系见表2－7。

表2－7 GB/T14039—1993(ISO 4406)与NAS1683对照表

GB/T 14039—1993(ISO 4406)	21/18	20/17	19/16	18/15	17/14	16/13	15/12	14/11	13/10	12/9	11/8	10/7	9/6	8/5
NAS1683	12	11	10	9	8	7	6	5	4	3	2	1	0	00

实际经验表明,油液污染度不超过－/18/15基本不发生故障,污染度为－/19/16～－/20/17偶尔会发生故障,而污染度达－/21/18以上则经常需要维修。通常工作压力≥10 MPa的液压系统允许的污染度等级是－/17/14～－/19/16,而<10 MPa的系统允许的等级是－/18/15～－/20/17。

六、液压油污染的原因及控制方法

1. 液压油质量恶化的原因

油液中水、空气、杂质及热能是引起油中的添加剂耗损、失效和基础油氧化的根本原因,而油液中的金属颗粒对油液氧化会起催化作用,加速油液的劣化。因此,污染和氧化是导致液压油性能恶化的最重要的原因。

系统液压油中含有固体杂质可能会导致阀件卡死及油泵和液压马达运动时的磨损和擦伤。如果杂质的颗粒直径与运动时的间隙相当而其硬度又与零件相近时,则泵和液压马达运动时也可能卡死。油中石英砂之类的矿物质污染对零件的磨损作用更甚于金属颗粒。而油中含水(特别是海水)则会腐蚀设备和管路、恶化油的润滑性能,还会使产生“气穴现象”的可能性增加。显然,液压系统的设计工作压力越高,运动副的间隙越小,对污染控制也就越严格。

油液在通常温度范围(-30~40 ℃)和与空气接触不多时,其理化性质的改变是很慢的。这时,金属(特别是有色金属)、水、机械杂质(磨损物等)及焦炭、沥青等也将显现出强烈的催化作用,而压力增大、大压差节流、摩擦副单位负载过大等又都会导致油液发热,加速氧化过程,还会破坏分子结构,降低油的黏度和润滑性。此外,油液氧化还会产生有机酸和污渣沉淀使油的黏度增加,润滑性、抗氧化性和防腐蚀性变差,甚至可能造成通道堵塞和阀件卡阻。

2. 液压油污染的控制

影响液压油污染量的各种因素之间的关系可用公式表示:工作油污染量 = 初始污染量 + 侵入污染量 + 新生污染量 - 滤除污染量。因此,要使工作油液的污染程度在可接受的限度以内,应注意以下主要环节。

(1)新系统或大修后要严格冲洗

新系统中的油液往往比运行1 000 h后的系统更脏。因此,新系统或大修后必须用油循环冲洗,为此有些系统专门设计有独立的循环净化回路。

冲洗时尽可能采用大流量,使油在管路中呈紊流状态。在清洗过程中应使各运动件以最大速度或行程连续动作,并用铜锤适当敲震管路和各焊口多次。冲洗完后洗涤油的回收量应不少于95%。

循环冲洗系统需设置高精度滤油器(用绝对精度5~10 μm的滤油器可获得满意的效果)。开始时要勤洗滤油器,一般每5~10 min洗一次,以后间隔渐长,直至滤芯上杂质很少为止。

(2)防止污染物进入系统

①防止固体杂质进入工作油液

其主要措施是:

a. 在油箱呼吸孔安装高效能的空气滤清器。

b. 采用性能可靠的密封装置。

c. 新加油的污染度应比液压系统的要求低1~2级,一般控制在-16/13级左右。

我国石油产品性能指标规定,固体颗粒污染物含量在0.005%以下(相当于-/21/18污染等级)即被认为“无机械杂质”。国内外研究表明,大部分新油的颗粒污染等级超过了液压系统所允许的等级,因此注入系统的新油必须经过精滤。补油应通过专用的清洁软管,最好用滤油车补油。液压油桶应盖紧后贮藏。

d. 拆修液压元件时要特别注意清洁。清洗过的元件和拆开的管口要用清洁的塑料布包盖。元件清洗后应用压缩空气吹干。

e. 定期清洁油箱。

②防止水分进入系统

液压系统进入水分的途径主要有油箱和冷却器,所以油箱应尽可能置于能关闭严密的室内。若采用海水冷却要特别注意防止水管锈穿而漏水。另外,加油用的设备和软管不应有水。

③防止空气进入系统

其主要措施是:

a. 油箱油位应在要求范围内,泵的吸入管口与系统回油管口必须始终在油面之下。

b. 防止泵吸入管漏泄和吸入滤器堵塞,闭式系统要有足够高的补油压力。

c. 初次充油时要驱尽系统中的空气。

充油时系统进油速度不宜太快。系统高处各放气旋塞、压力表接头等均应松开,直至流出不含气泡的整股油流时再关。放气作业可能要重复多次,且改换排油方向,直至任何部位都放不出气体为止。

(3)精细过滤及放气、泄水

过滤对保证液压系统的可靠性起重要作用。一般按系统中对杂质敏感度最大的元件来选择过滤精度。一般高压系统(>20 MPa)要求是 10 ~15 μm;中高压系统(10 ~20 MPa)是 15 ~25 μm;中压系统(6.3 ~ 10 MPa)是 20 ~ 40 μm;低压系统(<6.3 MPa)是 30 ~ 50 μm。有条件的场合建议使用高精度滤油器,实践证明这样可显著降低故障发生率,元件使用寿命可提高 4 ~10 倍。

液压系统工作时,总会有磨损物和氧化物生成,应定期拆检、清洗滤油器。并从滤芯污垢情况初步判断油液污染程度及污染物类型。

发现滤芯上有金属碎末或磁芯上有较多铁末时应特别警惕,这可能表明系统内液压泵或马达部件有损坏。

若发现系统里空气太多,执行元件动作会滞后,可通过管路高处放气,必要时从油箱底部泄放阀泄放水和污垢。

3. 定期检查液压油质量

液压油使用一段时间后质量会恶化,使故障发生率显著增加。换油过早又会造成经济上的浪费。船舶液压系统要规定液压油的使用期限是困难的,因为液压油随工作条件(压力、温度、负载等)、液压设备和系统的类型及所用材料、管理好坏等差异极大,无法统一规定,应根据油样检查和化验的结果决定是否需要换油。

定期检查液压油质量主要通过采集油样,并对油样分析化验判定。采集的油样必须具有代表性,否则就会造成误判。为此,采样时应首先备妥干燥、洁净的瓶子和耐油塑料管(可用汽油清洗后吹干),并在回油管路的压力表接头上接上一个可与塑料管相连接的螺纹接头,以备取样。采样前应先使设备空转一段时间,持液压油已被搅匀,油温升至正常温度后即可采集油样。应该注意,从采样管中最初流出的油液不宜留作油样。供化验用的油样通常约需 1 L,采样时可取 2 ~3 L。取样后,应将瓶子盖严,贴上标签,并注明采样地点、设备名称和编号、采样部位、油的品种和牌号、液压油开始工作日期和采样日期等。

对采集的油样也可先在现场进行简易判断：首先是做外观检查，察看颜色与新油有无差异；有无水分和沉淀，有无异常臭味；与新油比较，看摇动后泡沫消失的快慢。液压油污染变质情况的外观判断法与处理措施见表 2－8。

表 2－8 液压油污染变质的外观判断与处理措施

外观颜色	气味	状态	处理措施
透明，无变化	正常	良	照常使用
透明，但颜色变淡	正常	混有别种油液	检查黏度，如符合要求，可继续使用
变浑浊或发白	正常	混有空气或水	分离、除水，换一半或全部油
变深发黑	有异味	氧化变质	全部换油
透明但有小黑点	正常	混入杂质	过滤后使用或换油
透明而闪光	正常	混入金属粉末	过滤或换油

对油样进行污染鉴定还可以用两块透明玻璃片夹住油滴试样，透光观察。此外，也可采用滤纸滴油法，即用直径为 1.8 mm 左右的金属丝将油样沾起并滴在 240 目的滤纸上，待滤纸吸干油滴后，看其所形成的滴痕。由于油液在滤纸上将从中心向周围渗透、扩散，并将固体粒子积留在中心部位，故中心部位颜色较深，而扩散出去的部分则颜色浅。显然，若油液并未变质，整个滴痕的颜色就较均匀，否则就会生成颜色明显有别的环形斑痕，而且斑痕越明显，变质的程度就越严重。如果滴痕呈现棕色或灰色，则表明油中已生成胶质、沥青或炭渣。具体的判断方法见表 2－9。

表 2－9 滤纸滴油判断油液污染

滤纸的油样滴痕	污染程度
中心部位色较浓，环形分界线清楚	大粒子多，污染程度大
中心部位扩展很宽	小粒子多，污染程度大
无明显中心，只见扩散	污染程度小

油中是否有水溶性酸碱的判断：可用少量水与油样一起搅拌、摇荡，并待其静置分层后，再用 pH 试纸试验水层的酸碱性。油中是否含水还可以用以下方法判断：滴油于炽热的铁块上，如有"嗞嗞"声，则表示油中有水。

以上简易的大致判断方法虽然简便，但往往不够科学。精确的做法是根据油样化验得到的性能指标确定油中是否有水溶性酸碱。

于 1993 年 5 月开始实施的船舶液压系统换油指标（CB/T 3436—2013）见表 2－10，在实际工作中可作参考。如有 1 项指标超过表中的规定值，可继续使用但必须加强监督；如有 3 项指标超过规定值，应立即换新油。

表 2－10　船舶液压系统换油指标(CB/T 3436—2013)

测定项目		理化性能变化极限指标			测定方法
		L－HV 液压油	L－HM 液压油	L－HL 液压油	
40 ℃时运动黏度允差/%		±10	+15 或 －10	±10	GB 265
酸值增加/($mgKOH \cdot g^{-1}$)		0.3			GB 264
水分/%		0.1			GB 260
闪点(开口)下降/℃		－8			GB 268
污染度等级	伺服系统	18/15(ISO) 104(NAS)			计数法 质量法
	中、高压系统	20/17(ISO) 107(NAS)			计数法 质量法
	低压及一般液压系统	21/18(ISO) 108(NAS)			计数法 质量法

经验表明,液压油一旦氧化就必须全部更换,否则如保留 10% 的旧油掺入新油混用,反而会使新换油寿命缩短一半。此外,液压泵、马达损坏换新后,如不彻底清洗系统和换油,寿命将不超过 6 个月。因此,液压系统换油时,须将油箱、管路中的液压油全部放掉,然后拆卸总回油管,严格清洗元件、油箱及滤油器,待检查合格后加入新油,按规定调整液压系统,并将新换液压油的理化性能数据记录在专用表格中,便于今后比较。不同品种的液压油不得混合使用。

七、液压油适宜的工作油温

液压设备在不同油温的使用情况见表 2－11。可看出最合适的油温是 30～50 ℃。油温太低时黏度太大,使泵吸入困难,流阻大,还可能使泵排出压力过高,电机过载,甚至管系爆裂。因此,冬季时尤需注意。不到 10 ℃时油的流动性很差,不宜一次性启动。这时应短时间交替地启、停油泵,再慢慢延长运转时间,首先让油在系统中空载循环,直至油温升至 10～15 ℃,方能加载工作。油温在 －10 ℃以下不允许启动。严寒天气应使用加热器使液压油温度保持在 10 ℃(至少 －10 ℃)以上。

表 2－11　液压设备在不同油温的使用情况

危险区(＞85 ℃)	禁止使用,否则油变质、元件磨损
极限区(65～85 ℃)	油氧化变质快,应尽量避免
警戒区(50～65 ℃)	冷却使用,容积效率偏低
理想区(30～50 ℃)	最佳状况
常温区(10～30 ℃)	可以使用,机械效率偏低
低温区(－10～10 ℃)	空载启、停 30～60 min,油温升至 10～15 ℃再加载工作
禁动区(＜－10 ℃)	油加热超过 －10 ℃再空载启、停,油温适宜再加载工作

夏季时应防止油温过高，以致黏度太低，不仅会降低容积效率，而且会造成润滑不良，甚至使零件因热胀而卡死，密封件加速老化。另外，油温高会使油氧化加快，缩短使用寿命。油温在大于 40 ~ 50 ℃时，油冷却器应投入工作。研究表明，油温大于 55 ℃后，每升高 9 ℃，油的使用寿命约缩短一半。油泵进口处油温一般应不大于环境温度 30 ℃。环境温度较高时，液压甲板机械连续重载工作时应特别注意油温。负荷不太大的室内液压系统，可将最高工作油温控制在 65 ℃左右；舵机允许最高工作油温定为 70 ℃；起货机工作时间长、负荷重，最高工作油温允许至 85 ℃左右，这时将大大缩短油的使用寿命，其仅为理想温度区的 1/3。超过极限温度使用，相当于破坏性使用。

液压系统的功率损失都转换成热量并大部分被油吸收，再通过油来散热。计算表明，液压油每经 10 MPa 压差的节流，油温约升高 6 ℃。油温过高的原因主要是散热不好或功率损失太大。

属散热差的原因主要有：油箱太小，油量不足，油冷却器太小或脏污，半闭式系统换油量太少等。

属功率损失大的原因主要有：元件内漏泄严重，溢流损失大，泵不能卸荷，系统流阻损失大等。管路压力损失一般不应大于额定工作压力的 5% ~6%，小流量、简单管路为0.2 ~ 0.5 MPa，大流量、复杂管路为 0.5 ~1.5 MPa，阀控型系统可通过测换向阀中位时液压泵排压的方法检查。

八、控制液压油的漏泄

液压系统或元件漏泄会造成：泵不能提供足够的有效流量；执行元件速度下降，甚至当负载压力增大到某数值时有效流量降为零，致执行机构不能动作；执行元件难以实现液压制动和下降限速；油发热加剧，氧化速度变快；装置效率降低，耗能增加；油液损失和环境污染等。

运动件因磨损而配合间隙变大，或密封件老化、损坏等会使漏泄加重。

检查油箱油位就可以判断系统外漏程度。内漏则不易及时察觉，如果定期检查并记录执行机构在空载、若干负荷和额定负荷下的工作速度，然后画出负荷 - 速度曲线，与原始记录比较，即可初步判断系统的内漏是否增加。脱开液压泵或马达壳体上的泄油管，检测其在额定转速下的泄油流量，也可初步判断其漏油程度。

如表 2 -12 所列的《船用液压泵液压马达技术条件》(GB/T 13853—2009) 中对液压泵和液压马达所要求的容积效率(额定工况、泵进口油温 50 ℃)，可在工作时作为判断泄漏程度的参考。

表 2 -12 液压泵和液压马达所要求的容积效率

设备名称	排量/(mL · r^{-1})	容积效率 $\eta_v \geq$	总效率 $\eta \geq$
定量或变量轴向(径向)柱塞泵、马达(不带辅泵)		92%	82%
定量叶片泵、马达(不带辅泵)	<20	80%	65%
	≥20	83%	75%
齿轮泵	>10	90%	80%
齿轮马达	>10	85%	76%
螺杆泵		60%	50%

九、液压油的保管

1. 加强油料管理

加强液压油的管理是控制油液污染和保证系统正常工作的又一个重要环节，所以必须建立严格的油料管理制度和化验制度。

（1）设备档案中应明确记载本设备所用的油品牌号、用油数量及换油情况。

（2）建立新油入库化验制度。油液入库前，首先要进行取样化验，不合格的油品不准入库。

（3）保证出库油品的质量，需要定期对库存油料进行取样化验。经过化验发现不合格的油品要及时处理。

（4）对进库油料应做到按牌号专桶储存保管。

（5）油液转桶或注油时，要做到三过滤：转桶时过滤；领油时过滤；向设备加油时过滤。

（6）在船上加装液压油时，一要注意油品牌号的核对；二要注意油品保证书的验证与保管；三要将不同港口加装的油分别保管，使用时要防止掺混使用。

2. 液压油的保存

（1）保存场所。从防止污染的角度来看，舱内保存最为理想。但有时由于条件所限，一般将甲板机械所用液压油存放在桅屋中，并注意通风与水密。

（2）保存温度。液压油的保存温度一般以 $-20 \sim 30$ ℃为宜，而且要远离热源，避免阳光直射，以防油液氧化。

（3）保管期限。对液压油的保管期虽没有明文规定，但油的氧化是从产出日就已开始的，所以备用油的数量应该按实际需要而定，并要做到分批保管，按次序使用，以免存放过久油变质而无法使用，造成经济损失。

思考与练习

1. 液压系统的基本部件有哪些？
2. 简述游艇锚泊设备的配置方法。
3. 简述游艇系泊设备的组成及各组成部分的作用。
4. 游艇系泊设备的配置需要注意哪些问题？
5. 简述锚泊设备的组成及各组成部分的作用。

第三章　游艇制冷和空调系统

第一节　制冷原理和空调系统

制冷就是从某一物体或空间吸取热量，并将其转移给周围环境介质，使该物体或空间的温度低于环境的温度，并维持这一低温的过程。用于完成制冷过程的设备称为制冷机或制冷装置，用于存放低温物体的空间称为冷藏室或冷库，实现热量转移的工作介质称为制冷剂，单位时间内从被冷物体或空间吸收的热量称为制冷量。实现制冷的途径有天然制冷和人工制冷：天然制冷是以天然冰为冷源，利用冰融化过程吸收融解热而实现制冷；人工制冷是借助制冷装置并消耗一定的外功或热能作“代价”，将低温物体或空间的热量转至高温环境介质而制冷的。

船舶制冷的目的是实现货物的冷藏运输，并为船舶空调提供冷源。

在船舶上，制冷技术广泛用于货物冷藏运输、食品冷藏、鱼类保鲜、天然气液化和储运、冷藏集装箱和船舶舱室的空气调节等。

一、蒸气压缩式制冷的原理

1. 液态与气态互相转换的规律

液体汽化时如不能从外界吸热，当汽化后剩下的液体会降温；气体液化时要放热，如不能向外散热，液体温度会升高。当温度衡定时，液面气体压力达到既定值，汽化和液化达到动态平衡，液面上的气体达到饱和状态，这时的气体压力称为该温度所对应的饱和压力，这时的温度称为该压力所对应的饱和温度。温度越高，饱和压力也越高，反之亦然。

当液体温度低于其压力所对应的饱和温度时，汽化只在液面上发生；当液体被加热，温度升高到其压力所对应的饱和温度时，内部也产生许多气泡，这种在液体内部和表面同时进行较剧烈的汽化现象称为沸腾。

在沸腾或冷凝过程中，气体称为饱和蒸气，液体称为饱和液体，二者的混合物称为湿蒸气；饱和蒸气在湿蒸气中所占的质量比例称为干度；当液体全部汽化后，干度为 1 的蒸气称为干饱和蒸气。干饱和蒸气温度继续升高即成为过热蒸气，过热蒸气的温度与其压力所对应的饱和温度之差称为过热度；湿蒸气在液化过程中成为干度为零的饱和液体后继续冷却而温度下降即成为过冷液体，其温度称为过冷温度，液体所处压力所对应的饱和温度与液体实际温度之差称为过冷度。

以上这些名词会在制冷循环过程中应用到。

2. 蒸气压缩式制冷

蒸气压缩式制冷装置由压缩机、冷凝器、膨胀阀和蒸发器四个基本的设备组成，如图 3－1 所示。

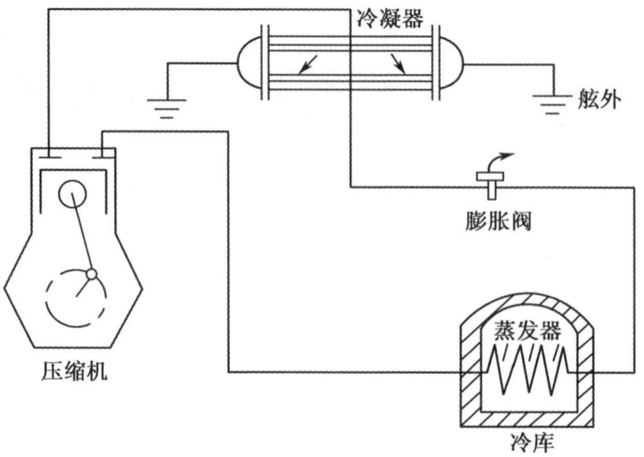

图3-1　蒸气压缩式制冷装置原理图

低温低压的湿蒸气制冷剂进入蒸发器中,吸收冷库内被冷物体释放的热量而不断沸腾汽化,制冷剂到达蒸发器出口时已具有一定的过热度,压缩机将蒸发器内排出的低压低过热度制冷剂蒸气吸入气缸内,并将其压缩成高温高压较大过热度的制冷剂蒸气;再将其排至冷凝器,高温的制冷剂蒸气在冷凝器内被循环的冷却介质(水或空气)冷却,冷凝成液态制冷剂,到达冷凝器出口已是过冷的液体。在冷凝过程中,制冷剂把从冷库中带出的热量和压缩机的压缩功传递给冷却介质。液态制冷剂经膨胀阀节流降压成为低温低压的湿蒸气制冷剂,然后制冷剂重新进入蒸发器汽化吸热。制冷循环不断地进行,冷库的热量也就不断地通过循环的冷剂转移给外界冷却介质,从而达到并维持冷库温度在一定的低温范围内。

蒸气压缩式制冷是选择沸点很低的液体,例如在标准大气压下沸点为 -40.8 ℃的 R22 作为制冷剂。液体制冷剂经膨胀阀节流进入冷库内的蒸发盘管中,制冷机就会在较低的压力下吸热气化。从冷库中吸收热量,使库温降低,从而实现制冷。

为了使蒸发器中的压力不致因制冷剂的不断流入、气化而升高,需要压缩,则将制冷机及时抽汽,以维持蒸发器中稳定的低压,同时将气态制冷剂压缩到高温高压状态送入冷凝器,造成气态制冷剂对外放热的条件。这样就可在冷凝器中利用舷外海水对制冷剂气体进行冷却冷凝,以使其重新液化,然后再经膨胀阀节流送入蒸发盘管中再次汽化吸热,以实现连续不断的制冷。

二、制冷剂、载冷剂、冷冻机油

1. 制冷剂

制冷剂又称制冷工质,是指在制冷循环系统中流动,且不断产生相态变化及状态参数的变化,与外界发生能量交换的工作物质。

从理论上讲,凡是在一定条件下能发生相变,并伴随着热量受授关系的物质,都可以是制冷剂。但在制冷循环中,制冷剂的热物理性对循环的优劣有着重要影响。如果再考虑制冷剂的化学稳定性、毒性、可燃性、价格,以及对地球生态环境的影响等因素,实际上可选用的制冷剂就不多了。下面介绍一下氟利昂类制冷剂。

（1）R22（HCFC22）制冷剂，化学组成为 CHF_2Cl，是目前仍允许使用的中温制冷剂之一，标准汽化温度 -40.8 ℃，凝固点 -160 ℃，单位制冷量较大，既能用于 5～10 ℃的空调制冷机，也可用于 -80 ℃以上的各种低温冷库等制冷装置，在活塞式、离心式和回转式制冷压缩机系统中均有采用。R22 对大气臭氧层仅有微弱的破坏作用，并产生温室效应，被列入第二批限用与禁用的氟利昂制冷剂之列。我国将在 2040 年 1 月 1 日起禁止生产和使用 R22。

（2）R142b（HCFC142b，$C_2H_2F_2Cl$）属中温制冷剂，标准汽化温度 -9.25 ℃，凝固温度 -130.8 ℃。其重要特点是在很高的冷凝温度下冷凝压力不超过 1.5 MPa，适用于高温环境下的空调装置。R142b 对大气臭氧层有微弱的破坏作用，我国将于 2040 年禁用。

（3）R11、R12 和 R13 制冷剂。R11（CFC11、$CFCl_3$）属高温制冷剂，标准汽化温度 23.7 ℃，凝固点 -111 ℃，常温下呈液态。其相对分子质量较大，单位容积制冷量小，可制取 10～-5 ℃的低温，多用于离心式制冷系统中。

R12（CFC12、CF_2Cl_2）属中温制冷剂，标准汽化温度 -29.8 ℃，凝固点 -155 ℃，具有良好的热力学性能，曾是氟利昂制冷剂中应用最广泛的一种。其在制取 -70 ℃以上的制冷装置中都可使用。

R13（CFC13、CF_3Cl）属低温制冷剂，标准汽化温度 -81.5 ℃，凝固温度 -180 ℃。其多用于复叠式制冷系统的低温级，制取 -70～-100 ℃的低温。

R11、R12、R13 对大气臭氧层均有严重的破坏作用，并产生温室效应，危及人类赖以生存的环境，因此被列入限用和禁用物质。我国自 2010 年 1 月 1 日起完全停止对其的生产和使用。

（4）R134a（HFC134a，$C_2H_2F_4$）属中温制冷剂，标准汽化温度 -26.5 ℃，凝固点 -101 ℃。R134a 的压缩机不能选用矿物性润滑油，而应采用聚酯类合成油（如聚烯烃乙二醇等），并应采用聚丁腈橡胶密封元件。R134a 对大气臭氧层无破坏作用，其 ODP（ozone depletion potential，称为破坏臭氧潜能，即臭氧消耗潜能）值为 0，但仍有一定的温室效应，其 GWP（global warming potential，称为全球变暖潜能）值为 0.29。R134a 目前仅用于汽车空调及民用、商用、工业用制冷系统，亦作为发泡剂用于硬塑料隔热材料生产。

（5）R410A（R32/125/50/50），$CH_2F_2 + CF_3CHF_3$，属非共沸混合制冷剂。其 ODP 值为 0，GWP 极小，制冷循环工作压力高于 R22，适用商业制冷和家用空调机（如为联机）及冷水机组。

（6）R123（HCFC123，$C_2HF_3Cl_3$）属高温制冷剂，标准汽化温度 27.9 ℃，凝固温度 -107 ℃，常用于离心式制冷机。R123 的 ODP 值 0.02，GWP 值 29（相对 $CO_2=1$），是目前 R11 较理想的替代制冷剂。

（7）R152a（HCFC152，CH_3CHF_2）属中温制冷剂，标准汽化温度 -25 ℃，凝固点 -117 ℃，有中等程度的可燃性。

另外还有无机化合物制冷剂，例如氨（R717）、水（R718）、二氧化碳（R744）和二氧化硫（R746）等。但比较适用的主要是氨、二氧化碳和水。近年来国内外为了保护环境和提高制冷剂的热力性能，混合制冷剂用得越来越多。混合制冷剂指的是由两种或两种以上工质按一定比例溶解而成的混合物，它在制取某一区间低温时，能获得比单一工质更优良的循环运行性能。

2. 载冷剂

在间接制冷系统中，利用载冷剂在一定温度下传递冷量，实现制冷。载冷剂起间接传递冷量的作用，有时也被称作冷媒或二次冷媒。利用载冷剂循环传递冷量的系统，又称二次系统或二次循环冷却系统。常用作载冷剂的有水、盐水、甲醇、乙二醇及其水溶液。水作为载冷剂其载冷量大，取用方便，但仅适用于 0 ℃以上的制冷系统，如空气调节装置等。盐水作载冷剂其冰点低，又有较大的热容量，且购取方便，因此目前采用较多，如陆用大型冷库、专业冷藏船的制冷装置等。有机物载冷剂因其冰点低，一般用于低温制冷机，如乙二醇的冰点达 -50 ~ -20 ℃，若要求更低冰点时可选用聚二甲基硅醚等。另外，就载冷剂的作用来讲，凡是在其工作温度范围内不发生冻结的物质均可选用，但考虑其热力、化学、物理性质及其毒性、安全性，现在被采用的不多。

3. 冷冻机油

冷冻机油是制冷压缩机的润滑油，使压缩机的摩擦面得到良好的润滑，是安全运行的基本保证。

制冷装置中压缩机属于高速运转机械，对压缩机各运动部件的润滑与冷却是保证压缩机正常运行的关键。通常，把制冷压缩机用的润滑油称为冷冻机油。因此，制冷压缩机冷冻机油的选择与使用非常重要。

制冷压缩机冷冻机油有以下作用：

(1)润滑压缩机运动件摩擦表面，改善表面工作条件，提高压缩机的可靠性，延长使用寿命；

(2)润滑油连续地供入摩擦表面，带走摩擦热，对摩擦件起到冷却作用；

(3)润滑油渗入各摩擦件密封面而形成油封，起到阻止制冷剂的泄漏，并防止零件锈蚀的作用；

(4)润滑油不断冲洗摩擦表面，带走磨屑，可减少摩擦件的磨损；

(5)对于带卸载 - 能量调节装置的压缩机，可利用润滑系统的压力油作为卸载机械动作的液压动力。

冷冻机油的选用主要根据制冷剂种类、制冷压缩机的形式及运转工况等因素。制冷机生产厂对其产品用的冷冻机油均有推荐。选择冷冻机油要考虑油的低温性能及对制冷剂的相溶性。若冷冻机油的溶解性能不好，会使冷冻机油在蒸发器表面形成油膜，增加热阻，降低换热性能。通常总是选择与制冷剂互溶性较好的冷冻机油。根据制冷剂与冷冻机油的溶解性大小，可以把冷冻机油分为完全溶于油、部分溶于油、难溶或微溶于油，见表 3 - 1；各种冷冻机油对制冷剂的适用性见表 3 - 2。

表 3 - 1　部分制冷剂与冷冻机油的互溶性

类别	完全溶于油	部分溶于油	难溶或微溶于油
矿物油	R11、R12、R600a	R22、R502	R717、R134a、R407C
聚酯类油	R134a、R407C、R410A	R22、R502	R11、R12、R600a
聚醇类油	R717	R134a、R407C	R11、R12、R600a
极性合成碳氢化合物油	R134a、R407C	R22、R502	R11、R12、R600a

表 3－2 各种冷冻机油对制冷剂的适用性

冷冻机油型号	主要组成	制冷系统中蒸发器操作温度	制冷剂类型	典型应用
L－DRA/A	深度精制矿物油（环烷基油、石蜡基油或白油），合成油	高于 －40 ℃	氨	开启式、普通冷冻机
L－DRA/B			氨，CFCs、HCFCs、以 HCFCs 为主的混合物	半封闭、普通冷冻机、冷冻、冷藏设备、空调
L－DRA/A	深度精制矿物油，合成油	低于 －40 ℃	CFCs、HCFCs、以 HCFCs 为主的混合物	全封闭、冷冻、冷藏设备、电冰箱
L－DRA/B	合成油			

选用冷冻机油还应考虑黏度，通常在较高温度范围工作的制冷系统选用黏度较高的冷冻机油；反之选用黏度较低的冷冻机油。根据实际应用，可以推荐：R134a 的离心式和螺杆式压缩机，R22 的离心式和涡旋式压缩机，R11 的离心式压缩机，R717 的活塞式和螺杆式压缩机及 CO_2 制冷剂的活塞式压缩机均可选用黏度为 60～65 mm^2/s 的冷冻机油。

三、制冷系统的基本设备

蒸气压缩式制冷装置由压缩机、冷凝器、膨胀阀和蒸发器 4 个基本设备组成。

1. 制冷压缩机

压缩机是蒸气压缩式制冷装置中的重要组件，通常称作制冷主机。其功用是压缩和输送制冷剂蒸气，由电动机驱动。制冷压缩机工作的好坏直接影响制冷循环的完成程度。根据热力学中的热力学第二定律，通过压缩机消耗能量向制冷剂作功，制冷剂才有可能把低温物体的热量送往高温物体，实现制冷。制冷压缩机对制冷系统的运行性能、振动、噪声及使用寿命等有重要影响。

制冷压缩机根据其工作原理和结构有容积型压缩机和速度型压缩机两大类，速度型压缩机又称离心式压缩机。

（1）容积型压缩机

容积型压缩机是借助于压缩机工作容积的反复变化，完成对制冷剂气体的吸入、压缩和排出的。其过程是间歇进行的，制冷剂属非连续的稳定流动。

容积型压缩机按其压缩部件的运动特点可分为两种形式，即往复式和回转式。往复式又称活塞式；回转式压缩机因结构特点不同又分为滚动转子式（又称滚动活塞式）、旋转叶片式、涡旋式及螺杆式（单螺杆式和双螺杆式）；根据往复式压缩机的结构特点，又有单作用式和双作用式之分。一种特殊结构的斜盘式压缩机也应属往复式压缩机。另外，还有结构更特殊的压缩机，如膜片式压缩机和无油式压缩机等。

（2）速度型压缩机

速度型压缩机指离心式压缩机依靠叶轮高速回转对制冷剂气体作功，提高气体的速度和压力，完成对气体的压缩过程。其制冷剂压缩过程是连续进行的，属连续稳定流动。制冷压缩机在制冷系统中，完成制冷循环；而在热泵系统中可完成热泵循环，实现热泵供热。

表 3－3 给出了制冷压缩机的分类和应用。

表 3-3　制冷压缩机的分类和应用

区分			形态	气密特征	容量范围/kW	主要用途	特点
容积型	活塞式	活塞连杆式	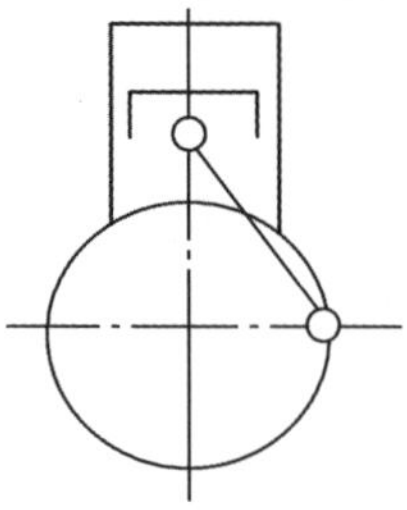	开启	0.4～120	冷冻,空调,热泵	该机型生产较多,价格、容量中等
				半开启	0.75～45	冷冻,空调,冷藏集装箱	
				全封闭	0.1～15	冷库,车辆,冷柜	
		活塞斜盘式	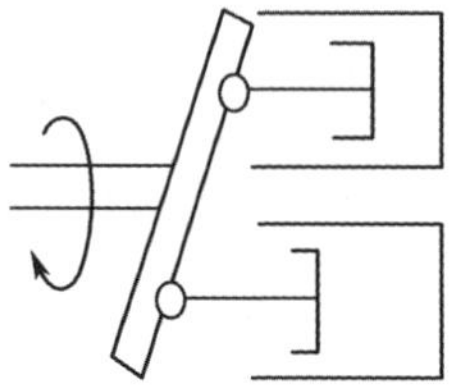	开启	0.75～2.2	轿车空调	高速,小容量
	回转式	转子式	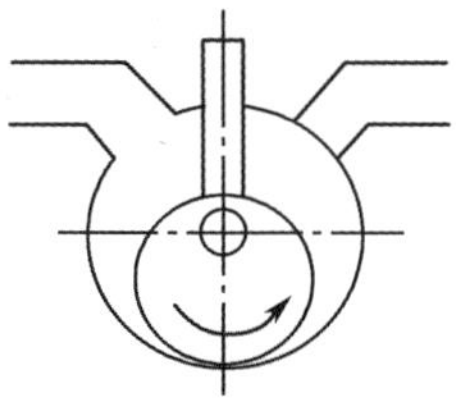	开启	0.75～10	车辆空调,冷柜,住宅空调	
				全封闭	0.1～5	空调器,小冷库,冰箱	
		旋转叶片式	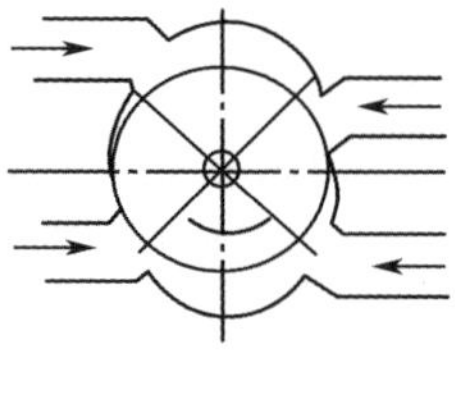	开启	0.75～2.2	车辆空调	
				全封闭	0.6～5.5	小冷库,冰箱,空调器	
		涡旋式	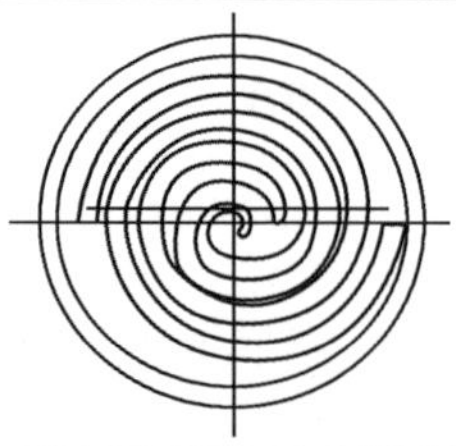	开启	10～70	乘凉空调,热泵	
				全封闭	3～10	空调,商业冷柜	
		双螺杆式	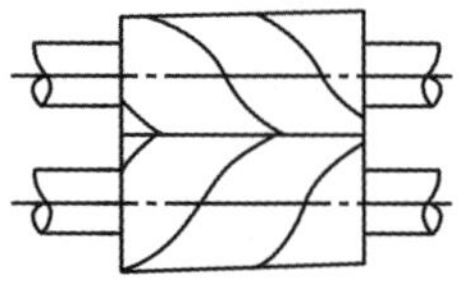	开启	150～2 000	大型空调,冰蓄冷	压比大,可替代中、小容量往复式压缩机,价格昂贵
					30～1 600	列车空调,大巴空调	
				半封闭	55～300	热泵,冷柜	
		单螺杆式	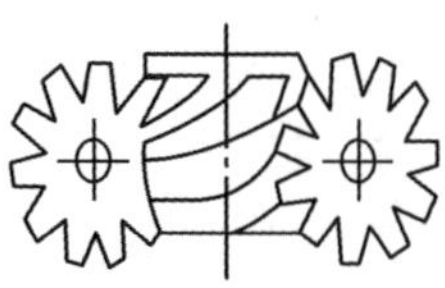	开启	100～1 100	中小型热泵	
				半封闭	22～90	热泵,车辆热泵	

表3-3(续)

区分		形态	气密特征	容量范围/kW	主要用途	特点
速度型	离心式	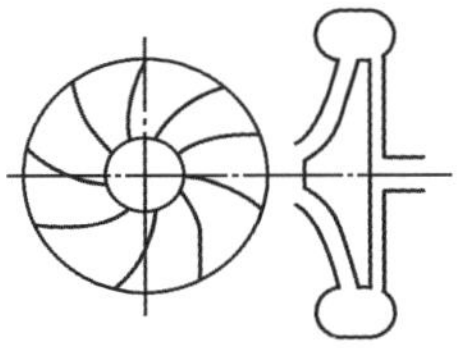	开启 半封闭	>350	冷库,空调	适用于大型空调

游艇空调压缩机组的选用主要有两种:活塞式和旋转式。且后者有完全取代前者的趋势。旋转式压缩机组目前主要有涡旋式和转子式。转子式主要用于10 kW以下的直接蒸发式机组,直接蒸发式机组目前主要有整体式和分体式两种形式。旋涡式主要用于10 kW以上的水冷机组。

对于分体式直接蒸发机组,压缩机组和室内风机盘管的布置应尽量靠近,以减少回气压力和出液压力损失带来的制冷量损失。

对于水冷机组,应采用小容量多模块机组,以减少机组的启动电流,降低发电机组负荷。压缩机组冷却水应有单独的供水水泵。冷却水泵的流量和扬程应满足空调机组和连接水管的要求。

2. 冷凝器

冷凝器是气体冷剂与冷却介质(水或空气)进行热量传递的热交换器。压缩机排出的高温高压气态冷剂在冷凝器中将热量传递给冷却介质,而自身被冷凝成液体。

气体冷剂冷凝时有三个放热过程:过热蒸气等压冷却为干饱和蒸气,干饱和蒸气冷凝为饱和液体,饱和液体进一步冷却为过冷液体。

按冷却介质的不同,冷凝器可分为水冷式、空冷式和蒸发式三种。船舶制冷装置大都采用卧式壳管式水冷冷凝器。

如图3-2所示为卧式壳管式冷凝器。在该冷凝器中,制冷剂在管外冷凝,冷却水在管内流动而将热量带走,壳体一般采用锅炉钢板卷制焊接而成。壳体两端板之间排列着许多无缝钢管或液压肋片管,并以电焊或胀管同定在端板上。两端封盖内侧持有限水筋条,以增加冷却水的流程和流速。冷却水进、出口设在端盖上。冷却水并从下面流进,上面流出,以保证冷凝过程必要的传热温差,并使管子始终充满水。端盖用螺栓与壳体紧固,其接触面有橡皮垫防漏。壳管式冷凝器的优点是:传热系数大、结构紧凑、体积小,在船舶机舱易于布置。其缺点是冷却管易腐蚀,排除污垢困难。

大型的壳管式冷凝器尚有下述附件:

(1)安全阀,它装于上部,用以防止冷凝器内压力过高。

(2)放空气阀,装于壳体的最高处,用以放出不凝性气体。

(3)泄油阀,设于壳体的最低处,用以排泄滑油(只在氨冷凝器上才有)。

(4)水室放气旋塞,装于水室最高处,用以放出水室中的空气。

(5)泄水旋塞,需要时用以放尽存水。

(6)液位计,用以显示冷剂液位。

(7)平衡管接头,用以连接与储液器连通的平衡管,以均衡两者压力,便于冷剂流入储液器和把蒸气引回冷凝器。

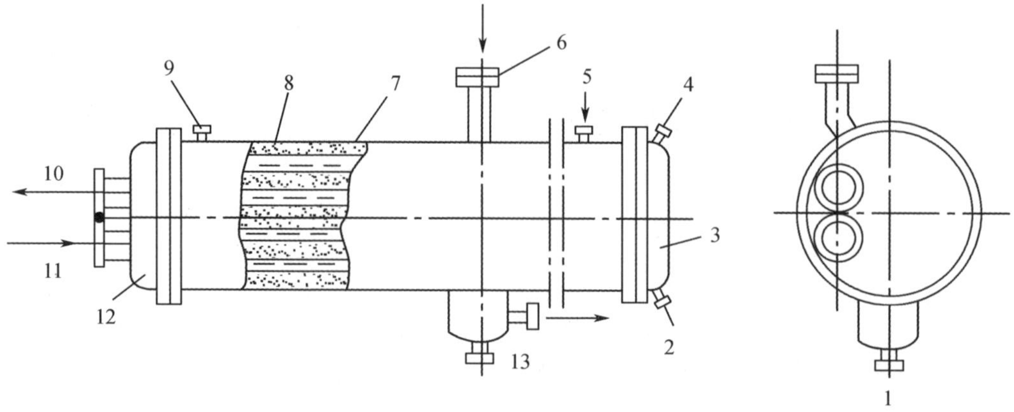

1—泄污管;2—泄水管;3—后盖;4—放空气阀;5—平衡管;6—进气管;7—换热管束;
9—安全阀接头;10—出水口;11—进水口;12—端盖;13—出液管。

图 3-2 卧式壳管式冷凝器

3. 蒸发器

蒸发器是使液体冷剂气化吸热,被冷物体或冷媒放热降温,实现热量传递的热交换器。按其冷却介质的不同,可分为冷却空气的直接冷却式蒸发器和冷却淡水、盐水或其他载冷剂的间接冷却式蒸发器两大类。

(1)直接冷却式蒸发器

直接冷却式蒸发器(图 3-3)的结构多为盘管式,制冷剂在管内蒸发,空气在管外吸热。这类蒸发器若是靠空气自然对流换热,则称为蒸发盘管;若借助风机使空气强迫对流换热,则称为冷风机。由于前者空气的流速很低,传热系数小,因而降温速度较慢,目前仅在冷库和家用冰箱中采用。后者则采用风机强迫空气做定向流动,强迫对流,提高了传热系数,因而降温速度较快。冷风机的结构紧凑,在现代船舶的冷藏舱和伙食冷库中已有明显取代蒸发盘管的趋势。由于强迫对流式蒸发器的蒸发盘管集中布置,风机迫使空气从热交换面流过,供出冷风,故又称为空气冷却器。

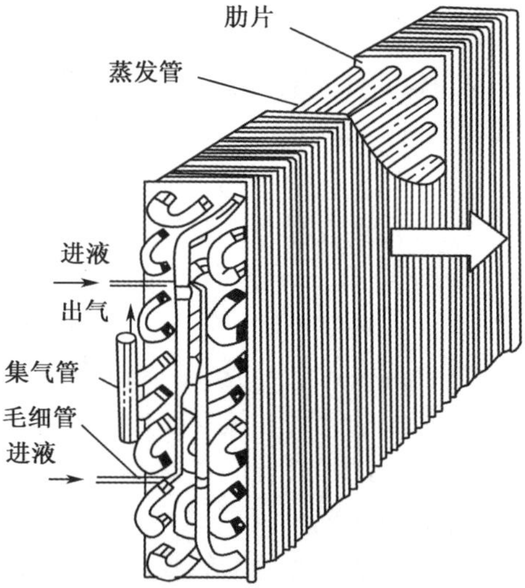

图 3-3 直接冷却式蒸发器

(2)间接冷却式蒸发器

间接冷却式蒸发器按结构形式可分为卧式壳管式、立管式、螺旋板式、螺旋管式和蛇管式等。其由筒形外壳和内部管群组成,结构与一般热交换器类同。按工作方式的不同间接冷却式蒸发器又分为干式和满液式。如图 3-4 所示为干式间接冷却式蒸发器,制冷剂在管群内吸收管外流过的冷媒的热量蒸发,流出蒸发器时已成为过热蒸气。被冷却的冷媒则被泵至冷库或空调器内的热交换器,升温后又回至蒸发器,如此不断地循环。通常,蒸发温度高于 0 ℃的,用水作冷媒;如蒸发温度低于 0

℃,应用盐水作冷媒。干式蒸发器供入的制冷剂剂量由热力膨胀阀控制,一般不会引起压缩机的“液击”现象,而且制冷剂在管内蒸发,流速较快,有利于携出滑油,使回油流畅,在大型空调用氟利昂制冷装置中得到广泛应用。

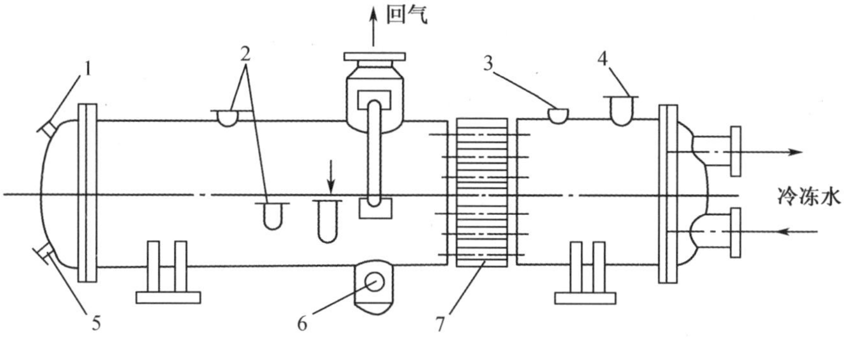

图 3-4 干式间接冷却式蒸发器

4. 热力膨胀阀

热力膨胀阀是制冷系统中的一个重要部件,一般安装于储液筒和蒸发器之间。膨胀阀使高压的液体制冷剂通过其节流成为低温低压的湿蒸气,然后制冷剂在蒸发器中吸收热量达到制冷效果。

热力膨胀阀的作用:

(1)使高压常温的制冷剂液体节流降压,变为低温低压制冷剂湿蒸气;

(2)感温包感受蒸发器出口制冷剂蒸气过热度的变化,自动调节膨胀阀的开启度以调节流量,使制冷剂流量与蒸发器的热负荷相匹配;

(3)使蒸发器出口的制冷剂气体保持一定的过热度,既可保证蒸发器传热面积得以充分利用,又可防止压缩机出现“液击”现象。

热力膨胀阀主要由阀体、阀针、调节杆座、调节杆、弹簧、滤器、传动杆、感温包、毛细管和感应薄膜等组成。

感温包、毛细管、感应薄膜互相连通,构成一个密闭容器,称为感温机构。感温包安装在蒸发器出口,感应薄膜由 0.1 ~ 0.2 mm 合金片冲压而成,断面呈波浪形。用于氟利昂系统的热力膨胀阀,阀体部分除了阀芯采用不锈钢及弹簧采用弹簧钢外,其余几乎全用黄铜制成。

热力膨胀阀按压力平衡关系和具体结构可分为外平衡式和内平衡式两类,如图 3-5 所示。

在制冷系统中除了热力膨胀阀是自动控制的以外,还有油压差继电器、高低压继电器、水量调节阀、电磁阀、温度继电器及蒸发压力调节阀等,这里就不多做介绍了。

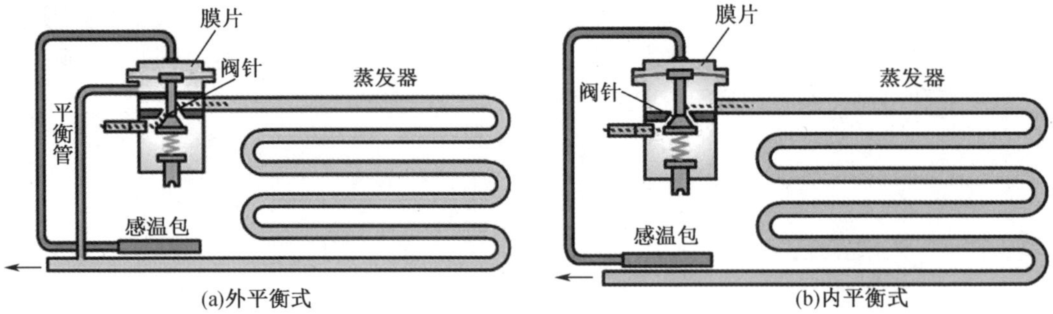

图 3－5　热力膨胀阀

四、空调系统

空调系统的主要作用是将空气进行除尘、加热（冷却）、加湿（除湿）后，送至各个舱室，使各个舱室内的空气具有适宜的温度、湿度、新鲜度，从而改善艇上人员的生活舒适程度。

船舶空调装置按照空气的处理和输送方式的不同，分为集中式空调、半集中式空调和独立式空调三类。

将空气经过集中处理后再分送到各个舱室的空调装置称为集中式或中央空调器；有的空调装置还能将集中处理后送往各个舱室的空气进行分区处理或舱室单独处理，称为半集中式；有些舱室单独专门设置的空调装置就是独立式。

1. 集中式空调

大型游艇广泛采用集中式空调，这样的空调装置是将风机、冷却器、加湿器、加热器、过滤器等设备都集中在一个空调室内，如图 3－6 所示。

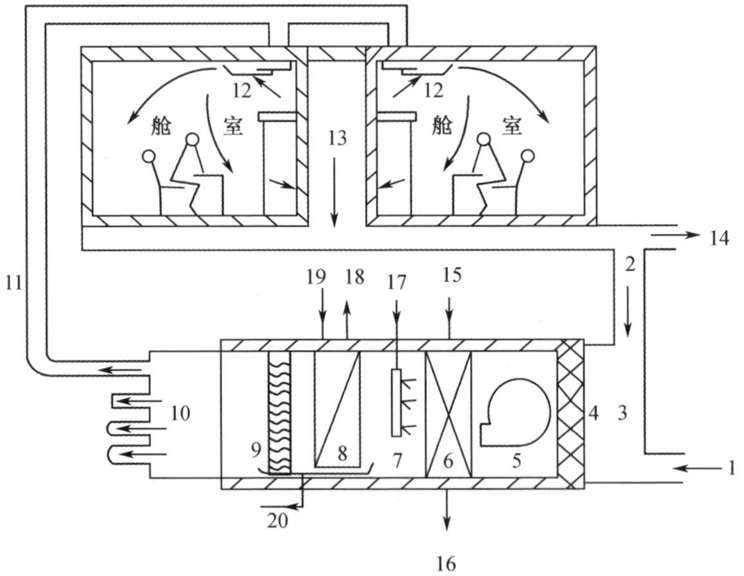

1—新风口；2—回风口；3—混合室；4—过滤器；5—风机；6—空气加热器；7—空气加湿器；8—空气冷却器；9—挡水板；10—分配室；11—送风管；12—布风器；13—走廊；14—排向舷外；15—蒸汽或热水；16—水排出口；17—蒸汽或水；18—冷液进口；19—冷液出口；20—凝水出口。

图 3－6　集中式空调系统

(1)过滤器

如图3－6所示,外界新风通过新风口1被吸入,与来自回风口2的回风在混合室3中混合,经过滤器4过滤,过滤器的作用就是滤除空气中的灰尘,净化舱室送风,并保持换热器表面的清洁,避免降低换热效果。空气滤器(图3－7)有不同的形式,有板式、袋式和抽屉式等。板式的过滤材料由合成玻璃纤维组成,具有容尘量大,使用周期长的特点;袋式由装在框架上的若干并列直立的滤袋组成,滤袋常用无纺布做成,框架可在轨道上移出;抽屉式是由斜插在滤架上的可抽出的滤板组成,过滤材料常采用粗孔泡沫塑料或尼龙纤维等,其厚度一般为10～15 mm。

(a)板式　　(b)袋式　　(c)抽屉式

图3－7　空气滤器

(2)吸声材料

为了降低空调器工作时的噪声,在风机出口设置消音室。气流进入消音室,因通流截面积突然增大,空气流速降低,消减低频噪音。贴附在空调器内壁的多孔吸声材料,可以吸收高频噪音,吸声材料可以采用泡沫塑料或玻璃棉毡等。

(3)风机

船舶空调多采用离心式风机,按照风机的布置形式分为压出式和吸入式两种。风压较高的高速系统常采用压出式空调器。其中风机采用效率较高的后弯叶片,位于空调器进口,如图3－6中的风机5,可避免降温工况送风温度过高,有利于提高蒸发温度,增加制冷量;分压较低的低速系统常采用吸入式空调器,风机采用进风量较大的前弯叶片,位于空调器出口,有利于空气均匀地流过换热器。

(4)空气加热器

当外界气温低于15 ℃时,空调应采用取暖工况运行。集中式空调加热的方法常采用热水、蒸汽或电加热,但小型游艇采用热泵或电加热的方式。加热介质由图3－6中的蒸汽或热水15流入,进入空气加热器6以后放出热量,由水排出口16流出。通过开大或关小蒸汽或热水管路上的控制阀,可以实现控制进入加热器加热介质的流量,以调节加热器温度的高低。另外,若使用蒸汽加热,则要在水排出口中装设阻汽器,只允许介质以液态的形式流出。

(5)空气加湿器

如图3－6中的7为空气加湿器。当空气经过空气加热器后,温度升高,但相对湿度降低,空气变得干燥,所以空气需要加湿。加湿可以采用喷蒸汽加湿或喷水加湿,在小型游艇上的空调装置可以采用电加湿器。集中式空调多采用喷饱和蒸汽加湿,高压的蒸汽流经空气加湿器的细孔,速度提高,加快了与空气的混合。通过控制加湿器管路上阀的开度就可以调节喷入水的量，从而控制处理后空气的相对湿度。喷水加湿的方法常使用于控制露点的方法，这样设备除了上述加热加湿设备以外，还需要设置一个预加热器，空气加湿器喷出足够的水是以雾状的形式喷出，使预处理后的空气饱和，这样的加湿会使温度略有降低，但加湿量控制精准。

若空气加湿器放在空气加热器前，空气的温度较低，加湿量小，难以达到空气加湿的要求。所以空气加湿器要装设在空气加热器后，但应控制加湿量，以防止加湿过量导致空调舱壁凝露。不需加热加湿时，停止加热和加湿介质即可。

另外，启用空调时应先供入加热介质，然后开风机，再开加湿器，可避免外界冷风吹入舱室。

(6)空气冷却器

一般当外界气温高于25 ℃时，就应使空调装置按降温工况运行，空气的冷却和除湿就是在空气冷却器中完成的，如图3－6中的8为空气冷却器。

空气冷却器由蛇形肋片管构成，按冷却方式的不同可分为直接蒸发式和间接冷却式两种。当空气冷却器管壁表面的温度高于空气的露点温度时，空气冷却器只对空气进行冷却，称为干式空气冷却器；若空气冷却器管壁温度低于空气的露点温度，则空气冷却器就会对空气既进行冷却又具有除湿作用，称为湿式空气冷却器。显然，管壁温度越低，对空气的除湿作用就越大。但是，对空调用的空气冷却器来说，则应避免使冷却器的管壁结霜，以免妨碍空气的流动，这样，冷却器管壁的温度就不能低于0 ℃。对肋片管式空气冷却器，其管壁温度通常比管内冷却介质的温度高2～4 ℃，因此，当空调采用直接蒸发方式时，制冷剂的蒸发温度就应不低于－4～－2 ℃；而当空调采用间接冷却方式时，冷媒水（淡水）的温度一般都应保持在4～7 ℃，最低也不得低于2～4 ℃，以防冷媒水冻结。

(7)挡水板

为了防止凝水被气流携入舱室，在空冷器后面设有挡水板，挡水板一般采用曲板式，它由许多薄钢片做成的除水曲板组成，当空气流过除水曲板的曲折缝隙时，因与流方向不断改变，气流所携带的水滴就会分离出来并附着在曲板上，然后落到集水盘（图3－6中凝水出口20中的凝水来自盛水盘）中泄出。曲板的出口端常弯成挡水沟，用以挡住水滴。

(8)布风器

舱室的供风是通过布风器供入的。布风器的任务在于使供风和室内空气混合良好，以使室内温度和速度分布均匀，并能对舱室气候进行个别调节。

布风器按安装位置的不同可分为顶式和壁式两大类。壁式布风器靠舱壁底部安装，使用方便。顶式布风器装在天花板上不占舱室面积，在艺术造型上能与顶灯配合，可起到很好的装饰效果，所以游艇空调系统中采用得较多。

如图3－8所示为直布式布风器，它也是一种顶式布风器，多用于货船和客船的住舱。这种布风器在进风管处设有容积较大的消音箱5。为使空气散布均匀，出风口8做成喇叭形，并装有挡风板7。供风量是通过风门调节旋钮6使风门升降来实现的。这种布风器的颈部风速可从2 m/s升至10 m/s，对室内空气有一定的卷吸诱导作用，所以供风温差可提高到10 ℃左右，因而有利于减小供风量。

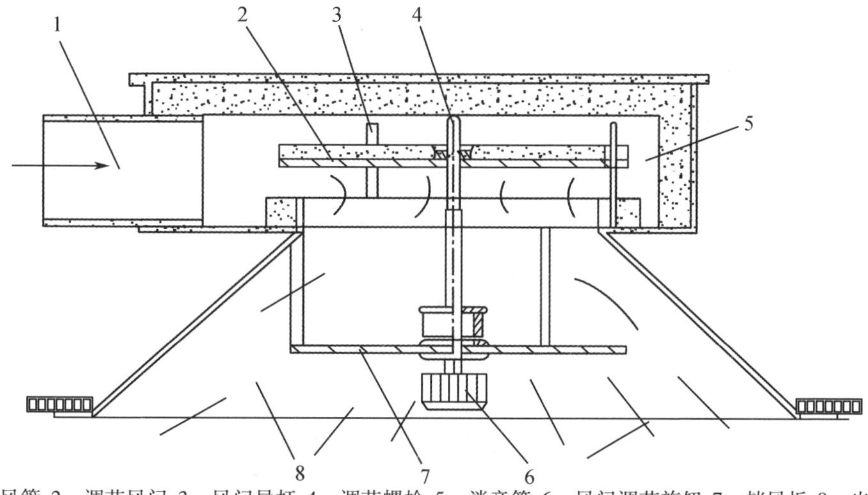

1—进风管;2—调节风门;3—风门导杆;4—调节螺栓;5—消音箱;6—风门调节旋钮;7—挡风板;8—出风口。

图3-8 直布式布风器

2. 独立式空调

如图3-9所示为独立式空调的工作原理图(制冷)。图中虚线左边部分是空调室内机组,虚线右边部分是空调室外机组。制冷工作时,压缩机1将制冷剂压缩成过热蒸气;蒸气从压缩机排气口排出,然后进入四通阀8;制冷剂蒸气经四通阀换向后进入冷凝器2;制冷剂蒸气在冷凝器中由风扇进行冷却,风扇5吹出热风,制冷剂冷凝液化;冷凝后的制冷剂液体经单向阀3、干燥过滤器11,进入毛细管4,制冷剂在毛细管中节流降压;而后液体制冷剂进入蒸发器6,经吸热蒸发为气体,使周围空气温度降低,风机7将冷凝器周围的冷风吹出,送到室内;制冷剂气体经四通阀回到压缩机中,如此往复维持制冷循环过程。

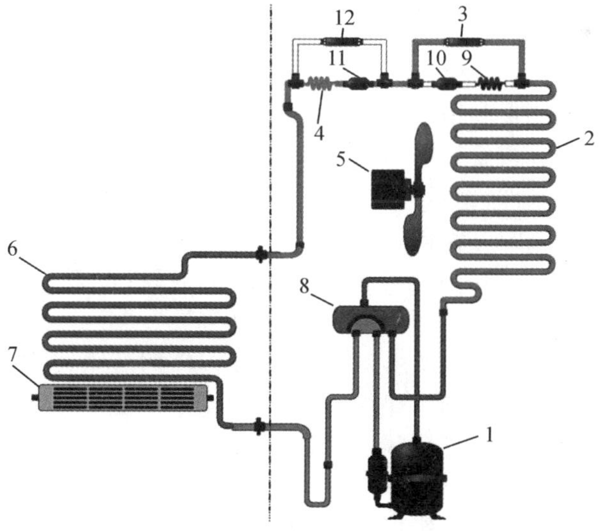

1—压缩机;2—冷凝器;3,12—单向阀;4,9—毛细管;5—风扇;
6—蒸发器;7—风机;8—四通阀;10,11—干燥过滤器。

图3-9 独立式空调工作原理图(制冷)

如图3-10所示为独立式空调的工作原理图(制热)。其实就是通过将四通阀8的阀芯向右移动改变制冷剂的流向来实现的。制热工作时，压缩机 1 将制冷剂压缩成过热蒸气；过热蒸气经过四通阀的换向作用直接进入室内，原蒸发器 6 变为冷凝器；蒸气在冷凝器中放热冷凝，由风扇 5 将冷凝器周围的热气吹向室内；冷凝后的制冷剂经单向阀 12、干燥过滤器 10、毛细管 9 到达室外蒸发器 2；液体制冷剂在蒸发器中吸热蒸发，其周围的冷空气由风扇吹出；蒸发后的气体经四通阀返回到压缩机中，如此往复维持制热循环。

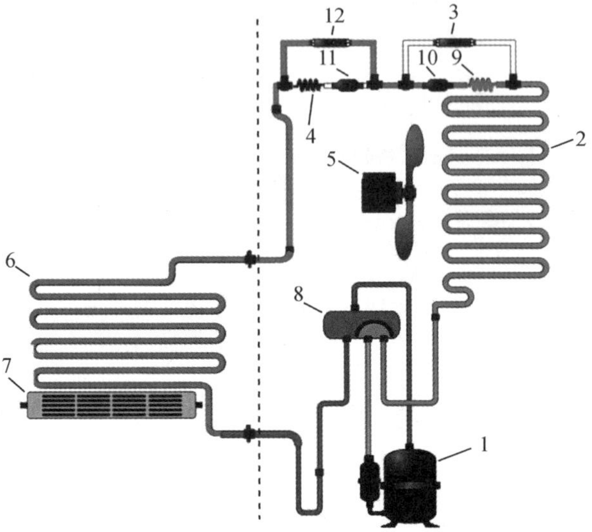

1—压缩机；2—蒸发器；3，12—单向阀；4，9—毛细管；5—风扇；
6—冷凝器；7—风机；8—四通阀；10，11—干燥过滤器。

图 3－10　独立式空调工作原理图（制热）

第二节　游艇通风系统

游艇通风系统的作用是利用自然或机械的通风方式，将舱外的新鲜空气输送到舱内工作场所、居住舱室或货舱内，使其中的空气保持一定的纯度、温度、湿度和速度，从而改善船员和乘客的生活和工作条件，保障各种机械、器材、仪表的正常工作及货运质量。

通风的方式按动力来源分为自然通风、机械通风；按空气流向分为送气通风、抽气通风和送、综合通风；按通风的范围分为全面通风和局部通风；按系统的布置情况可分为独立的、分组的和集中的三种。

自然通风是依靠自然界风速及由于舱室内外温差而引起的空气密度差，促使舱内空气获得更换。机械通风则是利用通风机械，将舱外新鲜空气送入舱内，或将舱内的污浊空气排出舱外而获得新鲜空气。自然通风和机械通风都有送气和抽气之分。送气通风是在舱室内部建立一个高压区，使得污浊空气经气孔门、窗等一切孔隙排出，适用于起居、工作等舱室。抽气通风则需要在舱室内建立一个低压区，使得空气自门、窗等一切孔隙吸入，适用于厨房、厕所、浴室等处。对于要求换气率较高的机舱、炉舱餐厅等处，可两者结合布置。全面通风是指舱室内全面地进行空气交换，使舱室内各处的空气温度、纯度和湿度都能比较一致。局部通风则是有害空气形成的地区，直接将其排除，或将良好空气送入舱内某处。例如在厨房的炉灶上使用集风罩，装在机炉舱局部的通风管出口的送风头及布风器等都可形成局部通风。

我们可以根据舱室通风的要求及水密、防火等具体情况，选择合适的通风方式，采用各种布置形式。不论采用哪种方式和布置形式，通风系统均需要满足下列要求：

(1)它所通过的路径不应占去舱室很多地位，如遇火警不至于因其存在而使火焰蔓延至全船，在舱内也不应形成对人有害的噪音。

(2)在它所照管的舱室内，不应使某些人感到过分地受热或受凉，应使整个舱室均匀通风。

(3)它的装置不应破坏甲板和隔舱壁的水密，并防止水经过通风管进入舱室。

一、自然通风系统

自然通风是依靠自然界风速及因舱室内外温差而引起的空气密度差，促使舱内空气获得更换的一种通风方式，它主要依靠开孔（门、窗、舱口）和通风筒来完成。

通风筒是安装在露天甲板上下的一段直管风道。配置在通风上部围板上的罩状物称为通风帽。二者组成了船用排气或吸气的专门通风装置，有时称为通风筒。为了提高自然通风的效率，利用通风帽口对风的一面增大压力，以及通风筒外气体流速比通风筒内气体流速大，则筒外压强比筒内压强低的道理，将通风帽制成送风或吸风的形式；或利用转动风帽，改变其相对位置的办法，达到排风或送风的目的。图 3 – 11 为货舱利用通风筒或自然通风的情况。

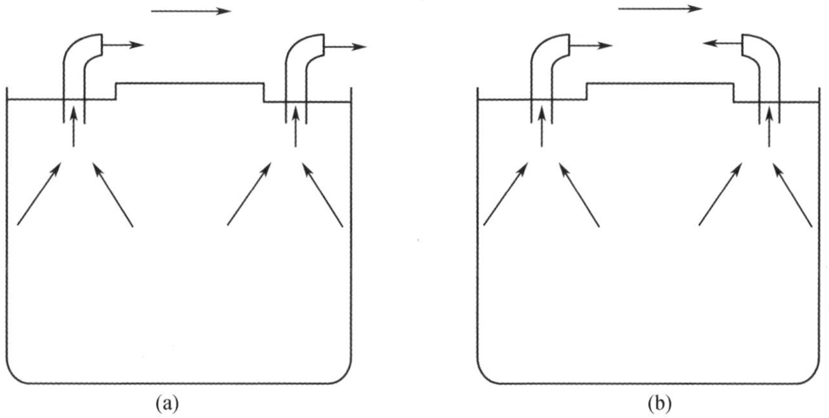

图 3 – 11 自然通风

常见通风筒有烟斗式、排风筒式、蘑菇式和鹅颈式，如图 3 – 11 所示。烟斗式通风筒多用于小型船舶货舱和机舱通风，其风斗套在管座上，上面设有把手可以转动风斗，如图 3 – 12(a)所示。排风筒式多用于小型船舶靠近两舷的舱室，如图 3 – 12(b)所示。蘑菇式通风筒可设在桅顶用于货舱通风，如用于厨房和住舱通风，应装可调节螺杆，在室内旋转手轮即可调节开口的大小，如图 3 – 12(c)所示。鹅颈通风筒多用于水柜或油柜上，上口设有滤网，如图 3 – 12(d)所示。

对于游艇而言，自然通风的舱室应装设一个来自大气的进气孔或管道和一个通向大气的排气孔或管道。每一排气孔或管道开口均应从低于舱室高度的 1/3 处引出。每—进气孔或管道开口和每一排气孔或管道开口应在正常舱底水积聚面之上。只要舱室尺寸允许，该舱室进气与排气管道开孔之间应至少隔开 600 mm。

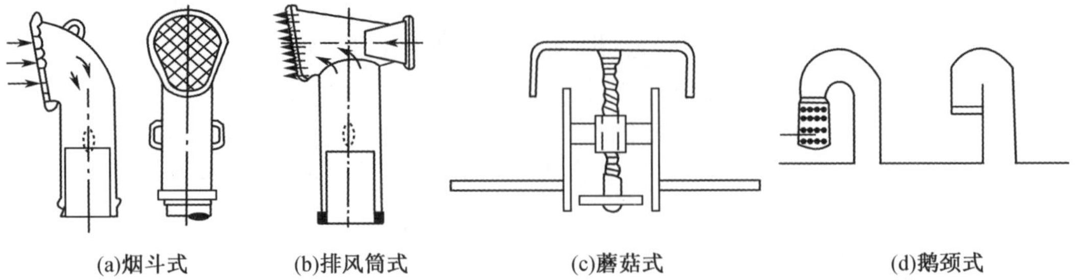

图 3-12　常见通风筒

各进气孔或管道的合计面积及各排气孔或管道的合计面积应不小于按式(3-1)计算值,且不小于 3 000 mm^2:

$$A = 3\ 300 l_n (V/0.14) \tag{3-1}$$

式中　A——各开孔或管道的最小合计内横截面积,mm^2;

V——舱室净容积等于舱室总容积减去固定安装部件的体积,m^3;

l_n——自然对数。

自然通风的缺点是风量受到风向、相对速度和室内外温差等自然条件的影响,工作不够稳定,且不便调节,更不易集中控制。由于其设备简单、造价低廉、维护费用少,因此在船上特别是换气率要求不高的舱室,仍广泛采用。

二、机械通风系统

机械通风系统是利用通风机、通风管道将舱外新鲜空气送入舱内,或将舱内的污浊空气排出舱外而获得新鲜空气的人工通风方式,因此他能保证舱室内所需要的换气量,而不受自然条件的影响。机械通风按照其工作方式的不同,可分为吸入式,排出式和混合式。

1. 吸入式

利用通风机械将新鲜空气吸入,而污浊空气由开口处自然排出。这种通风方式一般用在餐厅、船员舱室等。它可以避免污浊空气侵入舱室,为船员和旅客创造舒适的生活条件。

2. 排出式

将污池空气由通风机抽出,新鲜空气由开孔进入,即机械排风自然进风。这种形式一般适用于舱室内有污浊空气来源的处所,如厕所、浴室、厨房、蓄电池间等。

3. 混合式

吸风和排风均靠机械进行。这种方式一般只用于要求通风率很高的舱室。舱室内若有污浊空气来源的,宜采用排气量比吸气量占优势的混合通风。反之,若舱内虽然空气较清洁,但要求换气强度大,则应采用吸气比排气占优势的混合通风。

通风管道的布置应尽量直畅,避免急弯。一般机械进风总管多沿舱室的天花板布置,而机械抽风总管则安装在舱室的下部。不管是哪种管道,都应尽量使其尺寸减少,且不应通过主要的横舱壁,为此除在通风要求基本一致,且较集中的客舱,可按集中原则布置外,船员室及公共场所、驾驶室、储藏室等多采用分组原则布置。机械通风示意图如图 3-13 所示。

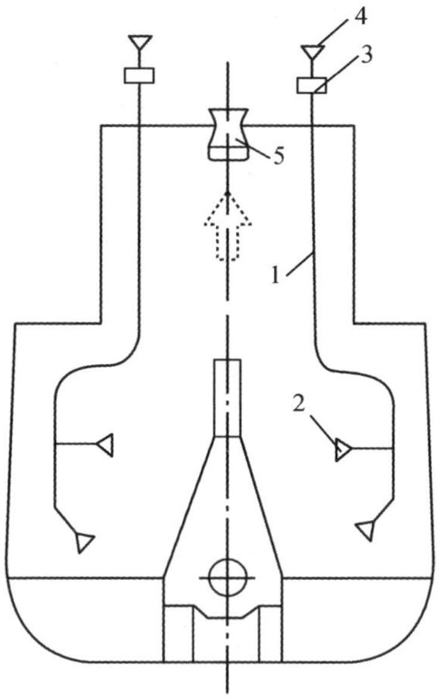

1—通风管;2—出风头;3—通风机;4—通风筒;5—通风机。

图 3-13 机械通风示意图

每一动力通风舱室的通风机和通风机组的总排风量 Q 应不小于表 3-4 中所列的值。

表 3-4 总排风量 Q

净舱容 V/m^3	总排风量 $Q/(m^3 \cdot min^{-1})$
<1	1.5
$1 \leq V \leq 3$	1.5 V
>3	1.5 V+3

通风机应是不会产生火花的结构形式。通风机的每根进气管开口的位置应低于舱室高度的 1/3 处,且应在正常舱底水积聚面之上。通风机的排风口应尽量远离发动机排气管出口。同时装有通风机的汽油机舱室应在启动汽油发动机前 4 min 开启通风机。在游艇营运期间(包括上、下客或临时停航),汽油机舱室应持续动力通风,不应关停通风机。当通风机因故关停时,应在机器处所和驾驶室发出声光报警信号。

三、通风机

通风机是一种重要的船舶辅助机械,按使用场所的不同,大体可分为机舱通风机(主要用于为主机、副机、锅炉等燃烧设备提供足够的空气量并保持机舱内一定的空气清新度,主要有机舱送风机和抽风机)、居住舱室通风机(主要为船员和旅客活动场所保持一定的空气指标而设置,如空调送风机和舱室抽风机)。此外,还有为一些空气质量较差且不适合空调的场所设置的风机,如浴、厕所排风机;一些为燃油燃烧直接提供燃烧空气的风机,如主机应急鼓风机、锅炉风机、焚烧炉风机等。

按气体在通风机内的流动方向通风机可分为轴流式和离心式。轴流式气体沿着通风机轴线方向流入后继续沿着与轴线大体平行的方向流动;离心式气体沿着风机轴线方向流入后沿着与轴线垂直的方向流出风机。

1. 通风机的基本参数

通风机的基本参数为流量 Q、全压 p、静压 p_{st}、功率 N 和转速 n 等,现分别介绍如下。

(1)流量

流量是指单位时间内通过风机进口的气体体积,单位为 m^3/h。通常,将通风机实际流量换算到标准吸气状态(大气压力为 0.101 MPa,温度为 20 ℃,相对湿度为 50%,空气密度为 1.2 kg/m^3)下的空气体积。

(2)全压

为进行正常通风,需要有克服管道阻力的压力,通风机则必须产生出这种压力。通风机的压力分为静压、动压、全压三种形式,其中克服管道阻力送风称为静压;把气体流动中所需动能转换成压力形式为动压;全压是指单位体积气体从通风机进口截面经叶轮到通风机出口截面所获得的机械能,其单位为 Pa,如忽略位能变化,通风机全压可表示为

$$p = \left(p_2 + \frac{1}{2}\rho v_2^2\right) - \left(p_1 + \frac{1}{2}\rho v_1^2\right) \tag{3-2}$$

式中 p_1、p_2——风机出口、进口截面处气体压强,Pa;

v_2、v_1——风机出口、进口截面处气体平均速度,m/s。

(3)静压

通风机全压 p 减去通风机出口截面处的动压 p_{d2}(通常将风机出口截面处的动压作为通风机动压)称为通风机的静压,用 p_{st} 表示,即

$$p_{st} = p - p_{d2} = p_2 - p_1 - \frac{1}{2}\rho v_1^2 \tag{3-3}$$

(4)功率

功率一般指轴功率,用 N 表示,单位为 kW。

(5)转速

转速是指风机叶轮驱动轴每分钟转数,用 n 表示,单位为 r/min。

风机铭牌所给出的参数为标准大气状况下的参数,实际气体状况与标准状况会有所不同时,通风机性能可按相应公式计算。

2. 离心式通风机基本结构和工作原理

离心式通风机基本结构如图 3-14 所示,它由叶轮、蜗壳、集流器及传动组件等组成。

叶轮为通风机的主要工作部件,它由前、后盘,叶片和轮毂构成。叶轮通常采用铝合金材料铆接或焊接加工,并经静、动平衡校正。叶片是叶轮的主要部分,其出口安装角度、形状及叶片数目对风机性能有较大影响。离心式通风机按叶片在叶轮轮缘处的几何出口角度 β_{2g} 的大小,可分为前弯式($\beta_{2g} > 90°$)、径向式($\beta_{2g} = 90°$)和后弯式($\beta_{2g} < 90°$)三种,如图 3-15 所示,叶片本身则有直线型和曲线形。离心风机在叶轮圆周速度一定时其叶片出口角 β_{2g} 愈大,所产生的压头越高。当风机的结构尺寸和转速相同时,前弯式叶轮较后弯式叶轮有更大的压头但后弯式叶轮较前弯式叶轮有较高的效率。因此在风量较大、风压较高的场合一般选用前弯式叶轮;在高效率的情况下采用后弯式叶轮。径向叶轮加工方便,其工作性能介于前弯式叶轮与后弯式叶轮之间。另外,后弯式叶轮由于本身特性,工作中一般

不会超负荷，运行较为安全，是船舶通风机中采用较多的类型。通风机机壳为支撑和包围叶轮的外壳，多为螺旋形，称为蜗壳，其断面沿叶轮转动方向逐渐扩大，起汇集气流作用。船用离心风机的机壳均采用钢质材料焊接而成并制成气密式结构；截面多为方形或圆形，蜗壳后部的出口扩压器起能量转换作用使气流的部分动能转换为压力能，以此克服外界阻力，把气流送出风机。离心风机按其全压 p 的大小可分为高压、中压和低压三类。一般 $p <$ 100 mmH_2O 为低压；100 $mmH_2O \leq p \leq$ 300 mmH_2O 为中压；$p >$ 300 mmH_2O 为高压。风机集流器是风机的空气进口，其作用是让气流均匀地流入叶轮，减小流动损失。进气口有圆筒形、圆锥形、圆弧形、双曲线形，其中，圆弧形使用较多而双曲线形流动阻力损失最小。离心式通风机的传动部分有传动轴、轴承及通风机至电动机间的传动连接件。通风机叶轮用键或闷头螺钉固定在传动轴上。通风机与电动机的连接传动方式有直接传动、皮带传动和联轴器传动三类。船用离心风机多为直接传动和皮带传动。

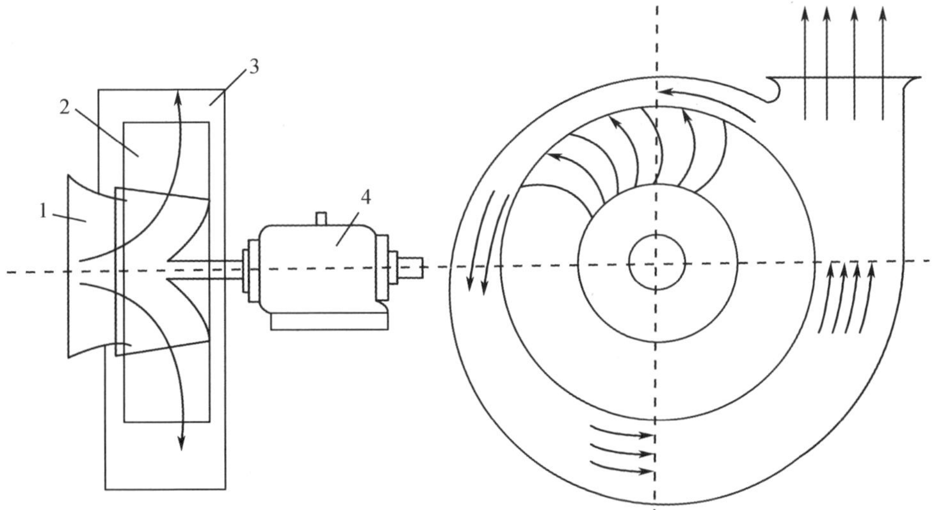

1—进口(集流器)；2—叶轮；3—机壳；4—电动机。

图 3-14 离心式通风机基本结构

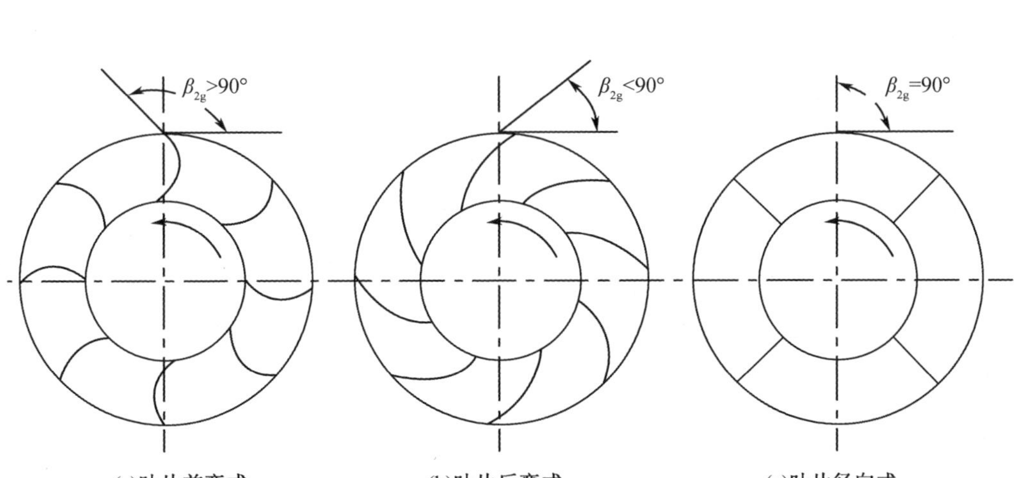

(a)叶片前弯式　(b)叶片后弯式　(c)叶片径向式

图 3-15 离心式风机叶轮结构形式

3. 轴流式通风机基本结构和工作原理

轴流式通风机可分为低压($p<500$ Pa)、高压(500 Pa $<p<$ 5 000 Pa)两种,轴流式通风机基本结构如图3-16所示。它同样由集流器、叶轮、机壳等组成。叶轮安装在圆筒形机壳中,当叶轮由电动机带动高速旋转时,空气则由集流器进入叶轮,并在叶片的作用下,通过能量的转换来提高空气的动能和压力能,实现空气的输送。

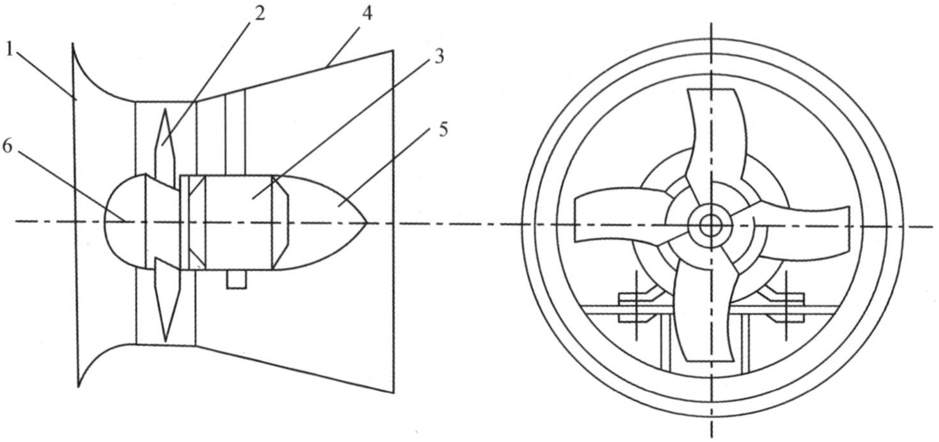

1—集流器;2—叶轮;3—电动机;4—扩压筒;5,6—前后整流罩。

图3-16 轴流式通风机基本结构

船用轴流式通风机的叶轮均直接装在电动机轴上。为了减小阻力,又常在叶轮前面装流线型整流罩,其电机也以流线型整流罩罩起来,以减少空气离开叶轮后因乱流所造成的能量损失。船用轴流式通风机的机壳多采用普通钢、不锈钢制成,叶轮多采用铝合金制成。轴流式通风机可垂直、水平或倾斜安装。船舶通风系统多直接装在通风管道中。

4. 游艇风机的选用与管理

(1)游艇风机的选用

游艇风机分鼓风用通风机和换气用通风机。鼓风用通风机要求选用小型、抗摇摆、抗振动、抗冲击且节能,采用机翼型叶片;换气用通风机可输送空气、含有盐雾的海洋空气、含油雾空气、蓄电池自然蒸发产生的少量酸蒸气等腐蚀性气体。通风机要求防腐蚀性、气密性好,噪声低,为防止腐蚀,可进行镀锌处理。船用风机一般均选择防爆型。

机舱通风机选用时,应使压力和流量满足要求,即在各种负荷下,满足机舱各设备的空气耗量,并使机舱气压略高于大气压。在风机工作数量上,与装置各工况负荷相匹配,必要时使用部分变速风机。

在通风管路设计中,要合理地进行机舱通风机的选用,因此应该对机舱各种设备需要的风量及为保证船上人员安全及健康所需要的空气量进行计算,并在此基础上来确定机舱通风机的排量和压头。

①确定机舱通风机的排量

机舱通风机的排量可按下述三种方法选取。

a. 按通风机应带走设备的散热量计算

这种计算方法的出发点是将机舱温度限制在一定范围内,为了维持机舱内一定的温度,就必须用相应的通风机来带走机舱内各主要设备运行时所产生的热量,从这个观点出

发，通风机排量的计算公式为

$$Q_F = \frac{Q}{60\rho c_{pa} t} \tag{3-4}$$

式中 Q_F——机舱内机械设备的散热量，kJ/h；

ρ——干燥空气的密度，在 20℃，101.3 kPa 时取 1.204 kg/m^3；

c_{pa}——干燥空气比定压热容，取 1.01 k/(kg·℃)；

t——机舱内允许温升，取 5～6 ℃；

Q——主机、柴油发电机和辅助锅炉所散发的热量总和。

[其中，柴油机(包括主机和柴油发电机)的散热量 Q_1 为

$$Q_1 = 3\,600\omega P_n \tag{3-5}$$

(其中，ω 为相对于柴油机功率的散热损失率，2%；P_n 为柴油机额定功率，kW。)

辅助锅炉装置的散热量 Q_2 为

$$Q_2 = G\omega H_u \tag{3-6}$$

(其中，G 为辅助锅炉燃油消耗量，kg/h；H_u 为燃油低发热值，kJ/kg；ω 为散热率，取 0.5%～0.75%。)]

b. 按柴油机及辅助锅炉燃烧所需要的空气量计算

对柴油机来讲，其燃油燃烧所需要的空气量 Q_{F1} 为

$$Q_{F1} = \frac{G_2 V\beta P_e}{60} \tag{3-7}$$

式中 G_2——柴油机燃油消耗率，kg/(kW·h)；

V——燃烧 1 kg 燃油所需要的空气量，在 20 ℃，101.3 kPa 时取 11.6 m^3/kg；

β——过量空气系数，根据柴油机类型选取；

P_e——柴油机额定功率，kW。

对辅助锅炉来讲，其燃油燃烧所需要的空气量 Q_{F2} 为

$$Q_{F2} = \frac{GV}{60} \tag{3-8}$$

式中 G——辅助锅炉燃油消耗量，kg/h；

V——辅助锅炉燃烧所需要的空气量，m^3/kg。

因此，为保证柴油机及辅锅炉燃烧所需的总空气量(即通风机排量)为

$$Q_F = Q_{F1} + Q_{F2} \tag{3-9}$$

c. 按机舱换气次数计算

所谓机舱换气次数就是从保证轮机人员安全操作及机械设备的正常运行的角度出发的，是指每小时内应该将机舱内空气更换的次数，也就是机舱容积的倍数，对一般船舶的机舱来讲，换气次数为 30～40 次/小时。这样机舱通风机的排量 Q'_F 应为

$$Q'_F = V_M\lambda \tag{3-10}$$

式中 V_M——机舱净容积，m^3；

λ——换气次数，次/小时。

一般在设计时，往往是按上述方法计算出三个通风量数值，然后选择其中的最大值作为选用通风机容量的依据。

②确定通风机的压头

在选择通风机时,除了确定其排量外,还要考虑有适当的压头,这个压头取决于风管的布置方式和由此而带来的风管阻力。一般通风机的压头应克服摩擦阻力和局部阻力,并在出风口保持一定的速度。因此,欲计算通风机的压头,则只需计算出管路中的总阻力损失压头,再考虑10% ~20%的余量即可。

通风管路中由于摩擦阻力和局部阻力所造成的总压头损失 p_w,可根据"水力学"有关公式计算

$$p_w = 0.5\rho\left(\sum \lambda \frac{L}{d} + \sum \xi\right)C^2 \tag{3-11}$$

式中 L——直线管长,m;

C——空气流速,一般推荐干管6 ~16 m/s,支管4 ~8 m/s;

ρ——空气密度,在标准状态下取1.2 kg/m^3;

ξ——局部阻力系数,根据管路布置逐一计算;

d——管径,(由于通风管路中常常使用矩形管,为计算方便,一般可用"当量直径"换算成圆形管计算),m;

λ——摩擦阻力系数。

由于通风管路通常都是由钢板或塑料制成的,粗糙度很小,可以看作是工艺上的光滑管,而且在船舶通风中,空气的流动总是处于紊流状态,所以摩擦阻力系数的计算式为

$$\lambda = 0.0032 + 0.221\,Re^{-0.237} \tag{3-12}$$

$$\lambda = \frac{0.3164}{\sqrt[4]{Re}} \tag{3-13}$$

其中,Re 为雷诺数。

一般风管阻力主要来自局部阻力,因此也可将摩擦阻力化为当量局部阻力来计算。

(2)通风机的启动操作

通风机启动前应做好启动前的检查、准备工作,如检查轴承润滑条件是否良好,新装或修理后复装的通风机,启动前还应用手盘叶轮试转,观察有无卡死、摩擦或影响运转的因素,检查所有紧固件。对于带传动通风机,应注意驱动轮与带轮之间的平行与平齐,传动带松紧合适。另外,启动前还应检查电机接线是否正确,绝缘是否在要求范围内。

通风机启动时,先点启动1 ~2次,观察启动状态,叶轮转向。通风机启动后观察风机振动、运行及风机轴承润滑情况,轴承表面测得的轴承温度一般不得高于环境温度40 ℃,振动速度有效值不得超过6.3 mm/s,如有异常,应立即停机。通风机停机,只需关闭电源即可。但如果是停机检查或维修,应在其电源处悬挂"禁止合闸"警告牌。

(3)通风机检修注意事项

通风机在运行中操作人员应注意其风量、风压及电动机电流的变化,必要时进行工况调节。通风机运行中必须经常观察通风机振动、润滑及整个通风系统的工作情况,并做好运行记录。做好风机的日常维护、保养和检修工作。

通风机检修工作主要包括定期拆检和故障维修,拆开后检查气流表面(进风口、叶轮、叶片和机壳内之间的流道)的清洁度,清除表面积灰;检查在叶轮叶片、轮缘或轮盘处及入口或机壳中是否有擦伤。如未发现有异常磨损和变形,可清洁后更换轴承等易损件重新装

复,叶轮与主轴一般采用键连接,孔与轴一般采用过渡配合,在轴的纵向装好紧固装置并锁紧。将叶轮固定好后,测量前后盘外径处径向与轴向跳动量,应不超出规定标准。通风机叶轮表面形状公差见表3-5。

表3-5 通风机叶轮表面形状公差

叶轮直径/mm	<400	400~800	800~1 200	1 200~2 200
前后盘外径处径向跳动量/mm	1.0	1.6	2.0	2.5
前后盘外径处轴向跳动量/mm	1.5	2.0	3.0	5.0

(4)风机常见故障及原因

①风机振动或噪声过大

主要原因包括:a. 叶轮和进风口不同轴;b. 进风口损坏;c. 叶轮弯曲或损坏;d. 轴与轴承松动;e. 叶轮与轴之间松动;f. 带轮固定不好;g. 皮带过松或过紧;h. 电动机或风机底座没有固定好。

②通风量减少

主要原因包括:a. 风机转向不正确;b. 叶轮与进口不同轴;c. 风机转速过低;d. 通风管阻力过大;e. 风门开度不足;f. 滤网过脏。

③风机功率过大

主要原因包括:a. 后倾叶轮装反了;b. 风机转速过高;c. 管路阻力过小(离心式);d. 风管阻力过大(轴流式);e. 滤网漏装。

思考与练习

1. 简述制冷的工作原理。
2. 制冷系统可能用到哪些制冷剂?
3. 制冷系统的基本设备有哪些,工作原理是什么?
4. 简述集中式空调的工作原理。
5. 简述独立式空调的工作原理。
6. 简述通风系统的特点。
7. 规范对通风系统有哪些要求?

第四章　游艇救生设备

为了保证船员和旅客的生命安全，船舶必须按照《国际海上人命安全公约》(the international convention for the safety of life at sea, SOLAS 公约)、《国际救生设备规则》(international life－saving appliances code, LSA 规则)和其他相关的救生设备规范的要求配置各类救生设备。一旦出现紧急情况需要弃船求生时，船上人员可以利用这些救生设备撤离难船，在海上生存和等待救援。

第一节　船舶救生设备的种类和基本要求

一、种类

1. 救生艇

救生艇(life boat)是一种具有一定浮力、强度、航速，能搭载一定人数，属具和备品比较齐全的刚性小艇，是一种非常有效的脱险工具，如图 4－1 所示。

救生艇的主要作用是当船舶遇险时，帮助船员、旅客脱离难船，便于在海上进行求生活动，保障船员、旅客的生命安全。

2. 救生筏

救生筏(life raft)是在船舶遇险时船员使用的一种救生设备，它能迅速地被施放到水面并漂浮在水面之上供人们登乘等待救援。气胀式救生筏是操作简单、使用方便、体积小，可在很短时间内轻易投放到水面的一种救生设备，如图 4－2 所示。

图 4－1　救生艇

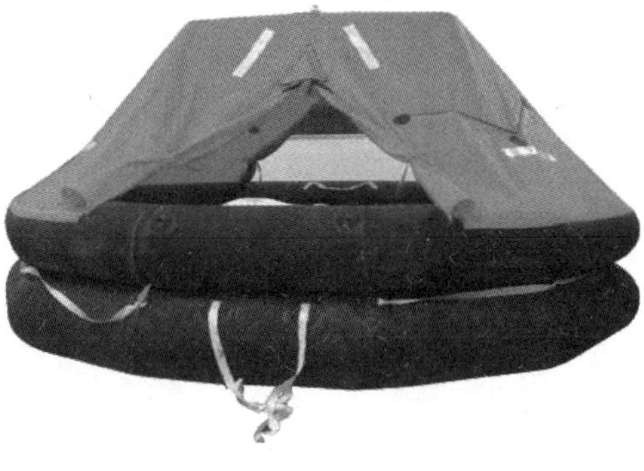

图 4－2　救生筏

3. 救助艇

救助艇(rescue boat)是为救助遇险人员和集结救生艇筏而设计的艇。因此，救助艇具有较好的机动性能和操纵性能，并且配备了相应的救助设备，如图 4－3 所示。

图 4－3 救助艇

4. 个人救生设备

个人救生设备(personal life-saving appliances)包括救生圈,救生衣,保温用具,救生服和抗暴露服。

5. 抛绳设备

抛绳设备(line-throwing appliances)是一种在船舶遇险时,将一根细绳发射到岸上或其他船上的工具,用于传递缆绳和布置救生工具。

6. 视觉信号

视觉信号(visual signals)是为了使周围航行的船舶、飞机及时发现遇险船舶、救生艇筏,使求生者能够得到救助,如图 4－4 所示。

7. 无线电救生设备

船舶遇险时,利用船上配备的无线电救生设备(emergency radio equipment)向救助机构、航行中的船舶、飞机报警,发送船位,通报遇险情况,以达到获救的目的。

8. 海上撤离系统

海上撤离系统(marine evacuation systems)是指装备在客船上,可以将乘客和船员从船舶的登艇甲板迅速转移到海上漂浮的救生筏上的救生设备,如图 4－5 所示。

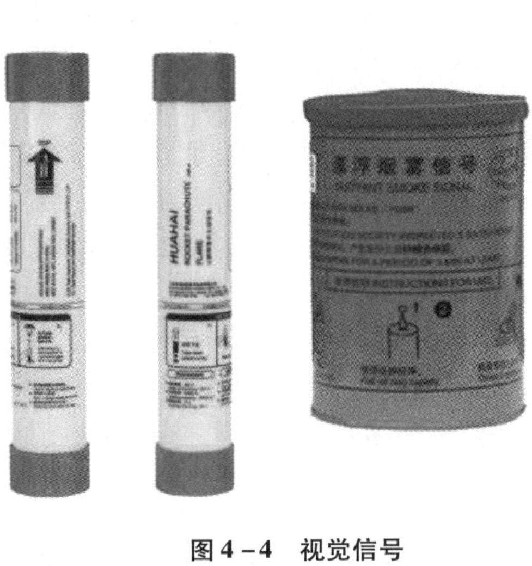

图 4－4 视觉信号

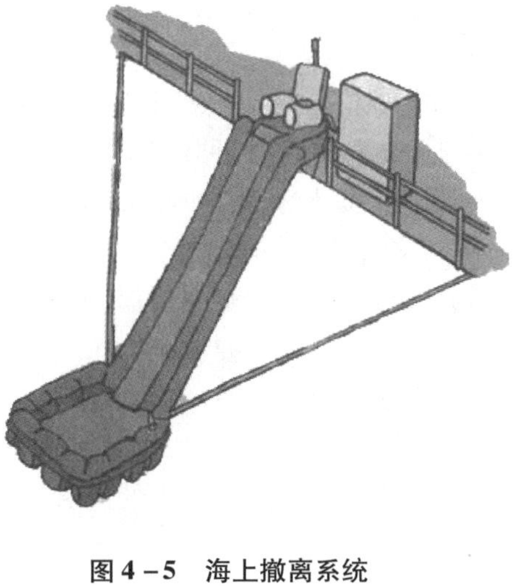

图 4－5 海上撤离系统

二、救生艇的主要技术要求

救生艇应构造完整,艇的开头及尺度比应使其在海浪中有充裕的稳性。载足全部乘员及属具时,应有足够的干舷。救生艇应有刚性的艇体,并在艇体破漏时仍能维持正稳性,以确保海上安全,具体要求如下:

1. 救生艇的尺度与质量

(1)艇长与质量。救生艇的长度(包括自由降落救生艇及专用的救生艇架)一般不小于7.5 m,特殊情况下不得小于5 m;每艘救生艇载足额定乘员及属具后,总质量不超过20 t。

(2)干舷与稳性。当定额的乘员的50%以正常姿势坐在艇中心线一侧时,从水线量至救生艇可能变成浸水状态的最低开口处的干舷,应至少为救生艇长度的15%或100 mm,取其大者。

(3)载足全部额定乘员及属具的全封闭救生艇在倾覆后,就能自行扶正。封闭式救生艇扶正方式如图4-6所示。

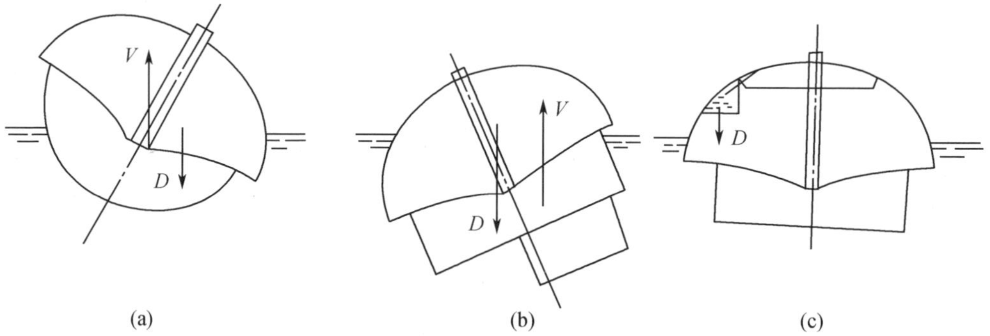

图4-6　封闭式救生艇扶正方式

2. 救生艇的容积与乘员定额

(1)容积,亦称立方容积,应以辛氏法或其他同等的准确方法计算,方艉救生艇的容积应当作尖艉救生艇来计算。

(2)乘员定额,现行国际公约为避免同样尺度的救生艇在不同的国家间定额的差别,做到世界统一,已废除了以艇内容积除以一个常数的方式,乘员定额采用乘坐试验或作图法确定,取其较小者。在乘坐试验中要求乘员穿着救生衣,以人的平均质量为75 kg,以正常姿态乘坐时不致妨碍推进装置及任何属具的操作,得出的试验人数为定额。而作图法是按每一乘员座席尺寸为直径460 mm的圆来布置,此圆考虑了人的臀部,膝脚等投影。

(3)救生艇的额定乘员不应超过150人,乘员定额为60~100人的救生艇,应为机动救生艇或为机械推进的救生舰艇,而大于100人时,应为机动救生艇。

3. 救生艇的浮性要求

救生艇应具有固有浮力,或应设有不受海水、原油或油产品不利影响的固有浮力材料,当艇内浸水和破损通海时,仍足以将满载全部属具的救生艇浮起。每个救生艇额定乘员应另外配备相当于280 N浮力的固有浮力材料,此浮力材料不得设在艇体以外。

4. 救生艇的航速要求

当载足全部乘员和属具，并且所有发动机驱动的辅助装置均运转时，救生艇在平静水中前进的航速应至少为 6 kn，而当拖带一只 25 人救生筏载足全部乘员和属具或相等负载时，救生艇在平静的水中前进的航速至少应为 2 kn。燃料可供满载救生艇以 6 kn 航速运行 24 h。

5. 救生艇的强度

每一救生艇应有足够的强度，金属救生艇艇体应在经受其载足全部乘员和属具的总质量的 1.25 倍负荷，或其他救生艇经受其总质量的 2 倍负荷，卸去负荷后无残余变形。每一救生艇在载足全部乘员和属具后，能承受碰撞速度至少为 3.5 m/s 的船舷水平冲击力；能经受 3 m高度的投落下水；当船舶在平静水中以 5 kn 航速前进时，救生艇能降落在水中并被拖带。

第二节 救生艇、救助艇和救生筏

救生艇、救助艇和救生筏是船上配备的大型救生设备，它具有载员多、属具和备品齐全、施放快速、操纵简捷、机动性强、安全性高等特点。当弃船后，求生者操纵其能较长时间地在海上进行自救和待救，是船舶必备的有效脱险工具之一。

一、救生艇

1. 救生艇的种类

救生艇按照结构形式的不同可分为开敞式救生艇、部分封闭式救生艇和全封闭式救生艇三种。

（1）开敞式救生艇

开敞式救生艇是指一种在艇缘以上部分没有固定刚性顶篷装置的救生艇，如图 4 –7 所示，开敞式救生艇上层比较宽敞，人员登乘和在艇内活动非常方便，操作简便，视域好，但由于其没有顶篷装置，人员完全暴露于自然环境中，在天气炎热时，人员会受到烈日暴晒，易发生中暑和日晒病，在冬天，如果没有保暖防护物品，人员会受到寒冷的伤害，遇到 4 ~5 级以上风浪时，人员及救生艇会受到海浪侵袭。

此外，开敞式救生艇在水中如被风浪打翻，靠救生艇内人员自身的力量难以扶正。

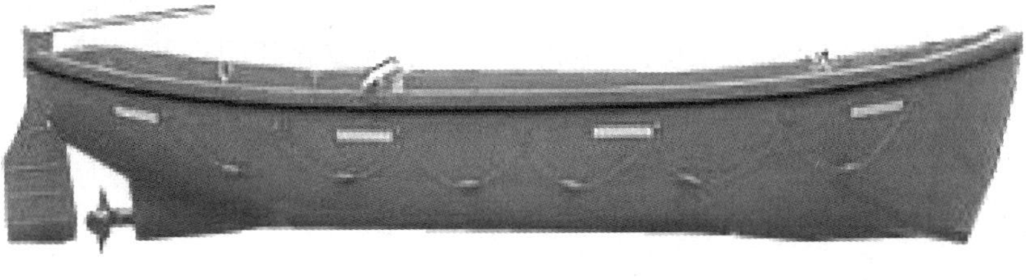

图 4 –7 开敞式救生艇

（2）部分封闭式救生艇

部分封闭式救生艇是指在艇首和艇尾各有不少于艇长 20% 的固定的刚性顶篷，中间设有可折式顶篷的救生艇，如图 4 –8 所示，主要用于巡航船，渡船和客船等。此类救生艇的出入口较封闭式救生艇大，在正常情况下登乘时，可方便较多人员从一舷或两舷出入口同时登乘,可折式顶篷连同刚性顶盖形成了一个能挡风雨的遮蔽,使艇内人员免受风雨海浪的侵袭和烈日的暴晒。艇首尾部的出口及两舷的可折式出入口,在开启时可用来通风,关闭时能防止海水和寒气侵入。这种救生艇既保留了开敞式救生艇的优点,又克服了人员完全暴露在自然环境中的缺点,只是,这种救生艇如果翻覆后,艇内人员的逃出就不如开敞式救生艇方便。

图 4－8 部分开敞式救生艇

(3)全封闭式救生艇

全封闭式救生艇是一种在救生艇的上部设有封闭的固定刚性顶篷装置的救生艇。如图 4－9 所示,为方便艇员出入救生艇,全封闭式救生艇两舷及首尾部设有内外能开启和关闭的通道盖。关闭通道盖时能够保障救生艇具有良好的水密性和艇内隔热保温性,艇的顶部设有洒水降温装置,固定顶篷装置上的顶窗能使足够的日光射进舱口关闭的救生艇内。此类型救生艇可以使人员在艇内免受风雨、海水的侵袭和烈日的暴晒,并具有自行扶正功能。

图 4－9 全封闭式救生艇

尽管现有全封闭式救生艇的出入口较小,人员登乘不方便,艇内观望视域不如开敞式救生艇开阔,但它的安全可靠性已得到国际航海界的一致认同。因此,国际海事组织将全封闭式救生艇纳入国际航行客船和货船必须配备的主要救生设备。

按救生艇的施放方式可以分为重力艇架式救生艇和自由降落式救生艇。

2. 救生艇的存放

救生艇存放在船舶的两侧或船尾,并尽可能靠近起居处所和服务处所,便于船员和旅客的登乘。同时在救生艇附近设有集合站,能容纳指定在该集合站的所有人员。

在集合站及通往集合站的通道、楼梯和出入口设有应急照明灯及指引标志。

3. 救生艇的配置要求

(1)救生艇及其存放装置,不应妨碍存放在其他任何位置的救生设备的使用。

(2)在安全可行的情况下,尽可能靠近水面,当满载船舶在不利纵倾情况下向任何一舷横倾达 20°或横倾到船舶露天甲板的边缘浸入水中的角度时,应离水线以上不少于 2 m。

(3)应处在立即可使用状态,使 2 名船员能在不到 5 min 内完成登乘和降落准备工作。

(4)在可行范围内,船舶的布置应对处于存放位置的救生艇加以保护,免受巨浪、火灾或爆炸所引起的损坏。

(5)顺船舷降落的救生艇应尽量存放在远离推进器的地方。在船长为 80 m 及以上但少于 120 m 的货船上,救生艇存放应使其尾端至少在推进器之前不少于救生艇长度的地方,在船长为 120 m 及以上的货船与 80 m 及以上的客船上,救生艇存放应使其尾端至少在推进器之前不少于 1.5 倍救生艇长度的位置。

(6)对吊架降落的救生艇,其在登乘位置的吊架顶部至最轻载航行水线之间的高度应尽可能不超过 15 m。

(7)救生艇应在其降落设备上存放,并随时处于立即可用状态。

4. 救生艇属具

所要求的各项救生艇属具都应绑扎在救生艇内、储存在柜内或舱内、储存在托架内或类似的支架装置或以其他适宜的方式系固于救生艇内,但是,如果救生艇靠吊艇索降落,艇钩应不加固定以供撑开救生艇,属具的系固方式应不致妨碍任何弃船步骤。各项救生艇属具应尽可能小巧轻便并应包装合适而紧凑。

除另有说明以外,每艘救生艇的正常属具应包括:

(1)除自由降落救生艇以外,其他救生艇应配备足够数量的可浮桨,以供在平静海面划桨前进。所配备的每支桨应配齐桨架、桨叉或等效装置。桨架或桨叉应该以短绳或链条系于艇上。

(2)带钩艇篙 2 支。

(3)可浮水瓢 1 只,水桶 2 只。

(4)救生手册 1 本。

(5)具有发光或适当照明装置的操舵罗经 1 只,在全封闭救生艇内,该罗经应固定在操舵位置,对任何其他救生艇,必要时应为该罗经配备 1 只罗经柜以保护它免受气候影响,并且应配备支架装置。

(6)适当尺度的海锚 1 只。

(7)艏缆 2 根,其长度应不小于从救生艇存放位置至最轻载航行水线距离的 2 倍或 15 m,取其长者。自由降落救生艇的 2 根艏缆应设置在救生艇的前端附近备用。

(8)太平斧 2 把,救生艇每端各 1 把。

(9)水密容器数个,内装总量为救生艇额定乘员每个人 3 L 的淡水,其中每个人所需1 L 的淡水可用 2 天内能生产等量淡水的海水除盐器来代替,或者其中每个人所需 2 L 的淡水可用 2 天内能生产等量淡水的人工逆渗透除盐器(海水除盐器)来代替。

(10)附有短绳的不锈水勺 1 个。

(11)不锈饮料量杯 1 个。

(12)总数为救生艇额定乘员每个人热量不少于 10 000 kJ 的口粮,该口粮应保存于气密包装内并存放在水密容器内。

(13)火降落伞火焰信号 4 支。

(14)手持火焰信号 6 支。

(15)漂浮烟雾信号 2 支

(16)适于发莫尔斯信号的防水手电筒 1 只,连同备用电池 1 副及备用灯 1 只,装在水密容器内。

(17)日光信号镜 1 面,包括与船舶和飞机通信用法须知。

(18)印在防水硬纸上或装在防水容器内的救生信号图解说明表 1 张。

(19)哨笛或等效的音响号具 1 只。

(20)急救药包 1 套,置于用后可盖紧的水密箱内。

(21)每个人配备至少足够 48 h 用量的防晕船药和清洁袋 1 个。

(22)以短绳系于艇上的水手刀1把。

(23)开罐头刀3把。

(24)系有长度不小于30 m浮索的可浮救生环2个。

(25)如果救生艇不是自动排水的,应配备1只手摇泵。

(26)钓鱼用具1套。

(27)对发动机及其附件作小调整用的足够数量的工具。

(28)适用扑灭油类火灾的认可型可携式灭火器1只。

(29)探照灯1具,垂直和水平扇面至少为6°,所测的光强为2 500 cd,能连续工作时间不少于3 h。

(30)有效的雷达反射器1具,除非救生艇内存有一只搜救雷达应答器。

(31)足供不少于救生艇额定乘员10%用的保温用具或2件,取其大者。

(32)如主管机关在考虑该船所从事的航行性质和时间认为口粮和钓鱼用具为不必要者,可准予免除。

二、救助艇

救助艇是为救助遇险人员和集结救生艇、救生筏而设计的艇。救助艇具有较好的机动性和操纵性,并且配备了相应的救助设备。若救生艇能符合救助艇的要求,可将救生艇作为救助艇使用。

1. 救助艇的种类

目前在海船上配备使用的救助艇,从制造材料上来分类,大致可分为三类:刚性救助艇、充气式救助艇和混合式救助艇。

(1)刚性救助艇

刚性救助艇是由刚性材料(如玻璃钢)制成的救助艇,是目前船上使用比较普遍的一种救助艇,如图4-10所示,它由阻燃玻璃钢制成,在内壳与外壳间充满了聚氨酯泡沫,提供给救助艇足够的浮力。如果在水线以下的艇体有损坏,艇体仍可提供足够的浮力使艇安全漂浮于水面上。救助艇两侧设有耐油泡沫护舷,外有两层紧固橡胶以便更换,救助艇两侧设有刚性扶手以便乘员上下艇。

图4-10 刚性救助艇

(2)充气式救助艇

充气式救助艇是由橡胶材料制成的,由内充空气的浮力胎构成,并且配备舷外发动机的救助艇,俗称橡皮艇,如图4－11所示。

图4－11 充气式救助艇

(3)混合式救助艇

混合式救助艇是指艇体材料中既有刚性材料又有橡胶材料的救助艇,如图4－12所示。

图4－12 混合式救助艇

2. 救助艇的存放

救助艇的存放位置和救生艇相同,也位于船舶两舷侧,并尽可能靠近起居处所和服务处所,附近有较宽的集合场地,便于船员和旅客登乘。

3. 救助艇的配置要求

(1)救助艇在船上应始终保持准备使用状态,要求达到在5 min之内就能够降落。

(2)救助艇的存放位置应不影响其他任何位置救生设备的使用。

(3)救助艇应该存放在便于降落和回收的位置上。

(4)如果是救生艇兼作救助艇,其存放的位置还应该符合救生艇存放的要求。

4. 救助艇的属具

每救助艇的正常属具应包括以下内容:

(1)足够数量的可浮桨或手划桨。

(2)可浮水瓢1只。

(3)罗经柜1具,内装有涂有发光剂或具有适宜照明装置的有效罗经。

(4)海锚1个和配有足够强度锚索的回收索(如设有)1根,其长度应不小于10 m。

(5)足够长度和强度的艏缆1根、附连在脱开装置上,并设置在救助艇的前端。

(6)长度不小于50 m的可浮索1根,具有足够拖带符合要求的救生筏的强度。

(7)可以发莫尔斯信号的防水手电筒1只,连同备用电池1副及备用灯泡1只,装在防水密容器内。

(8)哨笛或等效的音响号具1只。

(9)急药包1套,置于用后可盖紧的水密箱内。

(10)系有长度不小于30 m浮索的可浮救生环2个。

(11)探照灯1盏,其水平和垂直扇面至少为6°,所测得的光强为2 500 cd,连续工作不少于3 h。

(12)有效的雷达反射器工具。

(13)足供10%救助艇额定乘员使用的保温用具或两件保温用具,取其大者。

(14)适用于扑灭油火的认可型可携式灭火器1具。

(15)除上述要求的属具以外,每艘刚性救助艇正常属具还应包括以下内容:

①带钩艇篙1支;

②水桶1只;

③小刀或太平斧1把。

(16)除此以外,每艘充气式救助艇正常属具还应包括以下内容:

①可浮安全小刀1把;

②海绵2块;

③有效的手动充气器或充气泵1具;

④装在适当容器内的修补破洞的修补工具1套;

⑤安全艇篙1支。

三、救生筏

救生筏是供海上求生人员逃生及求生使用的一种专门筏体。它能被迅速地施放并漂浮在水面之上,供人员登乘,等待救援。

1. 救生筏的种类

救生筏一般有气胀式救生筏和刚性救生筏(传统救生筏)两种不同形式。

(1)气胀式救生筏

气胀式救生筏如图4-13所示,是目前使用最广的一种救生筏。其操作简单、使用方便、体积小,可在很短的时间内轻易地投放到水面上。

气胀式救生筏根据其施放方式不同有抛投式救生筏和吊放式救生筏(吊架降落救生筏)两种。其中最为常见的是抛投式救生筏,吊放式救生筏多用于客船,如图4-14所示。

(2)刚性救生筏

刚性救生筏也称传统式救生筏,是在救生筏的四周采用镀锌铁皮、铝合金板、不锈钢板或硬塑料类材料制成若干个联体空气箱作为救生筏的主体浮力部分,然后外面覆盖或不覆盖阻燃材料,筏的顶部设有固定式刚性顶篷和出入口,筏的底部为木质花格板。平时固定存放在船边斜面滑架上或驾驶台甲板处,施放时打开滑架固定钩,便由滑架自行滑落下水或是用吊筏架施放下水。

此类救生筏最大的特点是结构简易、造价低廉,但其体积大、笨重且载员少,存放占地面积大，施放、维护和登乘都不及气胀式救生筏方便，故目前已极少使用。

图 4－13 气胀式救生筏

图 4－14 吊放式救生筏

2. 救生筏的存放

气胀式救生筏平时存放在玻璃钢制成的存放筒内，置在船舶两侧专用的筏架上，如图 4－15 所示。

3. 救生筏的施放

气胀式救生筏使用时可将筏连同存放筒一起直接抛入水中，救生筏即可自动充胀成形，供遇险人员乘坐。如果船舶下沉太快，来不及将其抛入水中，当船舶下沉到水下一定深度时，筏架上的静水压力释放器会自动脱钩，释放出救生筏，救生筏会浮出水面并自动充胀成型。

其施放步骤如下：

（1）将静水压力释放器上链钩开口销拉脱，推出小环，使链钩下坠，或者旋转手动脱钩装置向上，筏即从筏架滑向海面，如图 4－16 所示。

图 4－15 气胀式救生筏存放筒和筏架

图 4－16 脱开静水压力释放器

（2）不能自动滑落的救生筏需要将救生筏抬起，抛投入水中，如图 4－17 所示。

图 4－17 抛投救生筏

(3)救生筏抛入水中后仍未胀开时,须继续拉出艏缆,如图 4－18 所示,打开充气钢的阀门,使筏充胀成型浮于海面。

图 4－18　拉艏缆打开充气阀

(4)筏入水后呈翻覆状态,则应扶正,扶正人员穿救生衣,爬上筏底,站在钢瓶一边,双手拉筏底扶正带,下蹲往后仰,注意应迎风扶正,如图 4－19 所示。

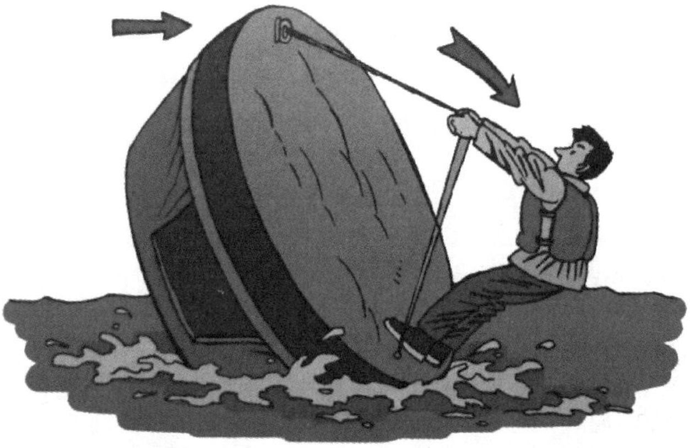

图 4－19　扶正救生筏

4. 救生筏的配置要求

(1)救生筏的存放位置,应该不能影响放在其他任何位置的救生设备的操作。

(2)救生筏在船上要保持良好的技术状况,始终处于准备使用的状态。

(3)每只救生筏在存放时,应该将艏缆牢固地系在船上。

(4)救生筏的存放位置,应该能用人工将其从系固装置上解脱,释放救生筏。

(5)吊架降放的救生筏,应该存放在吊钩所能达到的范围内。

(6)抛投式救生筏的存放应该能够转移到任一舷进行释放。

(7)在可行的情况下,存放位置应该设在有遮蔽的场所,以免受火灾或爆炸影响而损坏。

(8)油船上配备的救生筏,不应该存放在货油舱、污油舱或其他含有爆炸性、危险性货舱上或者上方(在船首额外存放的筏除外)。

(9)在船首额外配备的救生筏,其存放的要求是在船首合理可行的范围内,以可以用人力脱开的方式系牢。

(10)在安全可行的情况下,救生筏的存放位置应尽可能靠近水面,在船舶纵倾达10°并向任一舷横倾20°的不利情况下,其存放或登乘的位置应该在水线以上至少2 m(抛投降放的救生筏除外)。

(11)在救生筏的存放位置应该张贴国际海事组织规定的标记,说明该位置存放的设备、用途及数量。

5.救生筏的属具

(1)每具救生筏的正常属具应包括:

①系有不少于30 m长浮索的可浮放助环1个。

②装有可浮柄的非折叠式小刀1把,系以短绳,并存放在顶篷外面靠近艏缆与救生筏连接处的袋子内。另外,额定乘员为13人或13人以上的救生筏应加配一把小刀,该小刀不必是非折叠式的。

③可浮水瓢1只。(额定乘员为13人或13人以上的救生艇可配有可浮水瓢2只)。

④海绵2块。

⑤海锚1只。

⑥可浮手划桨2支。

⑦开罐头刀3把和剪刀1把。

⑧急救药包1套,置于使用后能紧密关闭的防水箱内。

⑨哨笛或等效的音响号具1只。

⑩火箭降落伞火焰信号4只。

⑪手持火焰信号6只。

⑫漂浮烟雾信号2支。

⑬适于发莫尔斯信号的防水手电筒1只,连同备用电池1副及备用灯泡1只,装在同一防水容器内。

⑭有效的雷达反射器1具,除非救生筏内存放有1只救生艇筏雷达应答器。

⑮日光信号镜1面,并标有与船舶和飞机通信的用法须知。

⑯印在防水硬纸上或装在防水容器内的救生信号图解说明表1份。

⑰钓鱼用具1套。

⑱总数为救生额定乘员每个人不少于10 000 kJ的口粮,这些口粮应在建议的储存期内保持可口,能够食用,且其包装方式容易分开和打开。口粮应保存于气密包装内并储存于防水容器内。

⑲防水容器数个,内装有总量为救生筏额定乘员每人1.5 L的淡水,其中每人所需的0.5 L可用2天内能生产等量淡水的海水除盐器来代替或每人所需的1 L可用2天内能产生等量淡水的人工逆渗透除盐器来代替。

⑳不锈饮料量杯1个。

㉑救生筏额定乘员每个人配足够48 h用的防晕船药以及清洁袋1只。

㉒救生须知。

㉓紧急行动须知。

㉔足供10%的救生筏额定乘员使用的保温用具或2件保温用具,取其最大者。

(2)配齐上述属具配备的救生筏上,内装应急袋型号所要求的标志应该是印刷体大写罗马字母标明的"SOLAS A PACK"字样。

(3)从事短程国际航行的客船,如主管机关在考虑到航程性质和时间后认为上述规定属具的全部项目不都是必要的,主管机关可准许这些船上所载的救生筏配备(1)中①~⑥、⑧、⑨、⑬~⑯、㉑~㉔所规定的属具,以及⑩~⑫规定的属具的半数。在这些救生筏上,内装应急袋型号所要求的标志应是以印刷体大写罗马字母标明的"SOLAS B PACK"字样。

(4)凡适宜者,属具应该收存在容器内,如容器不是救生的整体部分或固定地附于救生筏上的,则容器应存放并系牢在救生筏内,并能在水面漂浮至少30 min,不会损坏其内存属具。

思考与练习

1. 游艇上有哪些救生艇,特点是什么?
2. 游艇上有哪些救助艇,特点是什么?
3. 游艇上有哪些救生筏,特点是什么?

第五章　游艇辅助管路系统

在船舶动力装置中，“管路系统”是指专门用于输送流体（液体或气体）的成套设备，以保证船舶动力装置可靠地工作及船舶安全航行而设置的辅助机械、辅助设备、检测仪表、附件及管路的总称，简称管系。

游艇属于船舶类型中的一种，大中型游艇具有舱底水管系、压载水管系、消防水管系、生活水管系、通风管系及舱室空气调节管系等辅助管系，在其他章节中已经介绍过通风系统和空气调节系统，本章就不介绍了。

第一节　管路系统的基本知识

一、管材种类、规格及使用范围

由于船舶上各种管路种类繁多，其工作介质的压力、温度、流量及腐蚀性也各不相同，因此，就需要船用管材分别具有各种不同的性能来满足这些要求。下面仅对几种常用的管材进行介绍。

1. 无缝钢管（碳钢与低合金钢）

无缝钢管的材料牌号：优质碳素钢为 10 号、20 号、30 号等；普通碳素钢为 Q35 - A 类等；合金钢为 10Mn2、15MnV 等；不锈钢为 10Ti、1Cr18Ni10Ti 等。

无缝钢管的特点是强度高和工艺性好。所以，在船舶各管系选材中被广泛使用。

（1）Ⅰ级管和Ⅱ级管必须使用无缝钢管。

（2）蒸汽管、压缩空气、控制空气、燃油、滑油、液压、冷却水、消防水、舱底压载等系统一般也要使用无缝钢管。

（3）油舱内加热盘管及化学品船的液货和相关管系要使用无缝不锈钢管。

2. 焊接钢管

除必须使用无缝钢管的管系外，均可使用焊接钢管。但是，Ⅰ级和Ⅱ级管选用焊接钢管时必须经船级社认可的工厂按认可的焊接工艺制造。

3. 无缝铜管

无缝铜管常用的有紫铜管和黄铜管两种，紫铜管是由含铜量 99.5% 以上的纯铜拉制或挤制而成，黄铜管由铜基合金制成，两者相比较，紫铜管的韧性稍高一些，黄铜管的强度稍高一些。紫铜管的材料牌号有 T1、T2、T3、T4、TUP 等，黄铜管的材料牌号有 H68、HSn70 - 1、HPb59 - 1、HFe59 - 1 - 1 等，因制造厂供应的铜管均未退火，故在加工过程中，首先应对弯曲部位进行退火，退火温度一般为 550 ~ 650 ℃。

无缝铜管与无缝钢管相比较，它最突出的特点就是耐腐蚀性大大优于无缝钢管。当然，它的强度相对低一些，特别是经退火以后，它的强度大约降低 30% 。

（1）Ⅰ级和Ⅱ级管可选用无缝铜管。

（2）海水冷却系统的海水泵的吸排主管道可选用无缝铜镍管或无缝铝黄铜管。

(3)仪表管应采用无缝铜管。

4. 双金属管

所谓的双金属管是指管子由两种不同的金属组合而成的。即外层由10号优质碳素钢制成,内层由T4铜制成。所以,这种管子具备了无缝钢管和无缝铜管的双重特点,既有较高的强度又有较强的耐腐蚀能力。这种管子的缺点是工艺性相对差一些。

5. 塑料管

船用塑料管由耐冲击的硬聚氯乙烯材料制成。它的特点是重量轻、耐腐蚀,但耐温和耐火性差。

目前,塑料管所输送的工作介质的温度要限制在0~60 ℃。最大允许内压力应不大于在其使用温度下爆破压力的1/4。可用于Ⅲ级管路中的液货、原油清洗、滑油、液压油、舱底水等。

6. 玻璃纤维增强塑料管

玻璃纤维增强塑料管属于复合型材料,以树脂为黏接剂,以玻璃纤维及其制品为增强体的复合材料。船上所用玻璃纤维增强塑料管,主要用于油船的专用压载水管(压载舱内管)。但因价格较高,一般均在船东指定时才采用。

二、管材选用原则

各种管路所用管子材料的选择应根据管路的用途、介质的种类和参数(压力、温度)而定。

1. 总的原则

管子的选用主要应遵循在满足使用要求、保证工艺要求的前提下,尽量降低经济成本的原则。

2. 一般情况

(1)各种管路一般均应采用钢质管(无缝钢管或焊接钢管)。

(2)仪表管应使用无缝铜管。

3. 特殊情况

除钢管外,可按船东要求选用下列管材。

(1)海水冷却管,可使用镀塑钢管、铜合金管。

(2)油舱加热盘管,可采用铜合金管或不锈钢管。

(3)油船专用压载水管,可用玻璃纤维增强塑料管。

(4)饮水管,可用不锈钢管。

(5)化学品船的液货管路及相关管路,应采用不锈钢管。

三、连接附件

连接附件的功能是将系统中的机械、设备、仪表、附件和管子等相互连接起来,并给安装和检修带来便利。连接方式主要有法兰连接、螺纹连接和焊接连接三种。

1. 法兰连接

法兰是连接附件中最可靠的连接方法之一,使用范围也很广泛,可用于公称通径 $DN \geq$ 20 mm 的各种管子的连接,应用时可根据需要按标准选用。目前,常用的法兰种类有搭焊法兰、对焊法兰和松套法兰等。

(1)搭焊钢法兰

这种船用法兰的特点是结构简单、制造方便,适用于公称通径为 10 ~ 2 000 mm,公称压力 $PN \leqslant 0.25 \sim 1.6$ MPa,工作温度低于 300 ℃的各种钢管的连接,制造这种法兰的材料一般为普通碳素钢中的 Q235 - A 类。如果连接不锈钢管,其法兰材料也相应为管子的同种材料。如图 5 - 1 所示。

(2)对焊钢法兰

这种船用法兰与管子采用对接焊的形式,加之法兰本体用 Q235 - A 类普通碳素钢浇铸毛坯,经锻造、热处理后制成,所以能够承受较高的压力和温度。

船用对焊钢法兰有两种结构形式。如图 5 - 2 所示为一般的铸钢对焊钢法兰,它的密封面结构与搭焊钢法兰的密封面结构相同,它适于公称压力 $PN \leqslant 2.5$ MPa,工作温度低于 400 ℃,DN 为 10 ~ 600 mm 的各种钢管的连接。

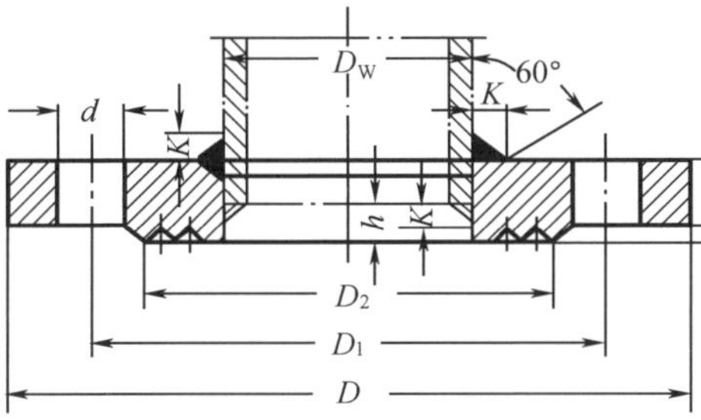

图 5 - 1 搭焊钢法兰

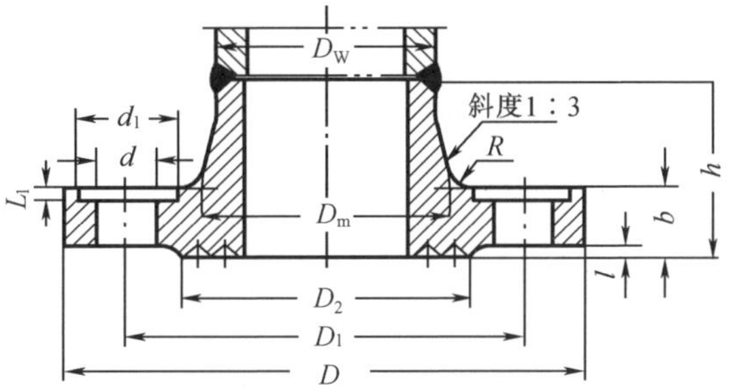

图 5 - 2 *PN*25 对焊钢法兰

如图 5 - 3 所示为法兰密封面带有凸肩和凹槽匹配使用的铸钢对焊钢法兰,这种密封结构较大地提高了它的耐压能力,一般可承受的 PN 为 4.0 ~ 6.4 MPa。最高耐温能力也为 400 ℃,DN 为 10 ~ 500 mm。这种结构的法兰,主要用于蒸汽、压缩空气及 1211 灭火等高温高压管路的连接。

由于这种法兰采用凸肩和凹槽匹配密封结构,无疑对法兰与管子的装配焊接精度提出了较高的要求,因此它给施工带来了一定的困难。

(3)船用铸钢法兰

船用铸钢法兰的结构形式与对焊钢法兰基本相同,只不过它用 ZG25II 经机加工而成,它的 PN 为 0.25 ~ 6.4 MPa。其中,0.25 ~ 1.0 MPa的 DN 为 10 ~ 2 000 mm,1.6 ~ 2.5 MPa 的 DN 为 10 ~ 1 000 mm,6.4 MPa 的 DN 为10 ~ 500 mm。

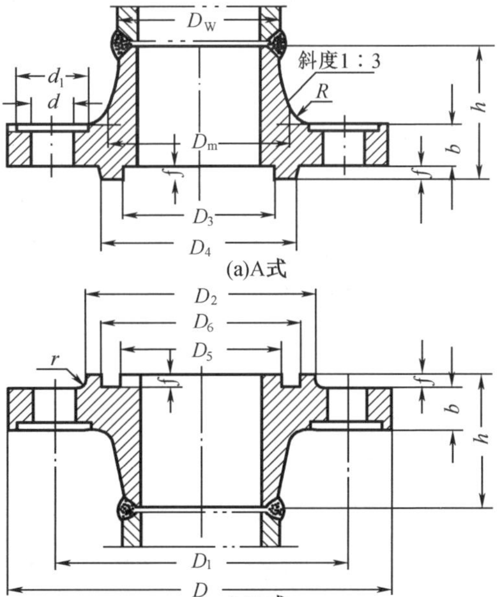

图 5 - 3 *PN*40、*PN*64 对焊钢法兰

(4)椭圆形搭焊钢法兰

如图5－4所示,椭圆形搭焊钢法兰只使用两个螺栓连接,法兰密封面的四周受力是不均匀的,所以只适于 $PN<0.6$ MPa,工作温度低于200 ℃,DN 为10～40 mm的管路上,这种法兰的优点是体积小,适宜用于空间狭窄的场所。

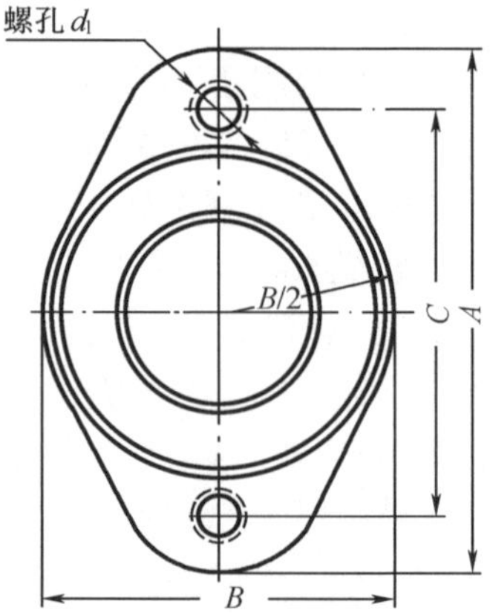

图5－4　椭圆形搭焊钢法兰

(5)松套钢法兰

如图5－5所示是四种不同形式的松套钢法兰,它们的共同特点是能够在管子上自由回转,这样就给管子的制造与安装带来了方便,但是由于它的密封采用的是与管子焊在一起的附加环,增加了厚度,因此,它所使用的螺栓也需要相应加长。

如图5－5(a)所示为搭焊钢松套钢法兰,此种法兰一般用于 $PN\leqslant0.5\sim2.5$ MPa,DN 为10～500 mm,温度低于300 ℃的管路上。

如图5－5(b)所示为搭焊钢环松套钢法兰,用于连接 PN 为2.5～6.4 MPa,温度低于400 ℃的各种钢管。

如图5－5(c)所示为搭焊铜环松套钢法兰,用于连接 $PN\leqslant2.5$ MPa,温度低于250 ℃的各种铜管。

如图5－5(d)所示为铜管折边松套钢法兰,用于连接 $PN\leqslant0.6$ MPa,温度低于250 ℃的各种铜管。这种法兰看起来似乎结构简单,装配也简单,只需要管子折边就可以了。其实不然,第一,折边需要加热,如果加热温度和折边速度控制不当,在折弯处易产生裂纹;第二,折边宽度不易控制,容易造成管子总长度值超差,进而影响管子的安装量。

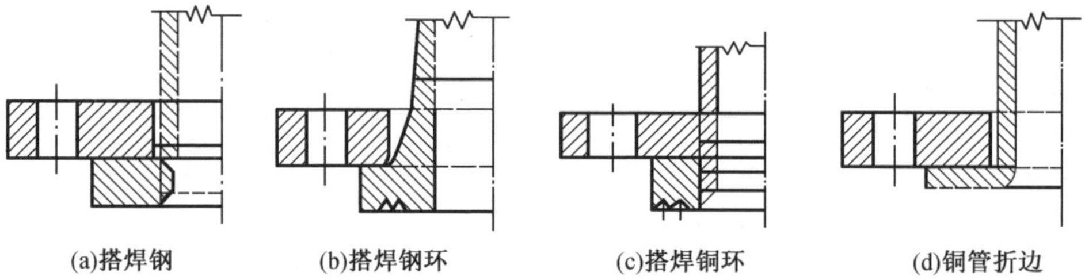

(a)搭焊钢　(b)搭焊钢环　(c)搭焊铜环　(d)铜管折边

图5－5　松套钢法兰

(6)搭焊铜法兰

搭焊铜法兰主要用于铜管的连接,特别是水下产品,所有 $DN>32$ mm的铜管,均采用这种法兰连接。制造这种法兰的材料为硅黄铜,其牌号为HSi80－3,$PN\leqslant0.6\sim1.5$ MPa,DN 为10～500 mm。搭焊铜法兰的工作温度均应低于250 ℃。

(7)船用铸铜法兰

制造船用铸铜法兰的材料相对较多,比如有ZHSn80－3、ZQSn8－4、ZQAL9－2、ZHMn58－2等。它的 PN 为0.6～4.0 MPa,其中0.6 MPa的 DN 为10～100 mm,2.5 MPa的 DN 为10～500 mm,4.0 MPa的 DN 为10～100 mm。

2. 螺纹接头

螺纹接头的特点是尺寸小,质量轻,拆装方便,使用可靠。这类接头通常都是成品,材料一般为碳钢、镍铬钛钢、黄铜和青铜等。螺纹接头主要用于 *DN* 为 3 ~ 32 mm 的管子与管子、管子与附件、管子与设备的连接。

螺纹接头按其耐压能力可分为低压螺纹接头(*PN*≤1.6 MPa)、中压螺纹接头(*PN* 为 1.6 ~ 10.0 MPa)和高压螺纹接头(*PN* 为 10.0 ~ 16.0 MPa)。若按螺纹接头密封面的结构特点又可分为平肩螺纹接头和球面螺纹接头,还可以分为搭焊螺纹接头和对接焊螺纹接头。

(1)中间螺纹接头

这种螺纹接头用于两根管子之间的连接,其结构如图 5 – 6 所示,其中图 5 – 6(a)为低压中间螺纹接头,图 5 – 6(b)为中压中间螺纹接头,图 5 – 6(c)为高压中间螺纹接头。

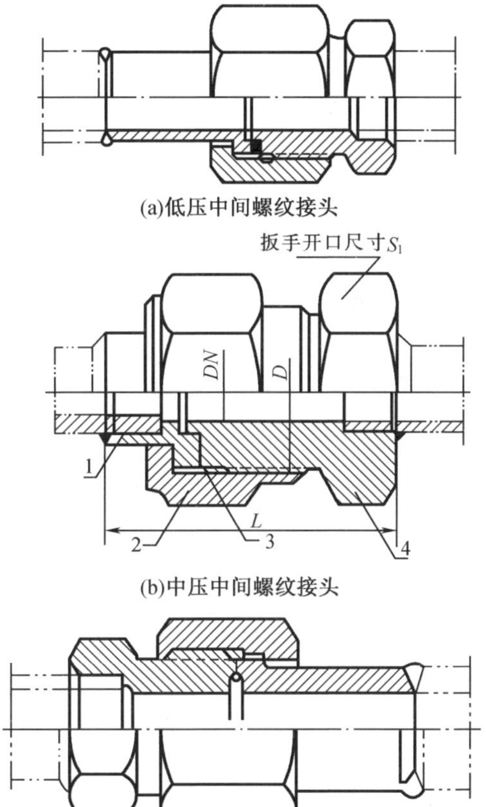

1—A 型平肩接头;2—外套螺母;3—垫片;
4—A 型中间螺纹接头。

图 5 – 6　中间螺纹接头

(2)旋入螺纹接头

旋入螺纹接头主要用于管子与带内螺孔的机械设备或附件的连接,根据耐压能力不同,也可分成低压旋入螺纹接头、中压旋入螺纹接头和高压旋入螺纹接头。

(3)支管螺纹接头

支管螺纹接头是用来连接两根轴线相交的管子(一般两轴线均为垂直),支管螺纹接头适用于 *PN* 为 4.0 MPa 以下的管子的连接。

(4)异径螺纹接头

异径螺纹接头用于不同公称通径的管子与管子、管子与附件的连接。也可分为低压、中压和高压三种。

(5)外套螺母接头

外套螺母接头主要用于管子与带外螺纹零件的设备、附件的连接,也可分为低压、中压和高压三种。

制造低压螺纹接头的金属材料有普通碳素钢(A3)和不锈钢(1Cr18Ni9Ti)两种,电碳素钢制造的低压螺纹接头用来连接输送油类、淡水、空气及工作温度低于 250 ℃的蒸汽等的钢管,而不锈钢低压螺纹接头仅限于连接输送蒸汽的不锈钢管。

中压螺纹接头由优质碳素钢(20[#])、不锈钢(1Cr18Ni9Ti)、黄铜(HMn58 – 2)和铝青铜(A19 – 2)四种材料制成,20[#]钢中压螺纹接头主要用来连接输送燃油、滑油、淡水、二氧化碳、空气、蒸汽、海水等介质的钢管,但是当用于二氧化碳、空气、海水管的连接时,需要和管子一样进行镀锌处理,以提高其抗腐蚀能力。

用锰黄铜制成的中压螺纹接头适用于输送冷凝水、油类、空气的铜管连接，而铝青铜可用于输送海水、二氧化碳的铜管连接。

不锈钢中压螺纹接头既可用于输送蒸馏水的不锈钢管的连接，也可用于液压管和食用淡水管的连接。

高压螺纹接头只用优质碳素钢（20#）一种材料制成，它的适用范围基本与碳钢中压螺纹接头一样，但是承压能力要相对高一些。

6. 螺纹三通四通接头

支管螺纹接头的最大耐压能力仅为 4.0 MPa，那么需要垂直连接的两根管子，其输送的工作介质压力大于 4.0 MPa，此时常用的是螺纹三通四通接头，如图 5－7 所示。

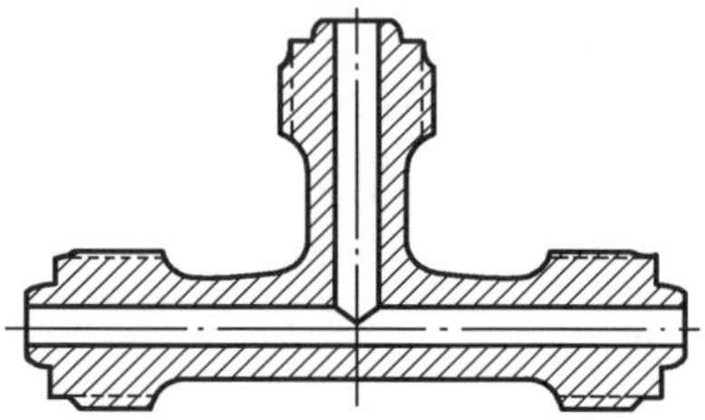

图 5－7　螺纹三通四通接头

3. 焊接连接

焊接连接的主要优点是质量轻、尺寸小、装配方便、密闭性强，其缺点是不可拆卸、焊接后管内的氧化皮不能清除且易腐蚀。

焊接连接主要有对接焊连接、搭接焊连接和套管焊连接三种，如图 5－8 所示。

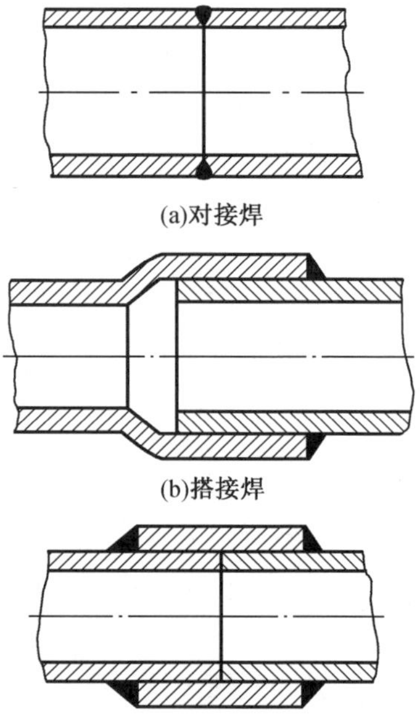

(a)对接焊

(b)搭接焊

(c)套管焊

图 5－8　焊接连接

一般情况下，对接焊连接和搭接焊连接采用得不多，而套管焊连接采用得比较多，船舶上各类液舱通气管的连接（如压载舱、燃油舱、滑油舱、淡水舱）和油舱内的蒸汽加热盘管的连接均采用套管焊连接。

4. 通舱管件

通舱管件主要用于液舱、甲板和船舱隔壁及轻型隔壁上管子的相互连接，以保证船室的水密性。通舱管件与甲板等的连接有可拆式和不可拆式（将通舱管件焊在甲板或隔壁上）两种形式。根据工作介质的参数和管子的公称通径的大小及施工情况，按通舱管件的结构可分为焊接座板通舱管件、螺纹通舱管件和法兰通舱管件三种类型。

（1）焊接座板

焊接座板分为双面焊接座板和单面焊接座板两种类型，主要用于公称通径较大的管子或附件的连接，如图 5－9（a）所示为双面焊接座板，当甲板或隔壁的两面的同一位置均有管子连接时就采用这种双面焊接座板，它的 *DN* 为 20～350 mm，*PN* 为 0.6～2.5 MPa，公称通径越大，公称压力应越小，材料为碳钢。

如图 5－9（b）所示为单面焊接座板，主要在液舱舱壁的内侧不接管而外侧需接管子或附件时采用，它的 *DN* 为 20～500 mm，*PN* 为 0.5～2.5 MPa，材料为碳钢。

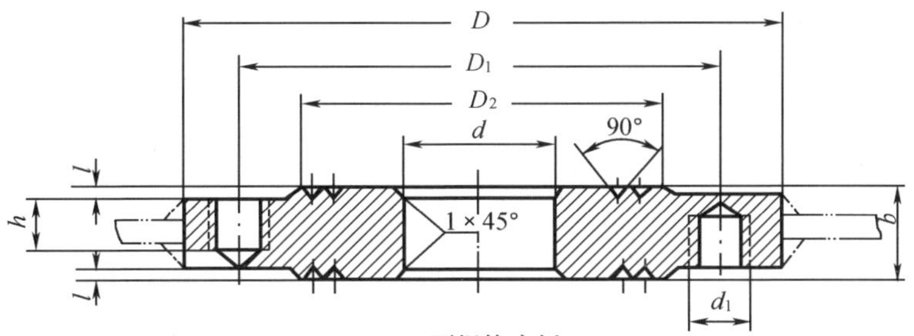

(a)双面焊接座板

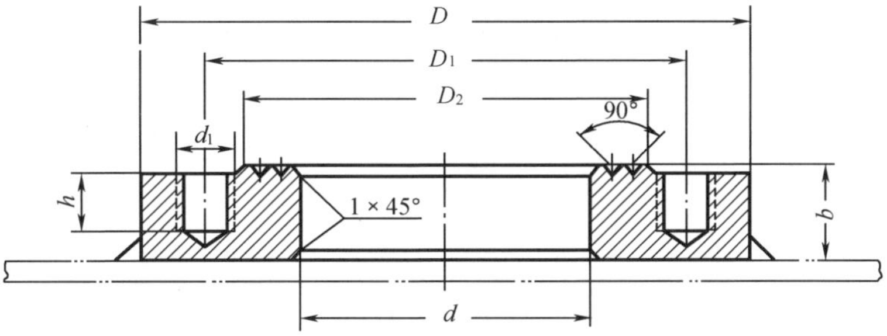

(b)单面焊接座板

图 5-9 焊接座板

(2)螺纹通舱管件

螺纹通舱管件是与螺纹接头配套使用的一种附件,*DN* 为 32 mm 以下的管子大多采用螺纹接头连接,当这类公称通径比较小的管子穿越甲板、船舱隔壁等其他船体结构时,就需要用螺纹通舱管件进行连接。它的公称压力与螺纹接头类似,也分为高压、中压和低压三种,由碳钢、青铜、镍铬钛钢制成,如图 5-10 所示,其中 A 型与舱壁连接采用螺纹紧固,而 B 型则焊在舱壁上。

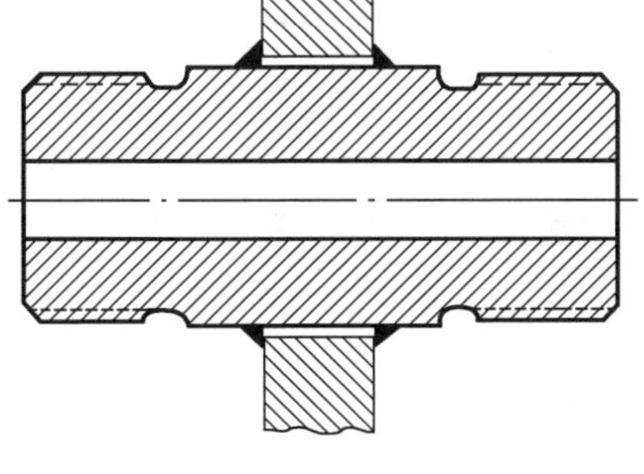
(a)A型

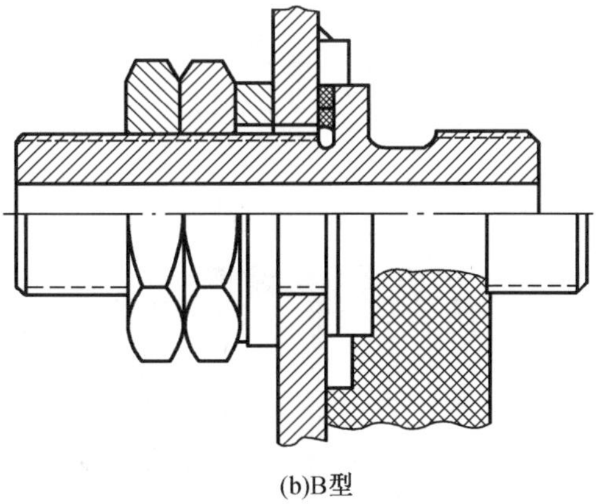
(b)B型

图 5-10 螺纹通舱管件

由于甲板或隔壁厚度不同，因此，即使是同一压力档次的螺纹通舱管件，它们的长度也有长短之分。

(3)法兰通舱管件

如图 5－11 所示，法兰通舱管件是由标准的钢法兰与一段钢管焊接而成的，同时，附加了一块焊接衬板。

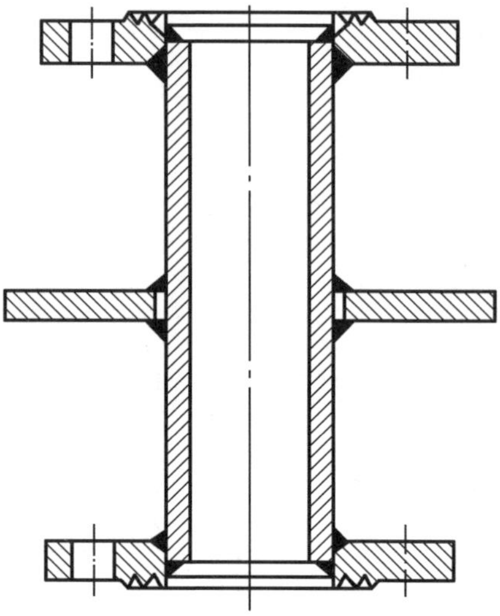

图 5－11　法兰通舱管件

法兰通舱管件的公称压力由其采用的法兰来决定，图 5－11 所示属于 $PN<1.6$ MPa 的一种，实际上还有 2.5 MPa 和 6.4 MPa 的法兰通舱管件。

法兰通舱管件一般都是钢结构制品，但是，当海水系统的管路采用紫铜管时，钢结构的法兰通舱管件的内壁需要复合一层紫铜衬套，使它的抗海水腐蚀能力与管路相同，以提高法兰通舱管件的使用寿命。

5. 挠性接管

在船舶上，尤其是在舰艇上，要求有些管系具有消除由于温度的变化、航行状态的船体变形及各种机械设备运行产生的振动、噪音及冲击的优良性能。为了使管系能够满足这些要求，通常采用挠性接管，以达到减振、隔音、抗冲击、保护动力设备的正常运转，以及防止管路连接的紧密性被破坏的目的。

常用的挠性接管有以下几种。

(1)夹布胶管

夹布胶管是一种光滑的圆柱形挠性接管，适用于 $DN\leqslant 80$ mm，$PN\leqslant 0.6$ MPa 的油管路和水管路，但水的温度不得超过 100 ℃，油的温度不得超过 80 ℃。特别要注意的是，工作介质是油类时，夹布胶管必须是由耐油橡胶制成的。

用夹布胶管连接管路具有如下优点：结构简单，安装方便，富有弹性；质量轻，可隔离高机械振动对管系的影响，当管子膨胀和船体变形而引起管子变形时，有一定的补偿作用。

夹布胶管的结构及连接形式如图 5－12 所示，夹布胶管与管子连接时，将管子靠近管端约10 mm处，沿圆周方向加工成近似圆弧形的凸台，然后插入胶管，最后用管箍箍紧即可。

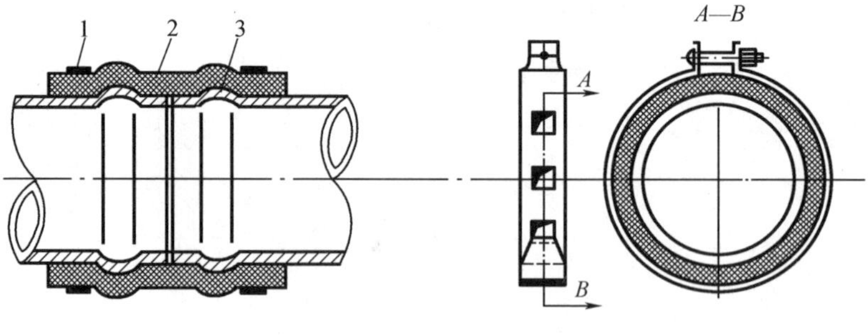

1—管箍；2—联管节；3—环形凸面。

图 5－12　夹布胶管连接

(2)高压橡胶接管

高压橡胶接管是一种特制的烧性接管,且多用于液压系统的管路与机械设备之间的连接。它与夹布胶管在结构上的区别在于高压橡胶接管是由橡胶和金属丝网复合而成的,且本体的两端带高压螺纹接头,*DN* 最大为 32 mm。

(3)减振橡胶接管

减振橡胶接管通常又称为减振器,它安装在与动力机械设备相连接的管路上,起到减振、隔音和防冲击的作用,接管的总体结构是以金属为骨架,并充入耐油、耐热橡胶压铸而成。它可以在轴向变形 ±5 mm,径向变形 ±5 mm,温度在最低零下 5 ℃,最高零上 150 ℃;公称压力为 4.0 MPa 的状态下正常工作。当然,随着工作参数的不同,减振橡胶管的结构参数也有所不同,如图 5-13 所示仅是其中的一种。

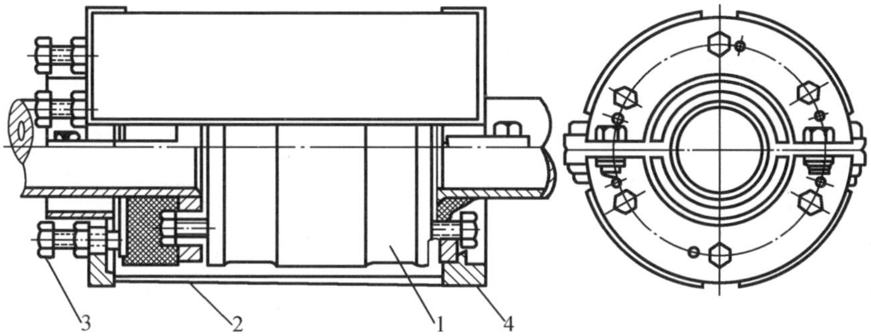

1—接管本体;2—橡胶金属半环;3—调整螺钉;4—夹环。

图 5-13 减振橡胶接管

减振橡胶接管的安装精度要求在管系附件当中是比较高的,在有关技术文件中一般都对接管在安装过程中产生的轴向拉压变形量和径向偏移变形量做出明确的规定。

减振橡胶接管可适用于工作介质为海水、淡水、滑油、空气、低温蒸汽等管路的连接,其 DN 在 20~250 mm,最大可达 500 mm,它还有常温、中温、高温、耐油和不耐油之分。

(4)金属波纹管

金属波纹管又称不锈钢减振器,这种减振器是由多层薄壁无缝不锈钢管或直缝焊接不锈钢管用液压或滚压方法制造而成的,多用于高温蒸汽管、柴油机排气管等管路工作状态中产生的轴向位移和径向位移的补偿。

如图 5-14 所示是一种专用于压力较低但温度很高的柴油机排气管路中直管的膨胀补偿装置。

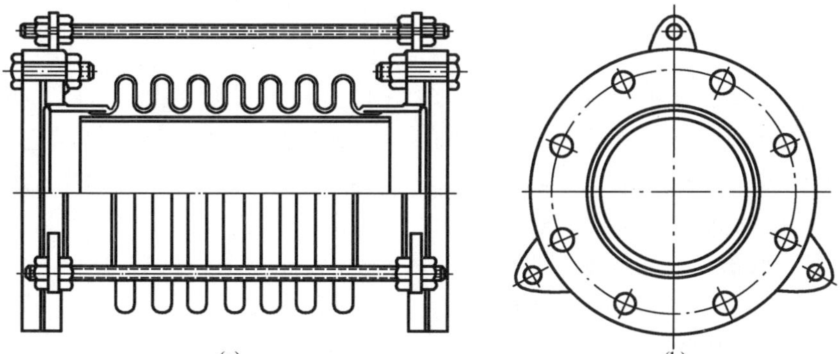

(a) (b)

图 5-14 低压金属波纹管

四、管路附件

所谓的管路附件就是用来调控管路中工作介质的压力、流向、流量、温度的附件及连接管路的各种连接件、固定件等。

1. 截止阀

截止阀的功能是截止或接通管路中的工作介质，也可以调节工作介质的流量。它是应用最广泛的一种阀门。

按照工作介质在阀腔中流通的形式不同，可分为直通（A 型）和直角（B 型）两种形式。按连接方式不同，可分为凸缘截止阀和螺纹截止阀。

制造截止阀阀体的材料有铸铁、铸钢、锻钢和铸铜四种，这些材料主要是指阀体的材料。

如图 5－15 和图 5－16 所示分别为法兰截止阀和螺纹截止阀。

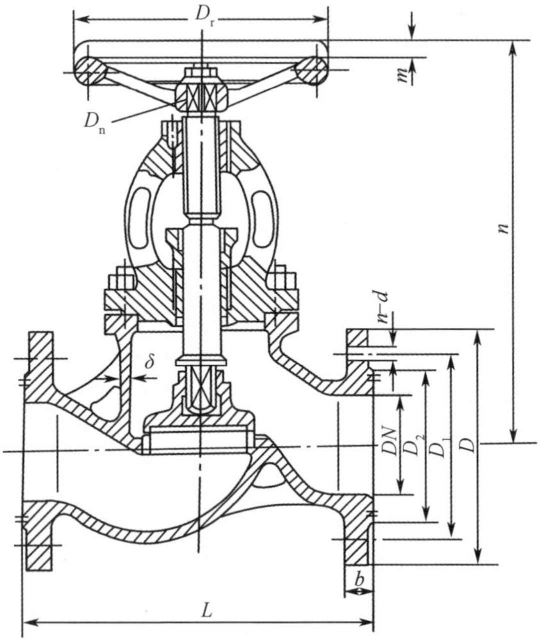

(a)A型

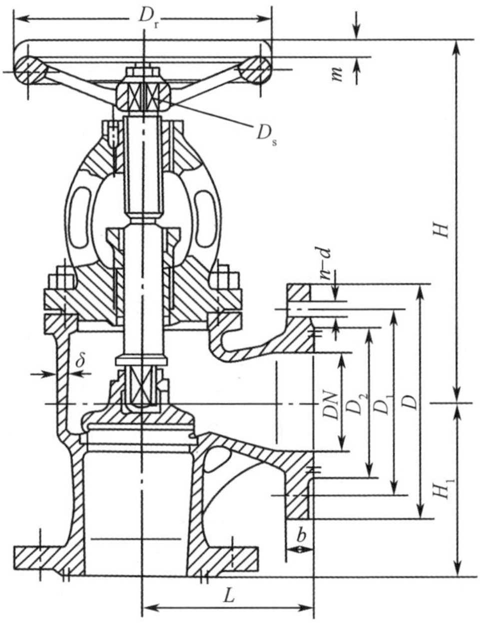

(b)B型

图 5－15　法兰截止阀

截止或接通工作介质的原理是这样的：图 5－15 做逆时针旋转上升运动。与此同时，阀杆也带动阀盘（阀头）上升且离开阀座，使阀门呈开启状态，工作介质就可以进入和流出截止阀。这就是接通，反之，顺时针方向旋转手轮，直至阀盘严密地坐落在盘座上，如图 5－15 所示的状态，均起到截止工作介质流通的作用。

选用和安装截止阀应注意以下两点。

（1）根据不同的工作介质及工况选用合适的材料和连接方式的截止阀（不同的工况包括工作介质的压力、温度、流量等）。

（2）安装截止阀要严格遵守低进高出的原则，注意阀体上流通方向的标记。

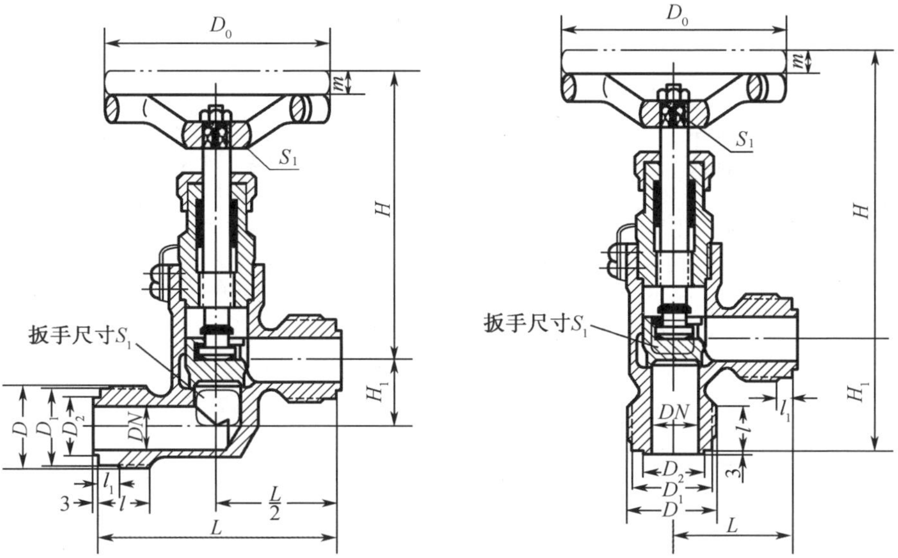

(a)A型 (b)B型

图 5 - 16 螺纹截止阀

2. 止回阀

止回阀是一种能够控制工作介质只能沿着一个方向流动,如果工作介质回流(逆流),它能自动关闭的阀门。止回阀安装在只允许工作介质单方向流动的管路上。

如图 5 - 17 和图 5 - 18 所示,是一种最常用的重力式止回阀。当具有一定压力的工作介质进入止回阀的进口阀腔后,工作介质的作用力就作用在阀盘的下面,迫使阀盘沿着阀盖上的导向槽上升而离开阀座,此时,止回阀的通道就打开了。而当工作介质回流时,止回阀的进口腔的工作介质压力为零,阀盘就靠自身的重力回落到阀座上,此时,回流的工作介质的作用力就作用在阀盘的上面,促使阀盘紧密地压在阀座上,这时止回阀关闭了,就阻止了工作介质的回流。

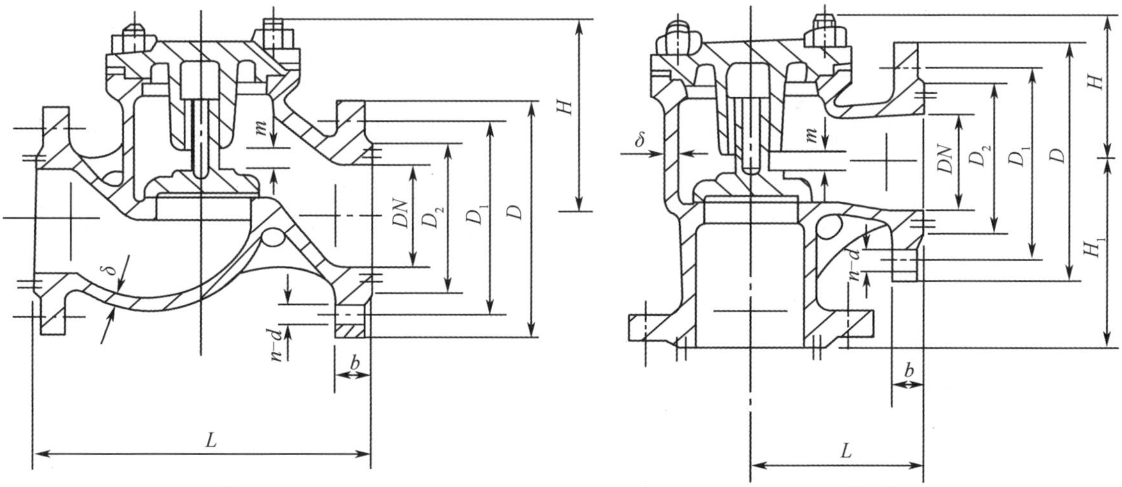

(a)A型 (b)B型

图 5 - 17 法兰止回阀

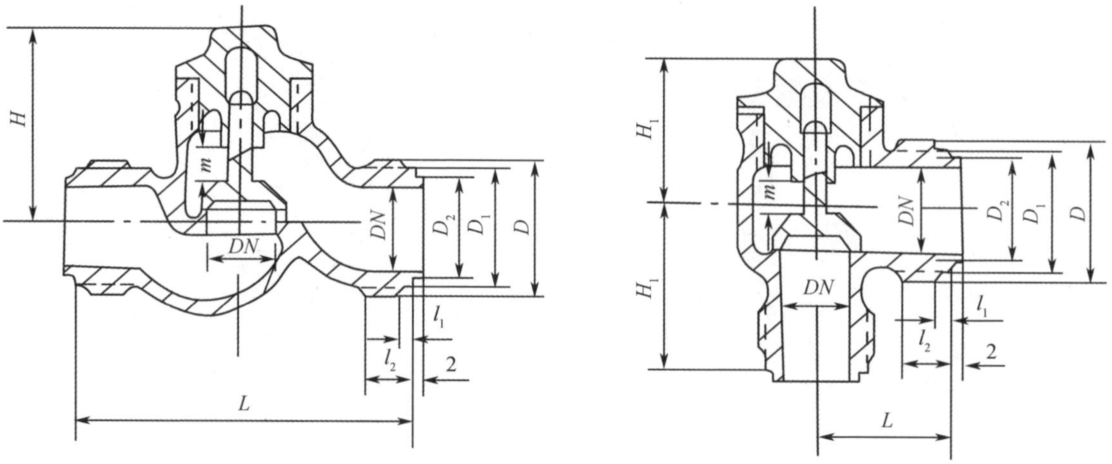

(a)A型　　(b)B型

图 5－18　外螺纹止回阀

止回阀与管路的连接方式同样也有凸缘式和螺纹式连接。制造止回阀的金属材料(主要指阀体)有铸铁、铸钢和青铜三种。

止回阀除了有重力式以外,还有一种摆臂式。摆臂式止回阀又称防浪阀,它的优点是工作介质在阀腔里的流动阻力比重力式止回阀小。

止回阀的选用与安装应遵循以下原则。

(1)根据工作介质的种类和工作压力正确地选用止回阀。

(2)重力式止回阀只允许安装在水平敷设的管路上,而不能安装在垂直敷设的管路上。而且阀杆应垂直,以保证阀盘自由升降。

(3)摆臂式止回阀应安装在垂直敷设的管路上。

(4)止回阀的安装方向,应保证工作介质的流动方向与止回阀开启方向一致。

3. 截止止回阀

截止止回阀的功能如同它的名称一样,是具有截止和阻止工作介质逆向回流双重作用的阀件。或者说它集截止阀与止回阀各自的优点于一身,又消除了截止阀和止回阀各自存在的缺点,即截止阀不能自动阻止工作介质逆向回流而截止止回阀能做到这一点。止回阀能够自动阻止工作介质逆向回流但是当需要截止工作介质顺向流动时,止回阀是没有这个功能的,可截止止回阀具备这个功能。那么是否可以用截止止回阀来替代全部截止和止回阀呢? 回答应该是否定的,它们各自有各自的使用场所。

从图 5－19 和图 5－20 中可以看出,不论是哪一种截止止回阀的外形结构,都和对应的截止阀是一样的。唯一不同的是,截止阀的阀盘随着阀杆的升降而升降(或称为开启和关闭),而截止止回阀的阀盘并不随着阀杆的升降而升降。因为它的阀盘并不固接在阀杆上,而是由带有止动凸肩的阀杆松插在阀盘的导孔中央,如图 5－21 所示。

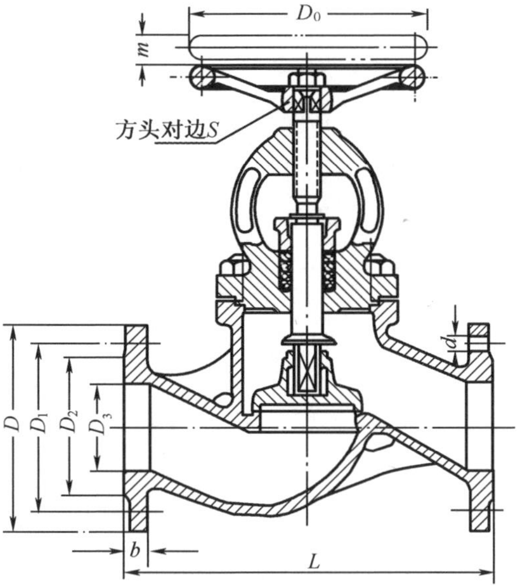

(a)A型

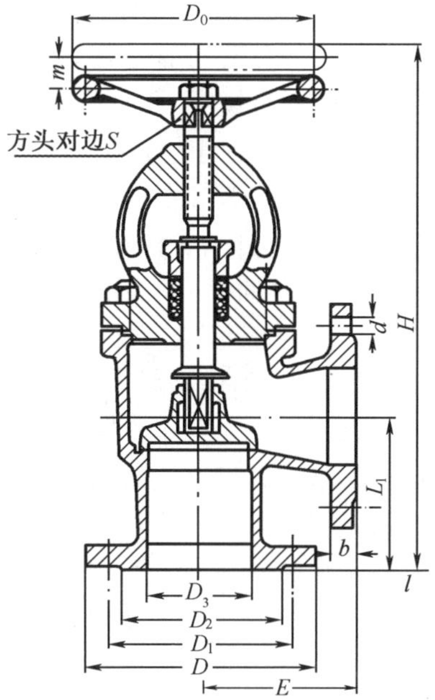

(b)B型

图 5－19　法兰截止止回阀

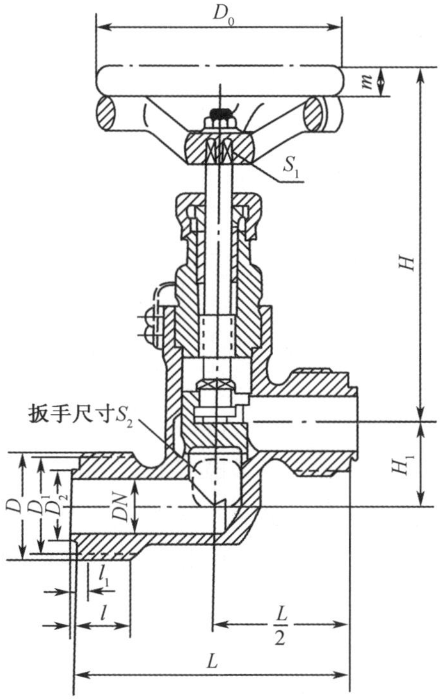

(a)A型

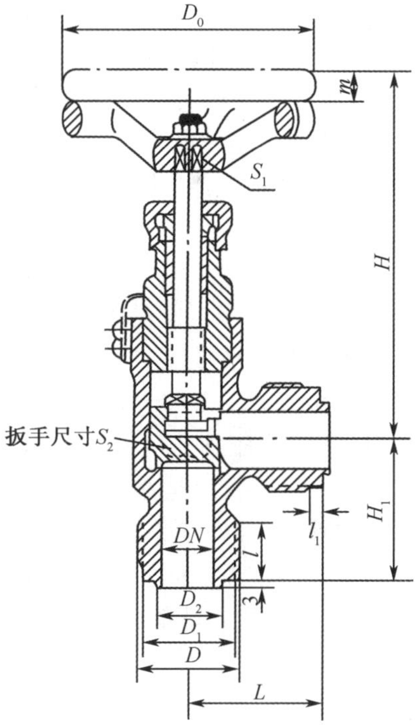

(b)B型

图 5－20　外螺纹截止止回阀

由截止止回阀的阀杆与阀盘的连接特征可知，当手轮顺时针旋转阀杆下降时，阀杆能顶住阀盘并强迫它紧紧压在阀座上，此时起截止阀的作用。而当手轮逆时针旋转阀杆上升时，阀盘并不随之提起，只有当工作介质在阀盘下面的作用力大于阀盘上面的作用力时，阀盘才能升起。其升起的高度（或称阀门开启量）取决于阀杆上升的高度和工作介质对阀盘的作用力的大小。工作介质回流时，阀盘则自动回落到阀座上关闭阀门，此时起止回阀的作用。

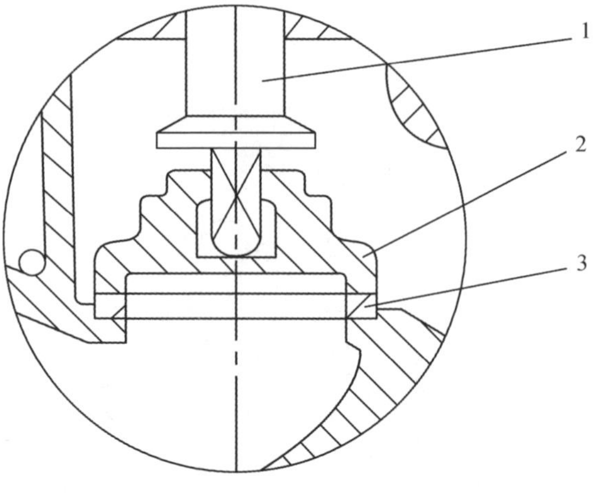

1—阀杆；2—发盘；3—阀座。

图 5－21　截止止回阀阀杆阀盘结构

截止止回阀按其工作介质流通形式可分为直通和直角两种形式。而按其连接方式又可分为螺纹式和凸缘式，制造阀体的金属材料有铸铁、铸钢、锻钢和青铜等。

规格相同的截止止回阀和截止阀的外形是一样的，如果在其标记不明显的情况下，如何区别它们呢？我们只要将阀杆启升到一定高度，然后提起阀门摇晃几下，如有明显的金属撞击声，就可以断定是截止止回阀，反之就是截止阀。因为截止阀杆的启升将带动阀盘同时上升，所以在摇晃时，它不会发出明显的金属撞击声。

截止止回阀的使用与安装应注意以下两点。

（1）根据介质的工况，正确地选择截止止回阀。

（2）截止止回阀安装时，其阀杆一定要垂直安装，直通式必须装在横管上而不能装在垂直管上。同时要符合“低进高出”的原则。

4. 减压阀

减压阀是一种能够将主管路中或压力容器中工作介质的初始压力降低到适合低压系统应用的阀门。减压阀的种类有蒸汽减压阀、空气减压阀、滑油减压阀、海水减压阀、淡水减压阀等。由于被减压的工作介质的不同，这些减压阀的结构也有所区别，然而它们的工作原理是相似的。

（1）蒸汽减压阀

如图 5－22 所示是蒸汽减压阀。它的主要零件的作用是：当主阀弹簧 3、调整弹簧 11 和副阀弹簧 13 都处于非压缩状态时，蒸汽减压阀的主阀盘 4 处于关闭状态。副阀盘 8 也处于关闭状态。在无任何外力的作用下，主阀弹簧使主阀盘永远处于关闭状态下。活塞 5 能够上下位移，随之它能够带动主阀盘做同步位移，也就是关闭或开启。经调整螺栓压缩调整弹簧推动膜片 10 向下凸出，向下凸出的膜片又经推杆将副阀打开，此时副阀弹簧 13 也随之被压缩。

工作原理：首先顺时针旋转调整螺栓压缩调整弹簧。当调整弹簧的张力大于副阀弹簧的张力时，副阀处于开启状态。此时，蒸汽进入减压阀进气腔，并不能立刻从排气腔排出（因为这时主阀盘还处于关闭状态）。而是经过通道孔 A，进入副阀腔，再流经通道 B 进入活塞的上部空间。这时，虽然减压阀进气腔与活塞上部空间的蒸汽压力是相等的，但由于活塞顶的面积大于主阀盘下部的面积，这也就意味着活塞顶受到的压强大于主阀盘下部受到的压强,因此活塞就推动主阀克服主阀弹簧的张力向下移动使之开启。随之蒸汽经主阀通道在节流状态下流入排气腔。进入排气腔的蒸汽同时流向三条通道。一条是经C通气道进入活塞的下部空间,对活塞下部施加一个作用力,这个作用力与主弹簧的张力,蒸汽对主阀盘下部的作用力产生的合力与活塞上部受到的蒸汽作用力产生平衡,使主阀的开启度保持一定。再一条是经通气道D进入膜片下部的空间,它对下凸的膜片作用一个上推力,当这个上推力与副阀弹簧的上张力的合力与调节弹簧的下压力产生平衡,副阀也就保持一定的开度,在正常工况条件下,副阀开度保持一定量,就意味着主阀保持一定的开度,根据节流原理,高压蒸气就被减压为一定数值的低压蒸汽,只要主阀开度不变,减压蒸汽的压力也保持不变。进入第三条通道的也就是经减压的蒸汽,作为工作介质流向作功部位。

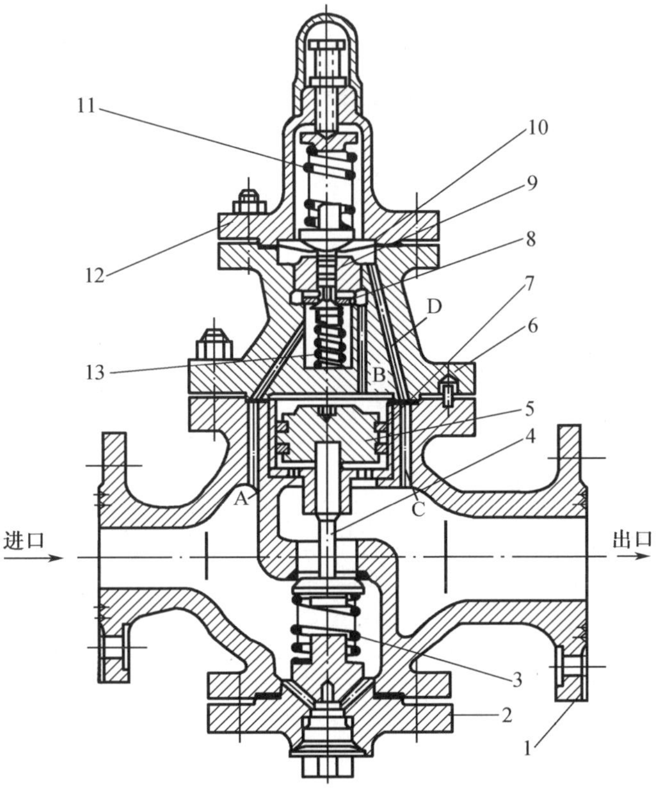

1—主阀本体;2—下盖;3—主阀弹簧;4—主阀盘;5—活塞;6—副阀本体;7—活塞环;8—副阀盘;9—副阀座;10—膜片;11—调整弹簧;12—上盖;13—副阀弹簧。

图5-22　蒸汽减压阀

在实际工况中,减压阀进气腔的蒸汽压力往上出现上下波动的情况,随之减压阀的排气压力也将出现上下波动。当这个波动值超出允许波动值时,减压阀还能够自行调整。比如,当减压的蒸汽压力大于允许上波动值时,蒸汽就经过通道D进入膜片下部空间,对膜片作用一个足以克服调节弹簧下压力的上推力,使膜片减小对副阀的作用力。这样副阀弹簧就可以推动副阀向上运动而减速小副阀的开启量,增大进入活塞上部的蒸汽的节流量。随着节流量的增加,将降低蒸汽对活塞的下推力。而主阀弹簧的上张力也就推着主阀盘向上推移减小主阀的开启量,实现减少进入减压阀排气腔的蒸汽量,达到新的减压目的,也就是使减压蒸汽的压力保持不变,反之亦然。这就是蒸汽减压阀的自动调节功能。

(2)水减压阀

如图5－23所示是一种水减压阀的结构,与蒸汽减压阀比较,相对简单些。

工作原理:首先顺时针方向旋转调整螺杆9压缩调节弹簧8,被压缩的弹簧产生张力作用到膜片3上,经过阀杆4推动阀盘6向下位移,使其脱离阀座。进入减压阀进水腔的初始压力的水,经节流后进入减压阀排出腔流出,成为减压水流到低压系统的工作部位。同时进入排出腔,水经通道A进入膜片下部空间,对膜片作用一个上推力,对阀杆凸台作用一个下压力。由于膜片的受力面积大于阀杆凸台的受力面积,因此膜片将产生上凸压缩调节弹簧。在几个合力的作用下产生一个平衡,使阀盘保持一定的开启度。同时也使得被减压水的压力保持稳定。水减压阀与蒸汽减压阀一样,当压力出现波动时,它也有进行自动调节的功能,以保证减压力稳定在允许压力值范围内。

(3)空气减压阀

如图5－24所示是压缩空气减压阀结构示意图。顺时针方向转动调节螺栓4,经弹簧座3压缩弹簧2,再经薄膜片1使阀盘6下降,使减压阀有一定的开启度。当高压空气从通道a进入减压阀后,通过阀盘与阀座5之间的空隙,空气被节流而减压,减压的空气从通道b流出到低压工作部位。

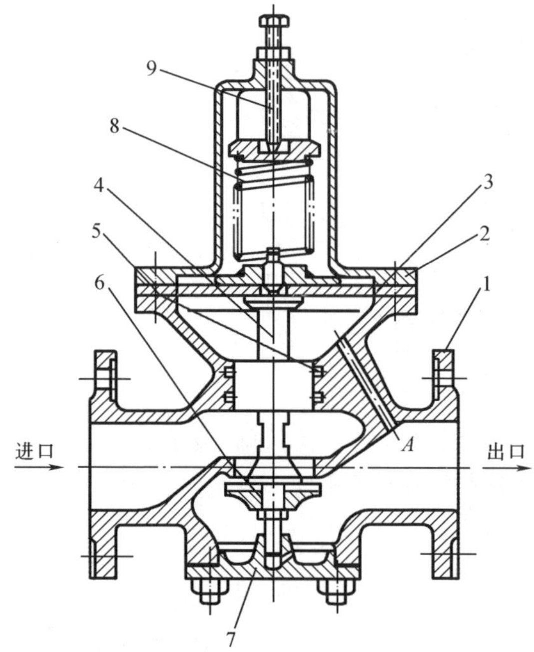

1—阀体;2—阀上盖;3—膜片;4—阀杆;5—密封环;
6—阀盘;7—阀下盖;8—调节弹簧;9—调整螺杆。

图5－23　水减压阀

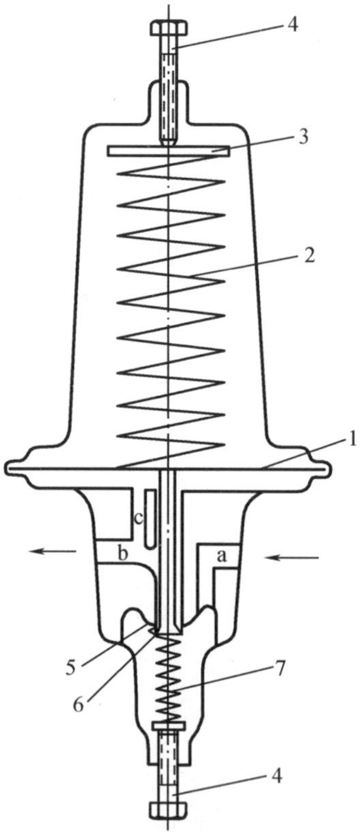

1—薄膜片;2,7—弹簧;3—弹簧座;
4—调节螺栓;5—阀座;6—阀盘。

图5－24　压缩空气减压阀

空气减压阀的自动调节原理，与蒸汽减压阀相同，此处不再赘述。

减压阀安装时应使阀体上箭头方向与介质流动方向相同，且阀体垂直安装在水平管路上。

5. 安全阀

安全阀用于锅炉、压力容器等设备和管路上。当介质的工作压力超过规定数值时，自动排除超压介质；当介质的压力降到一定数值时，安全阀将自动关闭。

如图 5－25 所示的两种安全阀是船上最常用的。

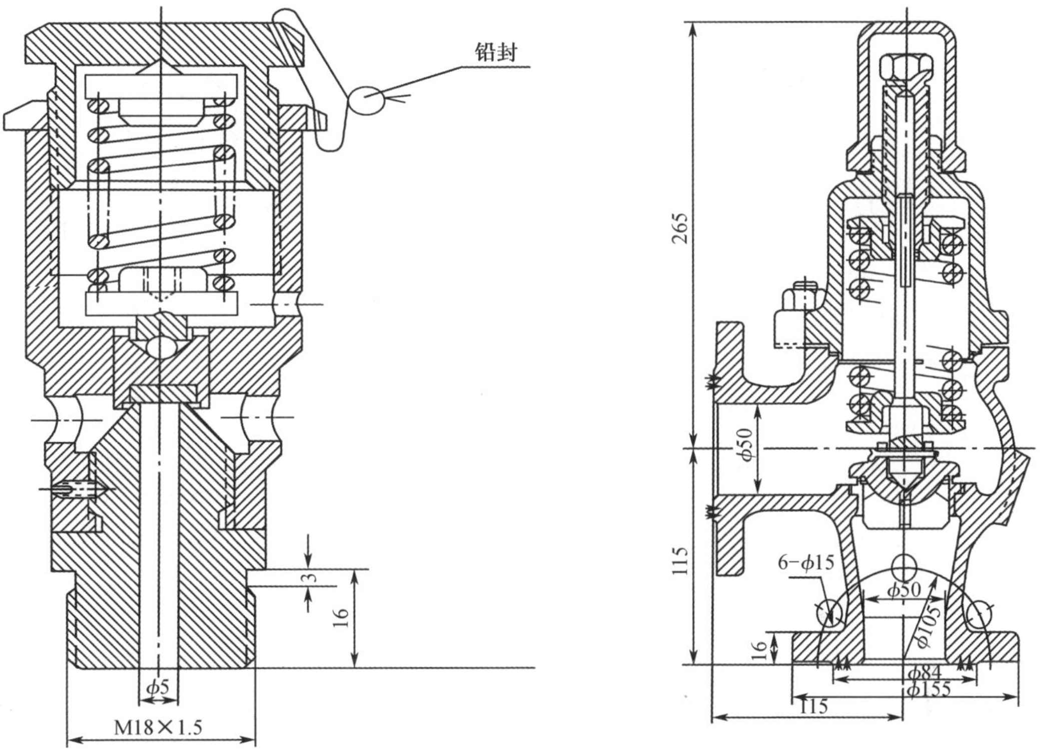

(a)压缩空气安全阀　　(b)法兰安全阀

图 5－25　安全阀

如图 5－25(a)所示为压缩空气安全阀。它事先需在调试台上按照使用要求调试好以后，才可装到压力容器或管路上。当管路和容器内的压缩空气的工作压力超过安全阀的开启压力时，阀盘就在空气的推动下，克服调节弹簧的张力而脱离阀座，压缩空气就从通道排出。管内的压力立即降低，起到安全保护作用。

压缩空气安全阀的开启压力由弹簧的张力决定，开启压力一般为工作压力的 1.1 倍。关闭压力不得低于工作压力的 85%。

如图 5－25(b)所示为法兰安全阀，它的工作原理与压缩空气安全阀一样，适用于公称压力小于 1.6 MPa 的海水、淡水和温度小于等于 225 ℃的蒸汽。为保证安全阀可靠地工作，它必须垂直安装在压力容器或管路上。

6. 闸阀

闸阀又称闸板阀，是一种使用较广的截止阀。根据闸阀工作时阀杆位置的不同，它分为定位阀杆式和上升阀杆式。如图 5－26 所示是定位阀杆式法兰铸钢闸阀。

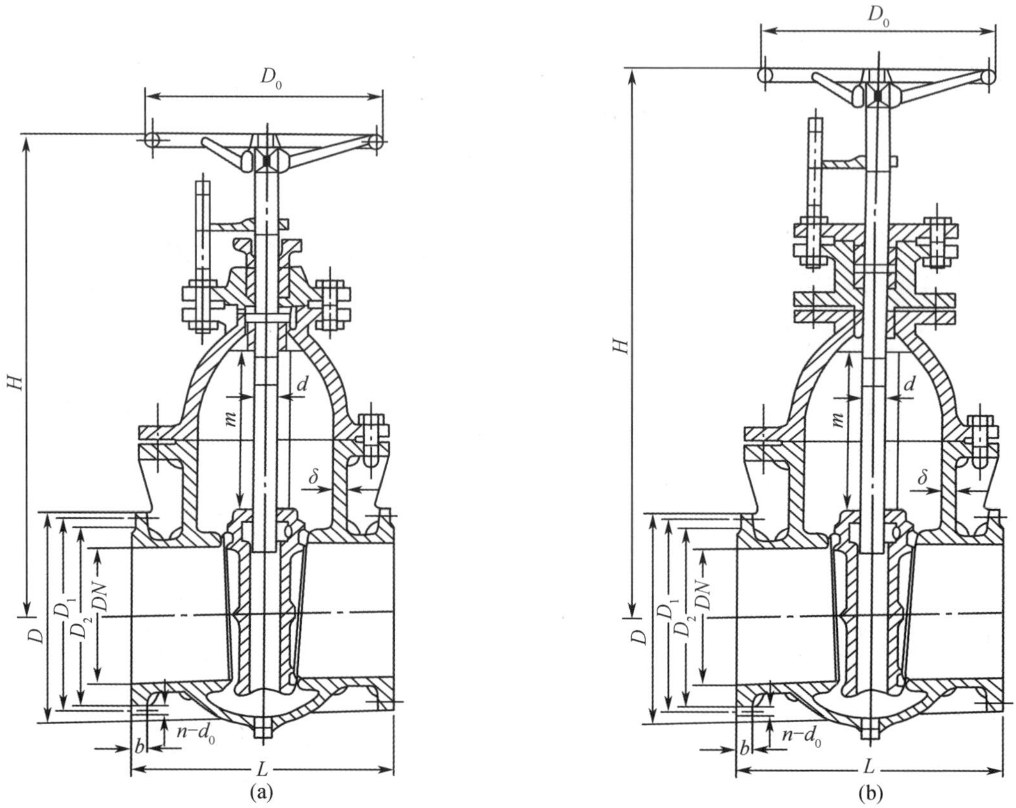

图 5－26　定位阀杆式法兰铸钢闸阀

闸阀主要由阀盖、阀杆、阀体、阀盘(又称闸板)和方螺母组成。阀杆的下端有梯形螺纹,上端有锥形螺纹,中间有止动凸肩。上端螺纹与阀门开闭指示器啮合,下端与阀盘中的方螺母啮合。转动手轮,由于阀杆中部止动凸肩的限制,阀杆只能转动而不能上下运动,这样,阀杆只能带动阀盘上下运动而形成闸阀的开关。

闸阀与截止阀相比有如下优点:外形尺寸小,法兰阀的装配长度短;介质的流动阻力小;阀门安装不受方向限制。但是闸阀也有以下缺点:闸板与阀座间的密封面制造复杂;且易磨损,因此不能承受较高的压力。

7. 阀箱

所谓的阀箱就是将两个或两个以上的截止阀或截止止回阀的阀体铸成一个整体。阀箱按功能分类有吸入截止阀箱、吸入截止止回阀箱、排出截止阀箱等。若按其外形可分为单排阀箱,双排阀箱、三排阀箱等。阀箱的优点是便于集中管理,操纵方便,相对地占用空间小。阀箱目前仅限于应用在海水系统、淡水系统和燃油系统中。

吸入阀箱都是吸入口为分开而排出口为连通的单排阀箱,吸入阀箱能将介质分别从阀箱的每一个吸入口吸入阀箱内,然后由一个公共的排出室排出,如图 5－27 所示。

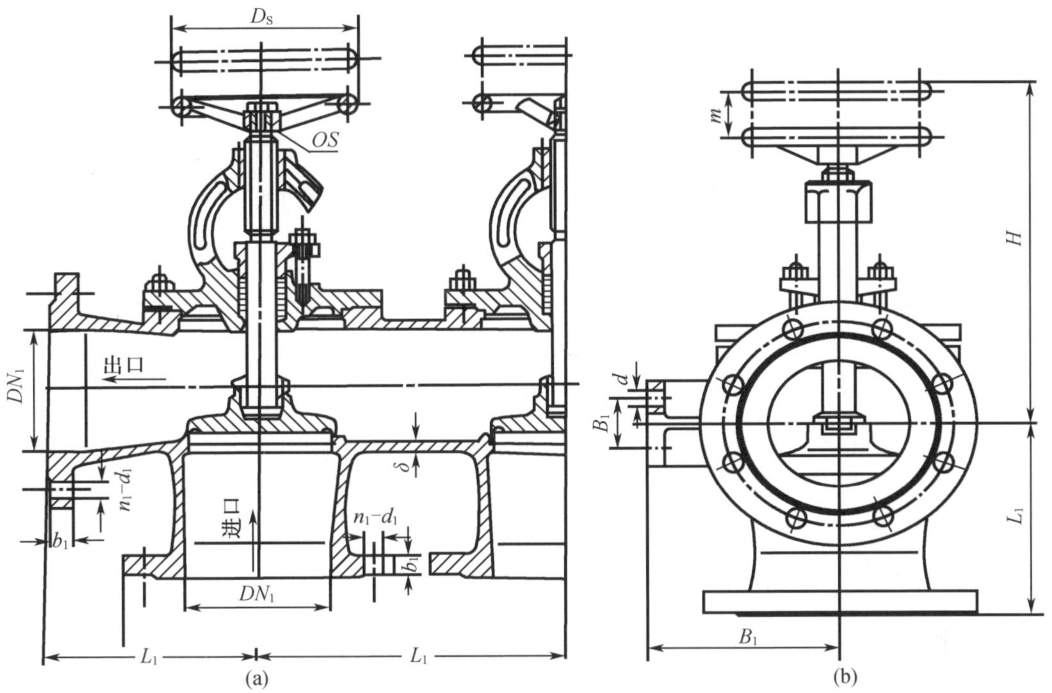

图 5－27　吸入截止阀箱

排出阀箱的内部结构与吸入阀箱恰好相反，它是吸入口为连通而出口是分开的单排阀箱。排出阀箱和工作原理是：介质进入阀箱的公共吸入腔内，然后从阀箱的每一个排出口分别排出，如图 5－28 所示。

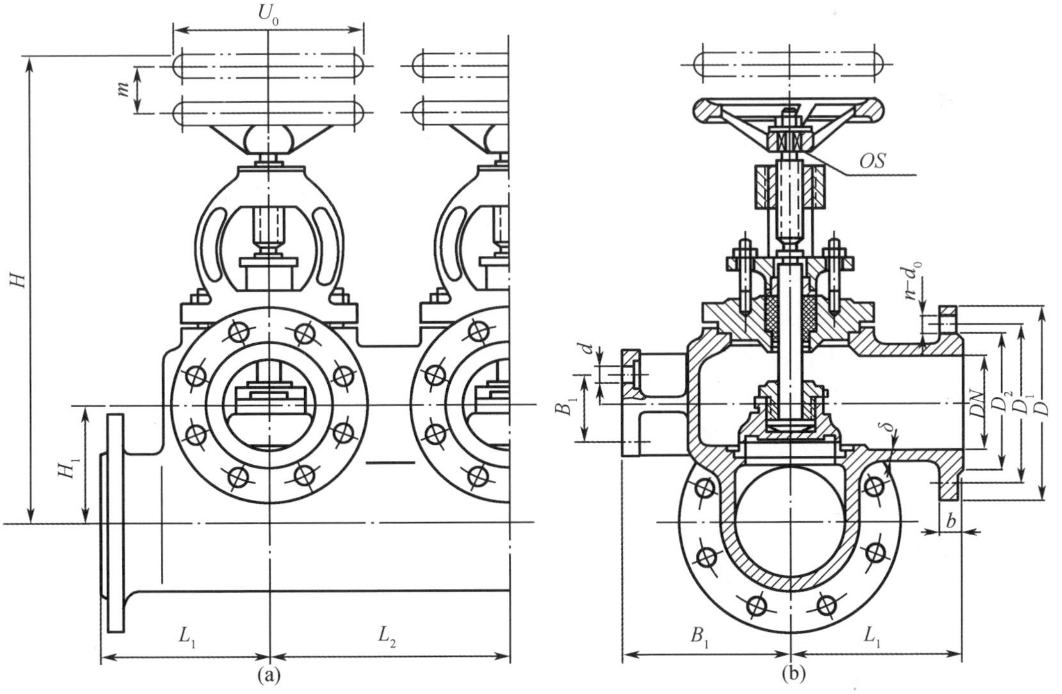

图 5－28　排出截止阀

8. 压力表阀

压力表阀是一种专用于控制和连接压力表的阀门。它的主要功能有两点：一是由于压力表是易损件，当需要更换或维修压力表时，在卸下压力表前，将压力表阀关闭就可避免管路中的工作介质外溅。二是当工作介质是液体时，压力表管中往往积存着空气，而这部分空气可以使压力表不能稳定准确地指示工作介质的压力，压力表阀可以将这部分空气排放出来，从而保证压力表正常工作。

五、垫片

1. 垫片的分类

垫片按其用途可分为两大类。一类是用于管路连接的起密封作用的密封垫片，它的功能是防止工作介质漏泄，保证管路的正常工作。另一类是管路与支架（吊架）之间的衬垫片，其功能为：防止管子与支架的接触腐蚀；防止支架对管子的摩擦损伤；降低管子与支架之间的热传导，减少热损耗；降低声波的传递。

2. 密封垫片的种类及性能

（1）高压石棉橡胶垫片

高压石棉橡胶垫片是用高压石棉橡胶板制成的，颜色为紫红色，适用于 *PN* 为 6.4 MPa，工作温度为 400 ℃，以及工作介质为蒸汽、海水、淡水（饮用水除外）、空气、烟气、惰性气体等管路的密封。

（2）中压石棉橡胶垫片

中压石棉橡胶垫片是由中压石棉橡胶制成的垫片，一般适用于 *PN* 为 4.0 MPa，工作温度为 375 ℃的蒸汽、海水、淡水（不包括食用淡水）等管路的密封。这种垫片是红色的。

（3）低压石棉橡胶垫片

低压石棉橡胶可用于 *PN* 为 1.6 MPa，工作温度为 200 ℃的海水管路的密封。这种垫片是灰色的。

（4）耐油石棉橡胶垫片

耐油石棉橡胶垫片是用耐油石棉橡胶板制成的垫片，一般专用 *PN* 为 6.4 MPa 以下，工作温度低于 100 ℃的燃油和滑油管路连接处的密封。这种垫片是绿色的。

当石棉橡胶垫片用于密封蒸汽管路时，须将垫片的平面涂上一层石墨粉和气缸油调和制成的糨糊状的涂料，以防止垫片受热黏合在法兰上。

（5）夹布橡胶（胶皮）垫片

船用夹布橡胶垫片一般由两种材料制成，一种是耐油中等硬度弹性夹布橡胶，它适用于工作介质的公称压力为 0.6 MPa，工作温度为 -30 ~ 60 ℃的海水、空气和油类。另一种是无毒中等弹性夹布橡胶，这种材料的垫片专用于食用淡水管路的密封，公称压力不超过 0.6 MPa，工作温度为 -30 ~ 150 ℃。

（6）O 形橡胶密封圈

O 形橡胶密封圈是近几年广泛应用于船舶管路密封的一种密封件。由于它的密封性能较好，因此它多用于公称压力为 10.0 MPa 以上，公称通径为 32 mm 以下，工作温度为常温的液压管路和空气管路的密封。

（7）紫铜垫圈

紫铜垫圈除具备 O 形密封垫圈的性能外，还可用于温度较低但公称通径较大的接口密封。紫铜垫圈在使用之前必须进行退火处理。

目前,出口船舶上的垫片不使用含石棉的材料,而采用特力、芳纶、橡胶等。

六、船级社对管路附件的要求

1. 材料要求

(1)灰铸铁的阀件和附件,一般不用于Ⅰ级和Ⅱ级管路,但设计压力和设计温度分别不超过1.3 MPa和220 ℃的蒸汽管路可以采用灰铸铁材料的阀件和附件。

(2)灰铸铁的阀件和附件,一般可用于Ⅲ级管系及油船货油舱内的货油管路和压载管路上,但不得用于以下用途。

①通过货油舱引向艏部压载舱的清洁压载管路上的阀。

②载运闪点低于或等于60 ℃货油的油船露天甲板上货油管上的阀。

③介质温度超过220 ℃的管路上的阀。

④遭受压力冲击、过大应力和振动的管路上的阀。

⑤舷旁阀和海水箱上的阀。

⑥安装在防撞舱壁上的阀。

⑦燃油舱外壁上受静压的阀。

(3)Ⅱ级和Ⅲ级管系中若使用铁素体球墨铸铁材料的阀和附件,该材料的最低伸长率在标距为$5.65\sqrt{A}$时应不小于12%(式中A为试样的横截面积)。

(4)虽然规范有某些规定,但在实际设计时对舷旁阀等阀件以采用钢质为宜,以防止此类阀件损坏而造成不安全因素。

(5)CO_2瓶瓶头阀应由锻制青铜或其他适当材料制成。海水系统的阀件和附件,应由耐腐蚀材料制造。

2. 对阀的其他要求

(1)阀的手轮应以顺时针方向转动为关闭,逆时针方向转动为开启。

(2)阀及旋塞应有标明主要参数的铭牌和指示开关的标志,一些阀还须有指示开度的装置。

(3)遥控阀应有手动操纵装置。

3. 对其他附件的要求

(1)滤器、滤网和泥箱

①在海底进水阀后应装设吸入粗水滤器,国外一些船东希望在每一台海水泵吸口处装一吸入滤器。

②柴油机所用的燃、滑油输送泵应在吸入管上装设滤油器,并在进入主机前装设细滤器。为保证不间断工作,滤器应为双联式(进机细滤器宜为自清滤器且并联一人工清洗滤器)。主汽轮机及大功率减速齿轮箱的滑油滤器应设有磁性装置。

③液压油泵的进出口也应分别装设滤器。

④压缩空气管路上应装设空气滤器。

⑤机器处所和轴隧内每根舱底水管及直通舱底系吸管(应急吸管除外)均应设置泥箱。泥箱的短直吸管及应急舱底水吸口则不得装设滤网箱。货舱和除机器处所及轴隧外的其他舱室的舱底水吸入管的开口端,应封闭在网孔直径不大于10 mm的滤网箱内。

(2)空气管头

油舱的空气管头,应装有耐腐蚀和便于更换的金属防火网。

七、阀件选用要点

(1)根据系统功能要求选择。如须截断的用截止阀,须单向流动的用止回阀,须减压的用减压阀等。

(2)根据流通介质的种类提出对材料的要求。如流通海水的阀,则阀杆、阀座、阀盘应使用耐腐蚀材料。又如对载运闪点小于 60 ℃货油的油船的货油阀,其阀杆、阀座、阀盘等摩擦部分应选用在动作时不致产生火花的材料。

(3)根据规范要求选用阀体材料。如舷旁阀和海底阀等应使用铸钢或锻造青铜阀体,CO_2瓶瓶头阀应由锻制青铜或其他适当材料制成。

(4)根据流体参数选择相应压力和温度规格的阀件。如 3.0 MPa 主机启动空气管路上阀至少应选 4.0 MPa 规格的阀件。

(5)根据安装地位,选用不同结构形式的阀。如大口径管路可用蝶阀、小口径管路可用一般截止阀。又如地位足够可用直通阀,地位不足时可用直角阀。

八、阀件安装要求

(1)截止阀的安装应保证流体从阀盘下向上流动的方向。

(2)闸阀一般可任意方向安装,但单斜面瓣的闸阀,其平直面阀瓣侧应为进口侧。

(3)中心处蝶阀可任意方向安装,偏心处蝶阀进口侧为阀瓣背面安装较好。

(4)升降式止回阀、举起式止回阀或截止止回阀应保证阀杆垂直向上安装,绝不可横或倾斜安装;旋启式止回阀,阀瓣与管路中心线呈 90°安装。

(5)旋塞可任意方向安装。

第二节　舱底水管系

一、功用与要求

舱底水管系的功用是抽除舱底积水。造成舱底内积水的原因如下。

(1)机舱内冷却管系的海、淡水漏泄;燃、滑油管系的燃、滑油漏泄;蒸汽管系凝水漏泄及机械设备的泄放。

(2)海水由船体不严密处渗入和雨水、甲板冲洗水的漏入。

(3)军用船舶某些专用舱的降温及浸水后的积水。

(4)船体破损后的大量排水。

舱底水不仅对船体有腐蚀作用,而且在货舱内会因浸湿货物造成货损,机舱底积水还会影响操作,当舱底水太多时甚至要影响船舶稳性和航行的安全。所以定期地将舱底水排除是十分必要的。

二、管路布置方式

舱底水管路布置有三种方式。

1. 支管式

对各需要排水的舱室，从每个吸口引出支管通过截止止回阀或截止止回阀箱，经舱底水总管接至舱底泵。

2. 总管式

适用于设有管隧的大、中型船舶，即从各需要排水的舱室的吸口引出支管通过截止止回阀接至管隧中的总管，该总管通至机舱，经机舱内的舱底水总管与舱底泵相连接。由于总管式的阀布置在管隧内，因此阀需要遥控操纵。

3. 混合式

介于上述两种方式之间。例如把需要排水的舱室分成两组或三组，由两根或三根分总管与舱底泵相连接。

采用支管式耗用的管材较多，而采用总管式需要加设阀的遥控操纵系统，具体采用何种方式由船舶的类型而定。

三、舱底水的油污分离

在船舶运行的日常操纵中，机舱中各类设备的启动工作，不可避免地会有大量的含油污水积聚舱底，另外油舱装载压载水，油舱柜漏泄或破损泄出油等现象均可能使舱底水的含油量超标，从而违反国际有关公约。国际防污染公约中规定了船舶排水中的含油量不得超过 10 ppm①，因此船舶设计必须设置污水分离器等污水处理装置。

污水处理的方法有两种：

①利用油与水的比重差采用上浮分离法。

②利用污水分离器进行的分离法。

船用污水分离器即采用油水比重差分离法的装置。常用的污水分离器国外的有联邦德国的 TURBULO 型分离器和 VICOR12 型分离器，国产的有 Y9CZ 型和 C8F 型污水分离器。分离器分别有 0.5 ~5 t/h 的各种规格，排放标准均能达到小于 10 ppm。

分离器的基本原理是通过过滤、凝聚、吸附、转折及分离各过程，使油分从污水中分离出来。

下面介绍一种我国自己设计制造的采用金属网油滴聚合分离形式的组合装置。如图 5 -29 所示为该形式的 0.5 m^3/h 排量的油污水处理装置结构原理图。

这种装置设有一个公共基座、两个圆柱筒体、一个电动柱塞泵、一个电气控制箱。装置的主要技术性能参数是：

理能力：0.5 m^3/h

泵形式：电动柱塞泵

排油方式：自动和手动

加热方式：蒸汽或电加热

工作压力：0.20 MPa

出口压力：0.13 MPa

进水管直径：25 mm

出水管直径：25 mm

排水管直径：25 mm

---

① 1 ppm = 0.001 ‰。

该装置的工作原理：含油污水从切向进入第一级组分离筒体上部，产生旋转流，由于油水比重差，使水中粗大油滴首先上浮分离；经粗分离后的水继续下降，进入金属网油滴聚合装置，此时水中微细的油滴聚合成较大颗粒而与水分离开，网状油滴聚合装置是一个多孔的圆柱体，内部有无数曲折细小的通道，油污水流过时，比聚合装置上小孔直径大的油滴被截住并黏附于金属丝网上，由于油的黏度比水大，故不会被水冲走，黏附的油滴则成为更小油滴的聚合中心，使水流中细小油粒不断向聚合中心聚合，随着分离过程不断进行，油滴会愈来愈大，粗大油滴就会因浮力而沿着金属网上浮，直至逸出。金属网上油滴的聚集会在网上形成油膜，金属网就会成为一种亲油疏水的材料，使水易流走，油被黏附。从第一筒体下部流出的水再进入第二圆筒，被进一步处理，第二圆筒中其金属网孔径更小，这样同第一级一样的原理，更细小的油点被聚合分离出来，最后油点与水被一起压出并随着其比重之差使油水分离，清水从第二级分离筒部流出，并符合含油量小于 10 ppm 的要求。装置采用自动排油机理，聚集筒上部的油达到定量时，电磁阀动作，即开始排油，至一定位置时电磁阀动作使排油停止。在分离过程中筒内设加热盘管，使含油污水加热，温度高时油水的比重差加大，使油水分离快，水的黏度是随温度上升而降低，使浮水中的油滴上升的阻力减小。一般分离时加热至 40 ~ 60 ℃最适宜，且不宜超过 70 ℃，此时会因油的黏度下降太大而使油滴在流动过程中被撞碎，从而影响油滴凝聚而降低分离效果。

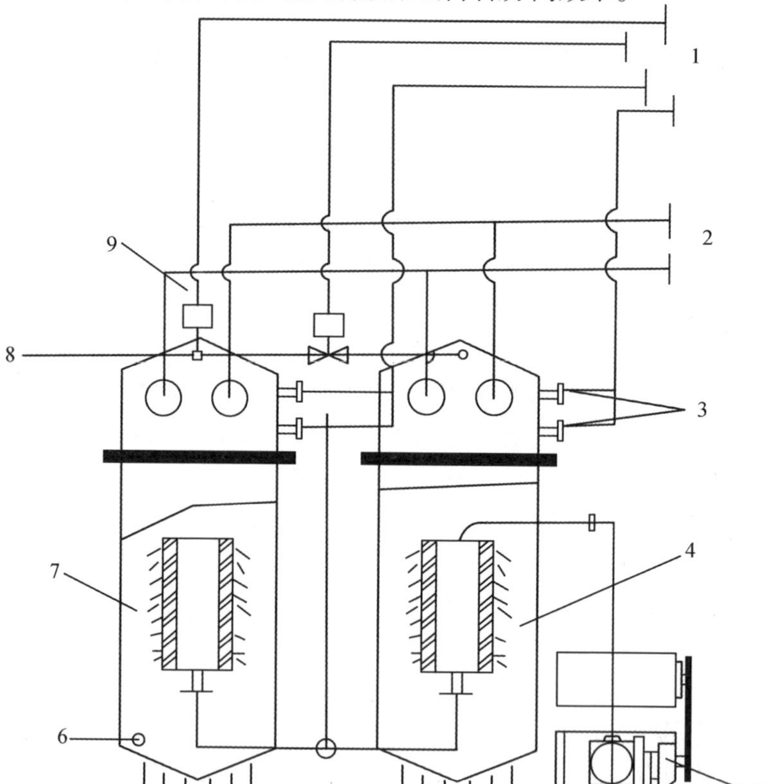

1—接自动排油控制箱；2—接蒸汽管；3—电极式液位传信器；4—第一组分离；5—电动柱塞泵；6—清水出口；7—第二组分离；8—排油；9—电磁阀。

图 5 – 29　油污水处理装置结构原理图

油污水处理，不仅用于舱底水的处理，或油舱兼作压载水舱时的水处理，还有用在生活污水处理，如来自病房、厕所等处的污水，一般生活污水采用 ST－4 型生活污水处理装置，它们的排放还应满足细菌如大肠杆菌等的含量规定，它们的设计是另成一系统。

四、舱底水系统的原理设计

1. 舱底水管管径的确定

根据《规范》要求，舱底水总管的内径 d_1 的计算公式为

$$d_1 = 25 + 1.68\sqrt{L(B + D)} \tag{5-1}$$

式中 d_1——舱底水总管的内径，mm；

L——船长，即在最深分舱载重线两端的垂线间量得的长度，m；

B——船宽，即在或低于最深分舱载重线处由一舷肋骨外缘至另一舷肋骨缘间的最大宽度，m；

D——至舱壁甲板的型深，m。

舱底水总管的实际内径可按所接受标准的最接近的尺度取整；在任何情况下舱底水总管的内径应不小于最大舱底水支管的内径。

装货处所和机器处所的舱底水支管内径 d_2 的计算式为

$$d_2 = 25 + 2.15\sqrt{l(B + D)} \tag{5-2}$$

式中 d_2——舱底水支管的内径，mm；

l——舱室长度，m。

舱底水支管的实际内径可按所接受标准最接近的尺度取整。

一般情况下，舱底水支管的内径应不小于 50 mm，直通舱底泵的舱底水管内径应不小于该船的舱底水总管的内径，轴隧舱底水支管内径一般应不小于 65 mm。

2. 舱底泵

(1)舱底泵数量

每艘船舶的动力舱底泵数量应符合表 5－1 中的规定。

表 5－1 动力舱底泵系数量

船舶种类		独立动力泵/台	主机带动或独立动力泵/台
客船	业务衡准数≥30	3	1
	业务衡准数＜30	2	1
除客船外的船舶	船长＞91.5 m	2	
	船长≤91.5 m	1	1

在表 5－1 中的每台舱底泵，可由几台泵组成的舱底泵组代替。

如果独立动力的卫生泵、压载泵及总用泵的排量足够且为自吸式泵或带自吸装置的泵，并与舱底水管系有适当的连接，那么它们均可作为独立动力舱底泵。

除客船外的其他船舶，如果一个舱底水喷射器有适当压力的海水泵供水并与舱底水管系有适当连接时，那么它可取代一台所要求的独立动力舱底泵。

(2)舱底泵的形式和排量

所有的动力舱底泵均应为自吸式泵或带自吸装置的泵。可选用往复泵、离心漩涡泵、

喷射泵等。连接应急舱底水吸入口的冷却水泵，不必为自吸式泵或带自吸装置的泵。

每一舱底泵的排量 Q 应不小于按式(5－3)计算的值

$$Q = 5.66\, d_1^2 \times 10^{-3} \tag{5－3}$$

其中，d_1 为舱底水总管内径，mm。

每一动力舱底泵应使流经舱底水总管的水流速度不小于 2 m/s。舱底水泵只需将水排出舷外，所以压头不用太大，一般为 0.2～0.3 Mpa。

3. 舱底水管系布置的一般要求

舱底水管系及附件的布置，应能保证任何舱室或其他水密空间的积水均能有效地排出。

根据《规范》要求，排水管系的布置应满足当船舶正浮或横倾不超过 5°时任何舱室或水密区城内的积水均能通过至少一个吸入口予以排出。为此除在短而狭窄的舱室内设置一个吸入口即可有效地排水以外，其余舱室一般均应在两舷设置吸入口。因此，舱底水吸入口应布置于各舱最低处。

(1)货船的舱底水吸入口的设置应符合表 5－2 中的规定。

表 5－2　货船舱底水吸入口的布置表

货舱情况		每一舱舱底水吸入口布置
单层底船舶	船底向两舷升高≥5°	后端靠近舯纵剖面处 1 个
	船底向两舷升高＜5°	后端每舷 1 个
双层底船舶	内底板向两舷延伸形成舭污水沟	每舷 1 个
	内底板向两舷升高	舯纵剖面处 1 个
	内底板向两舷延伸并不形成污水沟	每舷设 1 个污水井及 1 个吸入口
仅有一个货舱且该舱长度为 35 m		前后端均应设置
船首尾端狭窄货船		舯纵剖面处 1 个

(2)舱底水吸入口应设有滤网，滤网孔径应不大于 10 mm，滤孔的总面积应不小于吸水管面积的三倍。

(3)机舱还应设一只应急舱底水吸入口。该吸入口一般应与一台主冷却水泵或与排量最大的泵的进口相连，并装设截止止回阀。阀杆应适当延伸以使手轮在花钢板以上至少 460 mm 的高度上。

(4)为保证安全，整个系统应能防止舷外的水通过系统管路流入舱内。且须保证各舱的舱底水能单独排出，互不影响。为此，舱底水吸入口及舱底水阀箱均应采用止回式。在管系连接上，应保证当其他泵在检修时，至少有一台舱底泵能继续工作。同时，还应保证舱底泵与消防泵能同时工作。

(5)舱底水管不应通过油舱和水舱。为此一般油船的首部舱室的舱底水由单独设置的喷射器抽出。

(6)油船的机、炉舱的舱底水泵，只用于排除机炉舱的航底水，不得与其他舱的舱底管系连通。

总之，舱底水管系的管径、泵的排量、吸入口数量和位置均应满足《规范》的要求。

第三节 压载水管系

一、压载水管系的功用与要求

1. 压载水管系的功用

压载水管系是指船舶在航行、装卸、停泊等各种营运状态下能保持稳性的一种重要系统。船舶在航行时,若为空载,则船体上浮,吃水减少,从航行经济性考虑,吃水少则阻力小,可使航速提高,但由于重心太高,造成稳性变差,易形成船舶横摇,摇摆周期短,人员会感觉不舒服。又由于船舶受风面积增大而使船舶有被倾覆的危险。吃水太浅会使螺旋桨和舵露出水面,降低其工作效率,还会产生水击、桨空转及船体严重振动等危害。对于艉机型船舶,则由于艉部较重,而使船首部的船底露出水面,此时若遭浪击的话,则很容易破坏船舶平衡,因此在不同的航行状态、不同的船舶载货情况及不同的航行海域位置下,都必须随时调整船舶吃水的深浅,以避免上述危险现象的出现。船舶压载系统的设置就是为了保证船舶在航行、出入港口、货物装卸等各种工况及装货量多少等情况下都有一定的吃水深度,一定的重心高度和稳性平衡状态,也即通过随时调整各压载水舱的压载和排水使船达到平衡和恰当的排水量。总而言之,压载水系统就是对压载舱注入或排出压载水,以达到:

(1)保持恰当的排水量、吃水深度和船体的纵、横向平衡;

(2)维持一定的稳性高度;

(3)减少船体过大的弯曲力矩和免受过大剪切力;

(4)减轻船体因压载不当引起的船体振动。

船体结构中有艏尖舱、艉尖舱、双层底舱、边舱、顶边舱及深舱等,它们均可作为压载水舱用,有些又作为燃油储藏舱用,但必要时也可注入压载水作压载舱。艏尖舱和艉尖舱对调整船舶纵倾最为有效,且艏尖舱因位于船首的艏隔舱壁之前,该处最易被撞,故被作为压载水舱用。由于货船中以双层底等作为压载舱在空载情况下压载量是远远不够的,故有时将货舱也兼作压载舱用,顶边舱也常用来压载。

2. 压载水管系设计的一般要求

除了与舱底水管系设计相仿的一些要求外,压载水管系设计还有其独特的一些要求。

(1)当压载水舱的长度超过 35 m 时,一般应在舱的前后端均设置吸口。

(2)压载水管不得通过饮水舱、锅炉水舱、滑油舱,其管系不得与机舱、干货舱等船舶的舱底水管和油舱管子相接通。

(3)当油舱、水舱或干货舱兼作压载水舱时,则压载管系应设置盲板或隔离阀,并避免发生含油压载水排放,造成污染。

(4)压载水泵实行遥控时则应在操纵部位设置运转指示装置。

(5)通常压载水在管路内流动不是单向的,有注入和排出。因此系统内不得用止回阀,一般多采用截止阀箱。

(6)同舱底水一样,管系多布置于管隧内,以防水管泄漏,使污水进入货舱。

(7)穿过防撞舱壁时,管路应在甲板以上设置能启闭的截止阀。

(8)压载水管系的布置,吸口的布置应满足正常运行条件下的正浮,倾斜位置能排、注压载水,各压载水舱能互相调驳。

二、压载水系统的布置方式

压载水系统有以下几种布置方式。

1. 支管式

压载水集合管设于机舱前壁或后壁，集合管和压载水泵间用总管相连，集合管和各压载水舱间用支管相连。这种形式便于管理，且各舱均可独立排水和注水，但管路较长，可用于普通货船的双层底、深舱、舷侧顶边舱等。

如图 5－30 所示为支管式压载系统。

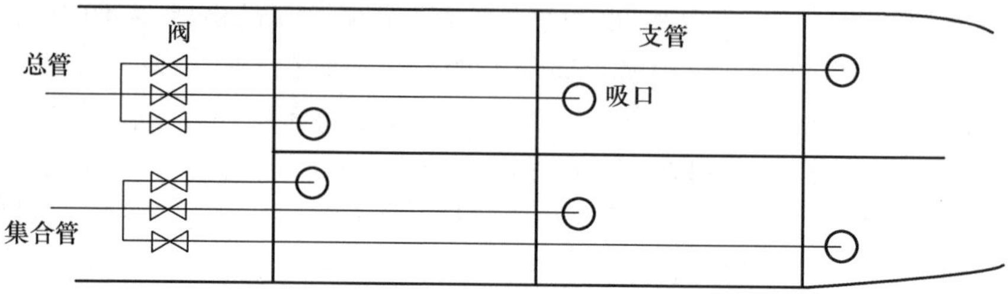

图 5－30　支管式压载系统

2. 总管式

对于作压载用的双层底舱、深舱，可在船长方向敷设总管，由总管向各舱上出支管，在支管上安装吸口和遥控阀。油船、散装货船、矿砂船等大型船舶常用这种形式。

如图 5－31、图 5－32 所示为总管式压载系统。

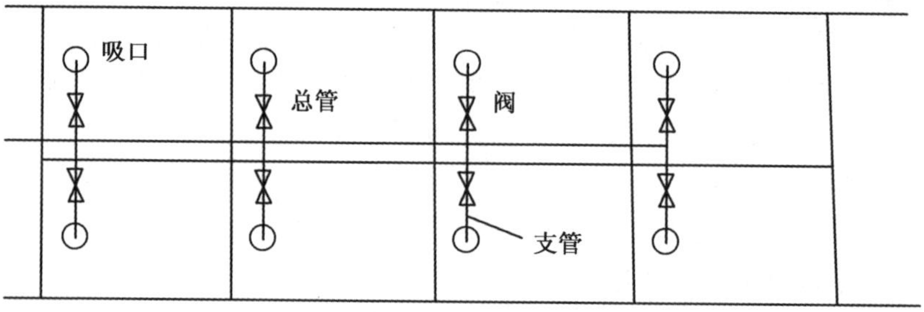

图 5－31　单总管式压载系统

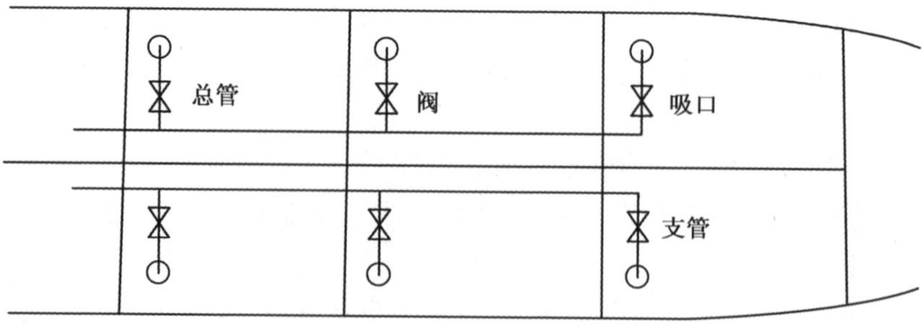

图 5－32　双总管式压载系统

3. 管隧式

为避免隔舱开孔和便于维修，在双层底内设管隧，在管隧内敷设压载水总管或支管。这种形式为矿砂船和散装船等所采用。

三、压载水管系原理设计

1. 压载泵及压载水管管径的确定

压载泵的排量是按在规定时间内打满或抽完全部压载水舱的压载水的要求来确定的，其计算公式为

$$Q = \frac{V}{T} \tag{5-4}$$

式中 Q——压载泵排量，m^3/h；

V——压载水舱总容积，m；

T——要求的抽注时间，h。

压载水舱容积根据船舶总体性能由船体提供。

压载水抽注时间，按装载手册或航行试验大纲而定。

压载泵的总压头由系统管路水压力来决定，一般取压头为0.2~0.3 Mpa。压载泵可选活塞式或离心式，采用离心式时，宜用自吸式。内河船舶一般均采用排量大压头低的离心泵。有足够排量的消防系、总用泵和舱底泵均可兼作压载泵使用。

压载水管口径的计算公式为

$$d = 18.8\sqrt{\frac{Q}{v}} \tag{5-5}$$

式中 d——压载水管通径，mm；

v——压载水管内水的流速，m/s，一般取2~2.5 m/s。

对于大中型船舶，由于压载水舱中有3%~5%的剩余水无法排净，故要设扫舱泵。扫舱泵一般选用活塞泵或喷射泵。扫舱泵的排量为$Q=KQ$，K一般取0.1~0.2。

2. 压载水系统的布置及实例

为保证船舶在各种状态下均能抽干舱内的压载水，压载管系吸入口应布置于各舱最低处，内河船舶一般均在水舱后隔舱壁前设一吸入口，艉部压载舱常设于水舱的前舱壁，后部压载舱吸入口可不设滤网。

压载管系的布置必须防止船外水或压载舱的水进入其他舱室。系统不得与机、炉舱的舱底管系及油舱管系接通。管路走向应避免通过油舱和清水舱。

如图5-33所示为某客船压载系统布置原理图。全船共有8个压载舱，由吸入口经压载水管与设于机舱的截止阀箱相连。江水由3BL-6压载泵(兼通用-消防泵)自江水总管吸入，泵至分配阀箱，由分配阀箱将压载水分别注入前后各压载舱，排出时则由吸入口通过分配阀箱，被压载泵吸入，然后经截止止回阀排出舷外。

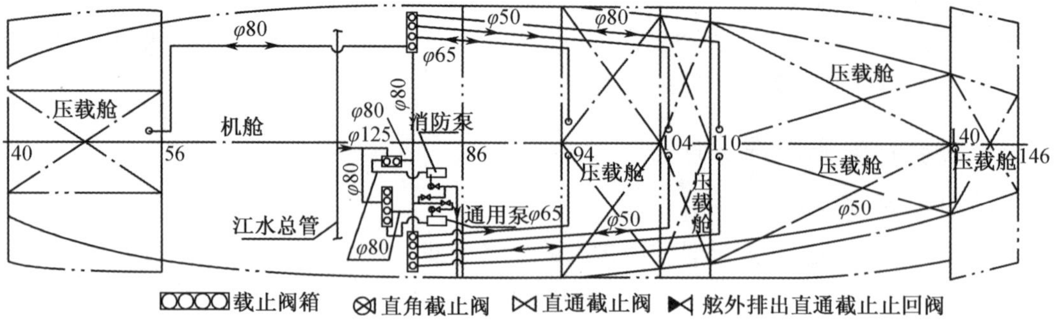

图 5-33　某客船压载系统布置原理图

第四节　消防水管系

一、消防水管系的功用与种类

船舶上发生火灾是十分危险的，特别是客船、油船，火灾不仅给人员造成威胁，使货物遭受损失，严重时则船毁人亡。因此，船舶上的防火和灭火工作十分重要，船舶建造规范专门开辟一章对船舶消防作出详细明确的规定和要求，没有消防设施的船舶不得建造、不得使用。船舶上设计设置消防系统对预防和消除船上的火灾事故起着巨大的作用。

1. 船舶引起火灾的原因

引起火灾的原因是多方面的，常见有下列几种：

(1)电气线路的绝缘不良或短路；

(2)油气积聚过多；

(3)油料、油漆、木材和纸张等易燃品的保管不慎；

(4)军用舰艇上武器弹药的保管不当。

2. 火灾发生的三要素

(1)具有可燃烧的物质，如油气、燃油、木材等；

(2)达到燃烧点的温度或有引燃物，如电气线路短路起火，烟头或火柴点火等，以及使可燃物达到燃烧点的温度；

(3)燃烧所必需的助燃物质，如氧气、空气等。

3. 船舶上的消防种类

(1)水消防；

(2)蒸汽消防；

(3)泡沫消防；

(4)二氧化碳(CO_2)消防；

(5)卤代烃消防等。

二、各种消防措施的灭火原理及适用范围

1. 水消防管系

(1)要求

水消防的基本原理是利用强大的水流喷注到着火区，从而使燃烧物被冷却降温，水遇热后的蒸发能吸热也使火区降温，蒸发的水汽使火区周围的空气中氧的浓度稀释，使燃烧缺氧也能达到灭火的目的。水消防是船舶上应用最广泛的，其消防水为舷外的海水或江河水，取之方便。其缺点是灭火范围有一定限制，如在船上较多见的是油火灾、电气引发的火灾等，海水是含钠(Na)等金属离子的介质，有导电作用，会对电气火灾产生不利后果。

为了可靠而有效地灭火，对水消防管系提出如下要求。

①所有消防水泵应为独立机械传动，通常采用的离心泵、卫生水泵、压载水泵或总用水泵，如符合消防水泵的有关要求，均可作消防水泵用。100 总吨以下的货船，消防水泵可由主机带动。

②各消防水泵(应急水消防泵除外)的排量最好采用相同的。如各水泵排量不同，则最小一台水泵的排量不应小于所需消防水泵总排量的 80% 除以消防水泵台数，且至少应满足两股 12 m 水柱的要求，其排量不足部分应由较大排量的水泵补偿。

③对大于等于 1 000 总吨的船舶，应至少备有一只国际通岸接头，并便于由船舶的任何一舷连接，以便在船舶失火时，相互救援灭火。

④消火栓的布置和数量，应至少能将两股不是同一消火栓所出的水柱射至船上人员经常到达的任何部位。消火栓位置应便于连接消防水带和进行有效的灭火。

(2)水消防原理

如图 5－34 所示为某船水消防管系原理图。

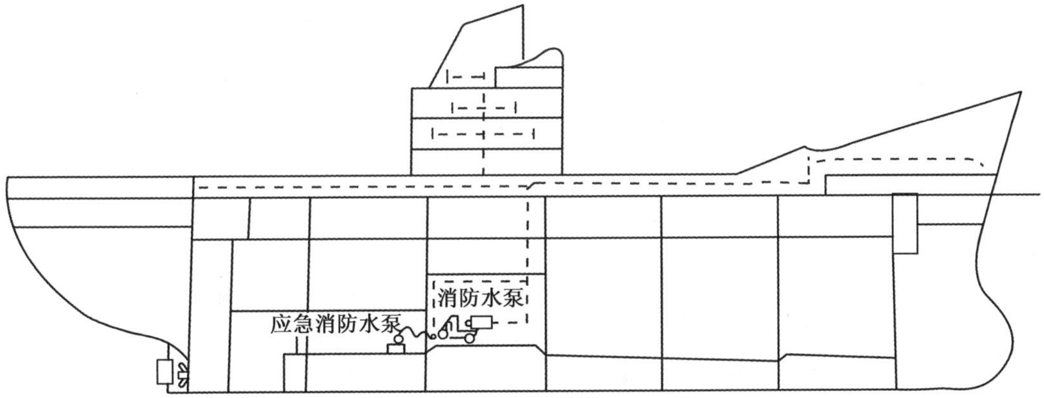

图 5－34　水消防管系原理图

该船上消防主要用于机舱、平台甲板、主甲板、上甲板、起居甲板、艇甲板及驾驶甲板，同时也可用作冲洗甲板及锚链用。

图 5－34 机舱中设有两台消防水泵(兼压载用，图中只绘出一台)，它们经各自海底总管吸入阀箱吸水后打出，经排出阀箱，消防总管及支管，将消防水供至分设在各层甲板的消火栓上，火灾发生时消防水带与消火栓相接。同时消防水还供甲板及锚链冲洗。

消防水带通常以帆布或其他认可材料制成,每根水带附有一支水枪和必要的接头,其长度不大于 20 m。

在上甲板还设有国际通岸接头两只。

考虑到机舱内的失火,在机舱外轴隧内还设有应急消防水泵一台,它具有独立的海底门进行吸水,其排出管接至消防总管。应急消防水泵可为电动机或小型柴油机驱动,电动机驱动器的用电,来自应急电源。

2. CO_2消防管系

(1)CO_2消防管系的设计要求

CO_2消防管系的管子应采用无缝钢管,并按计算结果或规范标准中规定的壁厚选用管子;一般来说总管管径不小于 15 mm。

(2)CO_2的储备量

CO_2的储备量一般按被保护处所的范围大小设计计算,可按如下要求。

①装货处所:按货舱总容积的 30% 的 CO_2 自由气体量。

②机器处所(机舱):按机舱总容积的 40% 的 CO_2 自由气体量。

③油船货油泵舱:按货油泵舱总容积的 45% 的 CO_2 自由气体量。

④滚装船围屏装货处所:按装货处所总容积的 45% 的 CO_2 自由气体量。

上述自由气体体积按每千克等于 0.56 m^2计算。

(3)CO_2灭火剂的储备

CO_2灭火剂的储备规定如下。

①CO_2灭火剂应储藏于无缝钢瓶内,钢瓶应置于专用的站室内,该站室只能存放容器和与系统有关的部件及设备。

②CO_2钢瓶的水压试验压力为 24.5 MPa,装船钢瓶应具有合格证件。

③CO_2站室内通风良好,并保持温度不低于 0 ℃和不超过 45 ℃。

④大型船舶由于 CO_2量较大,钢瓶较多,此时可分组,每组的瓶数不得超过 12 瓶。

⑤CO_2气瓶的瓶头阀应有安全膜片,瓶头阀按气瓶要求试验,安全膜片应能满足在压力达到 18.6 ±1 MPa 时自行破裂。破裂后释放的灭火剂 CO_2应由管路引至站室外开敞甲板处的大气中。

(4)管路及系统

管路及系统应满足如下要求。

①每个 CO_2钢瓶从瓶头阀接近至集合管,按要求管上应装设止回阀。

②集合管至分配箱的总管上应装有压力表,指示范围为 0 ~ 24.5 MPa。

③CO_2管路不得通过起居处所,避免通过服务处所,不可避免时,在该处所的管路则不得有可拆接头。

④在机舱、油泵舱等重要保护处所,应有足够的喷嘴数量和管内径,以保证该处所需 CO_2量的 85% 能在 2 min 内喷出。

⑤总管和分配阀箱上应装设压缩空气吹洗管的接头。

(5)管路及系统的试验

管路及系统的试验应满足如下要求。

①分配阀箱至瓶头阀的总管管路液压试验压力应不小于 11.8 MPa。

②分配阀箱至喷头间的支管管路液压试验压力为 1 MPa。

③装船后的管路系统应进行不小于 0.69 MPa 的气密试验。

④系统全部完工后应进行 2.47 MPa 的功能试验，以检查 CO_2施放机构动作及系统工作的正常和可靠性。

(6) CO_2灭火系统的原理

如图 5－35 所示为某大型船舶 CO_2消防系统原理图

系统中在主甲板上设置了 CO_2灭火站室，站内按计算布置了 CO_2储存钢瓶 10 个，每个容量为 40 L，每个钢瓶上装有瓶头阀，通过操纵拉杆装置可将瓶头阀开启；拉杆装置通过启动气缸由每组的两只气瓶的高压 CO_2带动，这两只 CO_2气瓶由手动开启；在有些船舶上，气缸的驱动是由压缩空气来启动的。有的船上不设气缸机构，而是设计一套手动拉杆和钢索传递使瓶头阀开启。当 CO_2气瓶开启后，CO_2立即进入 CO_2 总管，再通过截止阀进入分配总管，然后经过快开阀和各路支管，到达被保护处所：机舱、货舱、油舱柜等部位。

每处钢瓶的出口管上装设竖形止回阀，是为了防止钢瓶组开启时，较满的钢瓶中气体倒流入不太满的钢瓶。管路还设置了 0～25.0 MPa 的压力表，以显示 CO_2的压力情况；一般压力为 12.0～15.0 MPa 时，CO_2即呈液态而储于钢瓶中，灭火时开启瓶头阀，释放时的 CO_2其压力急剧下降，并由液体转化为气体，注入被保护处所，此时使火区温度得到下降，并由于 CO_2比空气重，一方面空气浓度被 CO_2充入而降低，另一方面 CO_2覆盖着火区，使其与空气隔绝，从而迅速灭火。气瓶组和管路中设置了泄放管，是用来当钢瓶中压力超过预定值时放泄 CO_2至舱外大气中，这是起保护作用的设施，一般放泄管口带有警笛，泄放时能发出声音警告以引起人们注意。通常的超压原因为：充气过多而超压；环境温度变化，因温度升高而致压力升高。

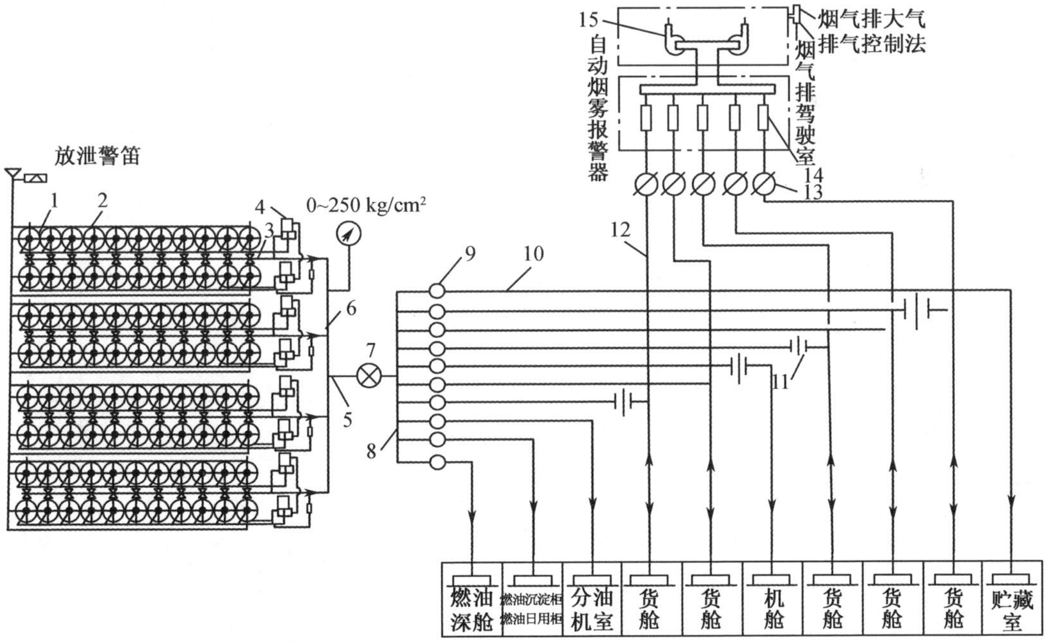

1—CO_2；2—瓶头阀；3—拉杆装置；4—启动气缸；5—CO_2 总管；6—竖形止回阀；7—截止阀；8—分配管；9—快开阀；10—CO_2 支管；11—吸烟口；12—吸烟管；13—定压止回阀；14—隔离膜片；15—自动烟雾报警器。

图 5－35 CO_2 消防系统原理图

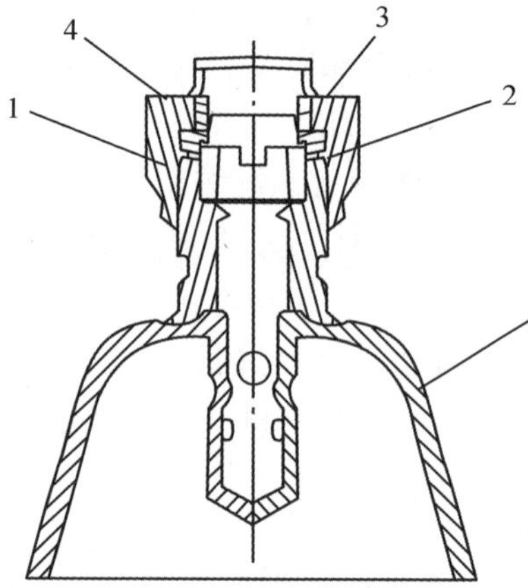

1—本体;2—膜片;3—螺塞;
4—平肩接头;5—喷口罩。

图 5-36　CO_2 喷口形式

为了能及早发现各保护处所产生火警,系统中设置了一套烟气自动报警装置;在各处所设置了吸烟口。火灾发生,烟气即进入吸烟口,并沿吸烟管通至驾驶室的自动烟雾报警器,由此发出各种灯光、声响信号。烟管上还装有定压止回阀,作为防止烟气倒流和 CO_2 施放时自动关闭烟路。吸烟管大都采用 20 mm 以上的管子。由于 CO_2 管与烟气管是相连通的,故管路上设置了隔离膜片,以防止烟气进入 CO_2 管路。系统中设置了两台抽风机是集烟气用的,两台交换使用,排烟可直接放入大气或进入设有气味控制装置的驾驶室,气味控制装置与烟气控制器有同样的效果。在有些船上用三路阀代替隔离膜片,这样就只需转换阀的方向即可实现上述目的。CO_2 管路接至被保护处所时,通常接一喷口,并由此喷口向保护处所施放,喷口结构好坏与施放灭火效果有很大的关系,所以都专门设计配置,布置时一般置于舱室上部,并根据比空气重的扩散倾向向下,而将喷口朝下。如图 5-36 所示为 CO_2 喷口形式之一的结构简图。

3. 1211 消防管系

1211 消防系统近年来在船舶上广泛使用,不少种类船舶的消防设置即是水消防和 1211 消防的组合。这是因为自 1211 这种新型灭火剂问世以来,由于其灭火效果好,对金属腐蚀性小、毒性小,且易于加压而不需如 CO_2 那样加高压即可液态化,存于钢瓶,所以其常常取代 CO_2 灭火。由于它只需用较高些压力的压缩空气即可驱动和施放,这在船上较易实现,故方便系统设计和船上安装施工。

(1)1211 消防系统原理

如图 5-37 所示为某货船的 1211 灭火系统站布置原理图。

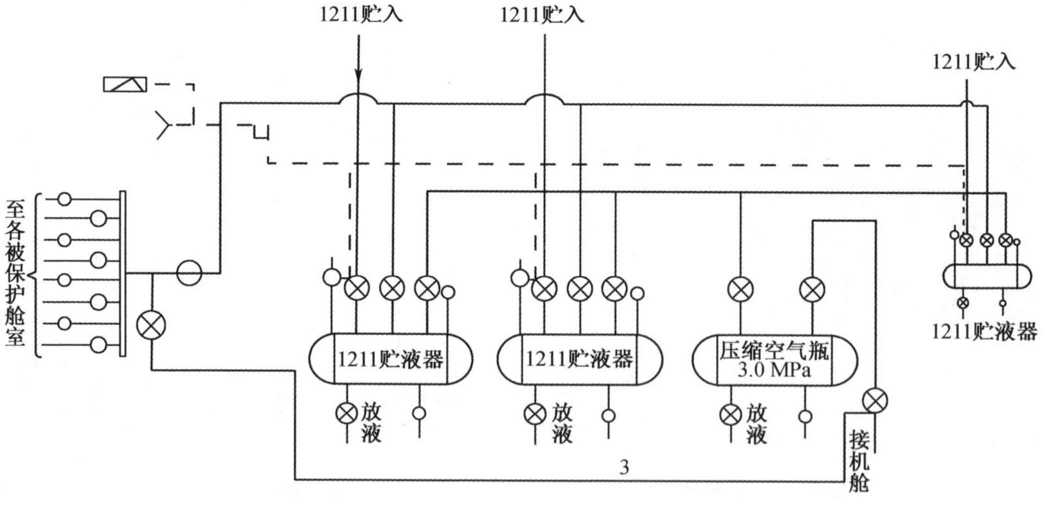

图 5-37　1211 灭火系统站室布置原理图

1211 站通常设置于甲板上，并要求有良好的通风，然后以管路连接，并接至各部位。在站室中布置了三个储存器，其充装率为 1.20 kg/L，还有一只压缩空气瓶，气瓶存储 3.0 MPa 的压缩空气，来源于机舱主空气瓶。储存器为钢瓶，通常以整个钢瓶连接为一组，每船都有几组，集中操作施放。在系统中，压缩空气由管路从气瓶接至 1211 储气瓶，从而驱动 1211 灭火剂进入 1211 总管，然后经过分配阀至各路支管，由支管连接至各被保护处所。压缩空气的容量和压力的设计主要考虑能使 1211 完全喷射，且喷射终止后空气瓶压力不低于 0.7 MPa，以保证有效喷射。在 1211 瓶上设置有压力表、安全阀，以确保气瓶及其处所的安全，如若压力超过规定值（通常规定为 1.0 MPa），则安全装置中的安全膜片被顶开，1211 灭火剂则从泄放管排至大气中。系统中设置了吹除管系，使用压缩空气定期地对 1211 管路和喷嘴进行吹洗，以免因管路堵塞而使用失效。除了压缩空气，还常用氮气经压缩后储于气瓶内作为驱动剂。氮气是更理想的介质，因其是惰性气体，不能助燃，又氮气在 1211 灭火剂中的溶解度最低，且氮气随温度的升降其压力波动较小；但是氮气来源不便，必须于岸上充装入钢瓶后装船备用，而压缩空气却随时可取。以往也使用过用 CO_2 作驱动介质，但由于 CO_2 易溶于 1211 剂，影响施放喷射效果，故近年较少使用。

管路系统的布置和设计与 CO_2 消防管系大致相同，仅是压缩级有较大差异，读者可参阅 CO_2 消防管系。1211 灭火效果的好坏也与其喷射口即喷嘴的选择有关，所以设计时还应合理地选择喷嘴形式，如图 5－38 所示为 1211 喷嘴的一种常见形式。

由图可见，喷嘴由本体、压盖和雾化器组成，雾化器上有几个螺旋形通槽，1211 剂在一定压力下通过螺旋槽时就能螺旋形地前进而形成良好的雾化状态，喷射到灭火部位。

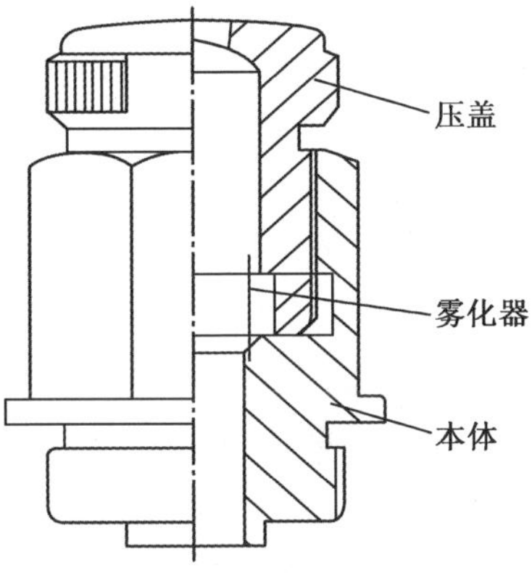

图 5－38　1211 喷嘴

（2）卤代烃灭火系统设计和布置的规定和要求

①卤代烃灭火剂的盛装容器应为钢质气瓶，气瓶应易于充装，1211 的充装率为 1.2 kg/L，气瓶应设置安全装置，能自动释放超压气体，并从管路引至舱外大气中。

②1211 剂容量按机舱容积的 5.5% 计算，其比容按 0.14 m^3/kg 计算。

③驱动介质应满足驱动 1211 剂终了不低于 0.7 MPa 的压力。（对于 1301 剂为 1.47 MPa）卤代烃的管路、容器与集合管或分配总管应采用钢质无缝管或不锈钢管，其他管段可用钢管；凡通过服务处的管路不得有可拆卸接头。并尽可能不穿过居住处所和冷藏货舱。

④灭火管路上，在适当地方布置压缩空气接头，以便定期以压缩空气吹洗管路和喷嘴。

⑤灭火管路和喷嘴应能有效地输送和分配卤代烃灭火剂，并能在 20 s 内将所需用量的灭火剂以液态输送至被保护区。

⑥施放阀的操纵，无论采用什么机构或装置，或是否遥控，均应能在阀旁进行人工就地操作。

⑦喷嘴应采用耐腐蚀材料制造。

⑧卤代烃站应尽量远离被保护处所，并适当地隔热和有良好通风，通常在甲板上围固成站。

⑨容器钢瓶、管路及附件应在车间进行液压强度试验，压力为工作压力的 1.5 倍；船上安装后进行 0.7 MPa 的气密性试验；船上全系统安装完毕后应进行系统功能试验。

4. 泡沫灭火系统

泡沫灭火系统是以一种泡沫液和海水相混合而产生泡沫，覆盖在燃烧物表面上形成连续的黏稠而耐热的隔层，从而隔绝空气并冷却，阻止燃烧。

(1)泡沫类型

船用泡沫灭火系统都是用水混合发的泡沫，大致有：

①水成膜泡沫灭火剂

水成膜泡沫灭火剂可按比例用清水或海水配制成按体积计的 1%、3% 或 6% 最终浓度的空气泡沫。这种空气泡沫具有黏度低、扩散迅速和均匀的特点，还可以在其下方形成一层溶液的连续水膜，注水膜还能扩展到没有完全被泡沫覆盖的可燃液体表面，并在遇到机械性破坏之后能自行封合，这种泡沫能与干粉灭火剂联用。

②蛋白泡沫灭火剂

蛋白泡沫灭火剂含有高分子量的天然蛋白质聚合物。可按比例用清水或海水配制成按体积计的 3% 或 6% 最终浓度的空气泡沫。这种空气泡沫为稳定性、耐热性良好的黏稠泡沫。

③氟蛋白泡沫灭火剂

氟蛋白泡沫与蛋白泡沫液相似，但还含有氟化的表面活性剂，这种灭火剂灭油类火灾非常有效。氟蛋白泡沫液可用清水或海水配成按体积计为 3% 或 6% 的最终浓度的空气泡沫，它与干粉灭火剂的相容性比常规蛋白型泡沫好。

④水成膜氟蛋白泡沫灭火剂

水成膜氟蛋白泡沫灭火剂具有水成膜泡沫灭火剂和氟蛋白泡沫灭火剂的优点。可用清水或海水配成按体积计为 3% 或 6% 的最终浓度的空气泡沫。该种泡沫扩散迅速且易于发泡，可与干粉灭火剂配用。

⑤抗溶泡沫灭火剂

抗溶泡沫灭火剂适用于扑灭水溶性、水混合性等会对普通泡沫液产生破裂和丧失效能的可燃液体，如醇、酮、酯、胺和酐，用于磁漆、清漆和稀释剂等的灭火。

⑥中倍数和高倍数泡沫灭火剂

泡沫液与水和空气混合产生最终的空气泡沫体积与混合剂泡沫液体积之比称为发泡倍数，按发泡倍数可分为：低倍数泡沫——发泡倍数低于 20∶1；中倍数泡沫——发泡倍数为 (20～200)∶1；高倍数泡沫——发泡倍数为 (200～1 000)∶1。

中倍数泡沫或高倍数泡沫适用于有限空间的火灾。向有限空间里输入这种潮湿的泡沫，用其体积置换蒸汽、热气，阻止空气进入并起冷却作用。不适用于开敞场所，因其重量非常轻，易被风吹散。

(2)泡沫灭火系统原理

①高倍泡沫灭火系统

高倍泡沫灭火系统应符合下列要求：

a. 该系统应能通过喷射口迅速喷出的泡沫量，使最大一个被保护处所每分钟至少铺盖 1 mm 的厚度。泡沫液的准备，应足够产生泡沫量 5 倍于最大一个被保护处所的高度。

b. 泡沫发生器的风机，应设有当供水发生故障时自动停止运转的装置，泡沫倍数不超过 1 000∶1。

c. 输送泡沫的管道、泡沫发生器的空气进口及泡沫产生装置的数量，应使之能有足够的泡沫产生和适当分配，并设有当喷射泡沫时允许空气自被保护处所逸出的措施。机舱的水平面积超过 400 m^2时，应至少设两只泡沫发生器。

系统原理如图 5－39 所示。高倍泡沫灭火系统也可适用于：

a. 除特殊处所外的用于载运油箱中备有自用燃料的机动车辆的装备处所；

b. 1 000 总吨及以上的客船装货处所；

c. 可以进行密封的流通装货处所。

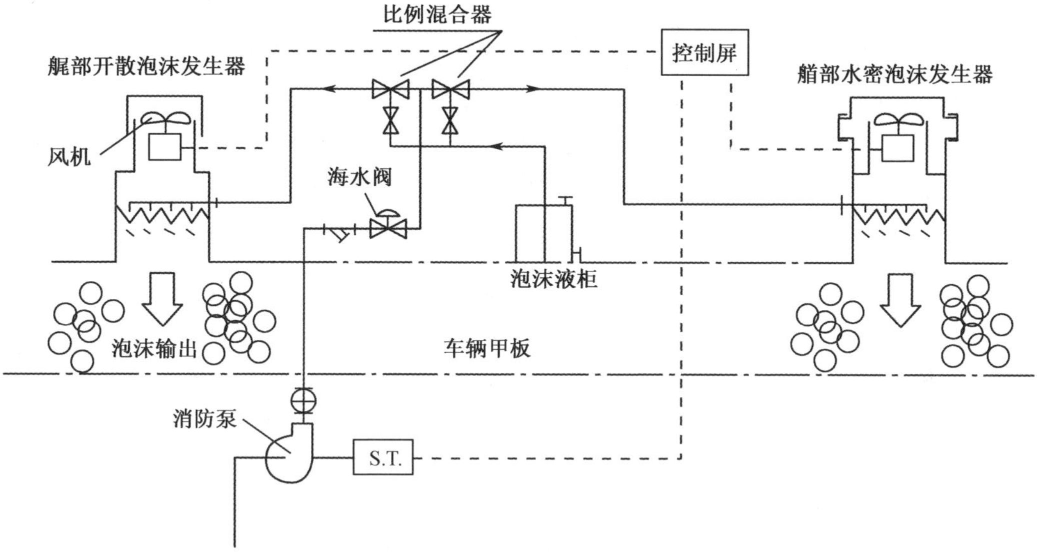

图 5－39　高倍泡沫灭火系统原理

②低倍泡沫灭火系统原理

如在机器处所内除符合公约、规范所要求的固定灭火系统的要求外，还可设置固定的低倍泡沫灭火系统，则该系统应能在不超过 5 min 的时间内通过固定的喷口喷出的泡沫量足以覆盖燃油所能散布的最大单个面积 150 mm 厚度。该系统所产生的泡沫应能适宜于扑灭油火灾，应设有固定灭火系统的管路和控制阀或旋塞有效地分配泡沫至适当喷口的设施。并应设有固定式喷射器将泡沫有效地喷射至被保护处所内的其他主要火灾危险处。泡沫倍数应不超过 12∶1。低倍泡沫灭火系统原理如图 5－40 所示。

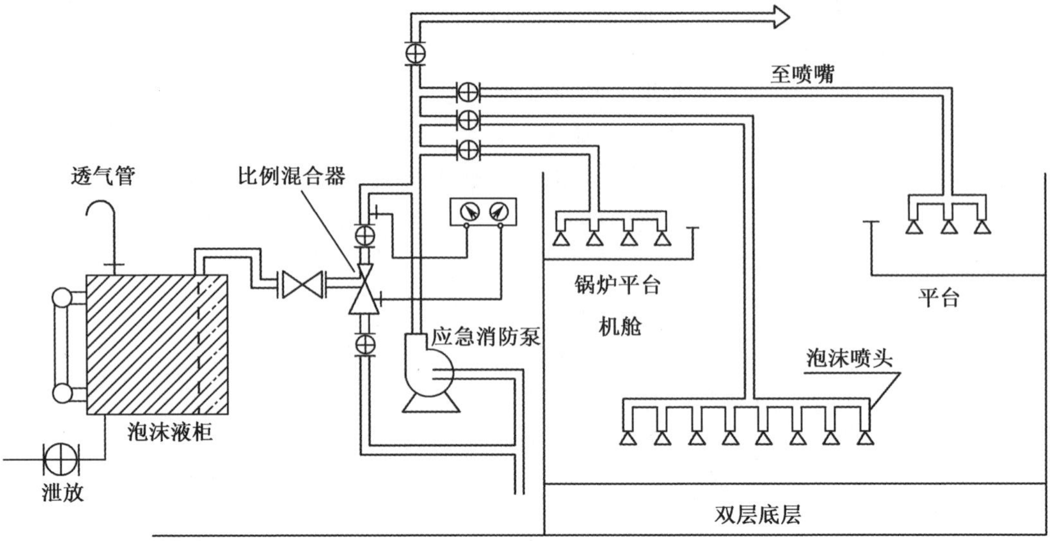

图 5－40　低倍泡沫灭火系统原理

第五节　生活水管系

一、概述

供水系统的任务是满足船员和旅客日用生活用水的需要，其作用如下。

(1)饮用水：供饮用、烹饪、食品的清洗和医疗用水。

(2)洗濯水：供淋浴、洗濯及洗衣等的冷、热水。

(3)卫生水：供冲洗厕所和洗物等。

在人员不多或短航程的小型船舶上，为了减少设备和简化管理，食用水和洗濯水通常合并成一个系统，均采用岸上灌注的自来水。在内河大型游艇上，为保证饮用水的充足供应，则应将食用水和洗濯水系统单独分开，卫生水直接用舷外江水。由于沉淀、过滤设备的不断改进，所以目前的船舶食用水和洗濯水都是由江水经过滤、沉淀后使用的。

在海船上，特别是远洋船舶，由于航行持续时间很长，为避免清水储存过久而引起变质，以及避免运载大量淡水，一般均设有专门的海水淡化装置，以供食用。

二、供水方式

因为船舶大小不同，所以对供水方式的要求也有差异。简单的是重力式，船舶较大且用水较多的就采用压力式。

重力式供水系统如图 5－41 所示，即在高于船上最高用水处所的甲板上设重力水箱。自来水(澄清水)储存于水舱内，用水泵将水压至重力水箱。重力水箱不宜取过大，以免影响稳性。重力水箱必须用保温材料包扎，以防冬季结冰。若水泵装在主甲板上从水舱到水泵的吸水管

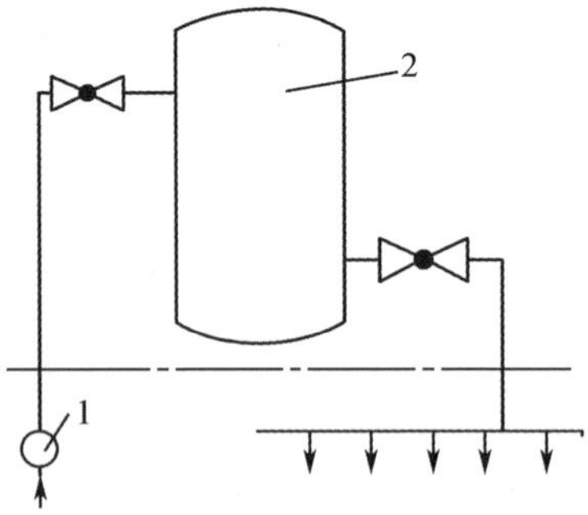

1—输水泵；2—重力水箱。

图 5－41　重力式供水系统

路上必须装有止回阀,以便于吸水。这种供水方式适用于无动力设备的驳船和小型船舶。

压力式供水系统是在系统上设一密闭的压力水柜,水柜的上部接有压缩空气进入管。在水泵启动供水之前,向水柜送入定量的压缩空气,电动水泵向供水系统及压力水柜充水时,柜内压缩空气再受压缩,压力升高。当达到预定压力时,通过压力继电器的作用使水泵停转。由于柜内保存一定压力的压缩空气,这时,可借助压缩空气的压力膨胀而将水压送到各用水处所,当水消耗到一定程度,柜内压力降到某一限度,压力继电器又动作,启动电机水泵,再次向压力水柜充水,压力式供水系统如图 5-42 所示。

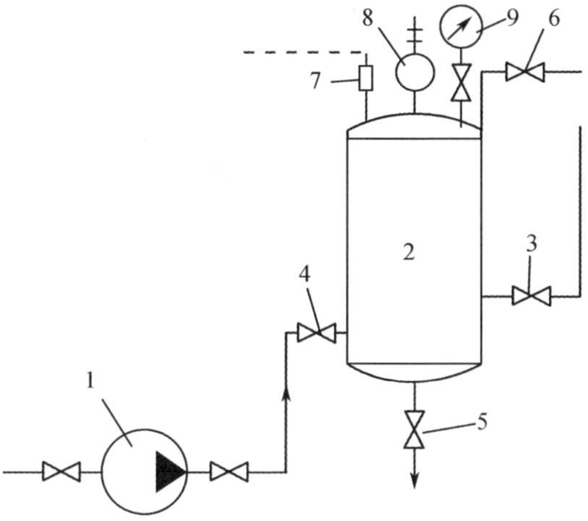

1—电动水泵;2—压力水柜;3—截止阀;4—截止止回阀;5—放水阀;6—压缩空气进气阀;
7—压力开关;8—安全阀;9—压力表及旋塞。

图 5-42 压力式供水系统

三、供水系统用水量的估算

船舶各种用途的用水量,取决于用水的人数、用水标准和船舶的续航时间。影响用水量的主要因素是气候条件和用水设备的完善程度。

船舶食用水的标准消耗量一般按每人 20~30 L/d,冬季 20 L/d,夏季 30 L/d,在续航时间内船舶食用水的总消耗量应乘以 1.5,即

$$Q = \frac{1.5Z q_1 T}{24} \tag{5-6}$$

式中 Q——食用水消耗量,L;

Z——用水人数;

q_1——每人每天食用水耗水量,L/d;

T——续航时间,h。

在内燃机船上的食用水的用水量,还应包括主辅机的冷却水漏泄量和辅锅炉(废气锅炉)的补充水量。

由于船舶生活设备的改善,船舶洗濯水的消耗量也有所增加。根据一般规定,洗濯水的消耗量,船员为 80 L/d,旅客为 60 L/d,实用上均乘以 1.5。洗濯水和卫生水的用量,也可以根据各种不同的用水设备数量、配件通径给水流率、同时使用系数、每天利用率和续航时间来计算。各种生活水设备的进水支管的配件通径见表 5-3。

表 5－3　各种生活水设备的进水支管的配件通径

系统类别	设备名称	配件名称	通径/mm
食用水系统	沸水器	直通截止阀	15
	厨房炉灶	直通截止阀	15 ~ 20
	厨房水池	放水龙头	15 ~ 20
洗濯水系统	洗脸池	放水龙头	15
	浴缸	浴缸水龙头	15
	淋浴莲蓬头	冷热水调节阀	15
	厨房水池	放水龙头	15 ~ 20
	洗衣池	放水龙头	15 ~ 20
卫生水系统	大便器浮子水箱	直通截止阀	15
	大便器自动落水冲水箱	直通截止阀	15
	大便器冲洗管	手揿弹簧阀	25
	小便池冲洗管	直通截止阀	15
	洗物池	放水龙头	20 ~ 25
	厕所浴室冲洗管	直通截止阀	15 ~ 20
	洒水管	截止阀	25 ~ 40

表 5－4 内所列各种卫生器具的给水流率是建筑工程部通过实测统计的，并被列为标准。

根据表 5－4 所列卫生器具的给水流率和各卫生器具的数量，以及同时用水的情况，可以估算出船舶在续航时间内的用水量和单位时间内的最大耗水量。续航时间内的用水量应乘以 1.5。

表 5－4　卫生器具的给水流率和支管管径

序号	卫生器具名称		给水流率/$(L \cdot min^{-1})$	支管管径/mm	配水点前所需自由水头/kPa
1	污水盆（池）水龙头		0.20 0.44	15 20	19.6 39.2
2	厨房洗涤盆（池）水龙头	1 个阀开 2 个阀开 普通水龙头	0.14 0.20 0.44	15 15 20	14.7 14.7 39.2
3	洗验盆水龙头（有塞）盥洗槽水龙头	1 个阀开 2 个阀开	0.16 0.20	15 15	14.7 14.7
4	浴盆水龙头	1 个阀开 2 个阀开	0.20 0.30	15 15	19.6 19.6

表 5-4(续)

序号	卫生器具名称		给水流率/(L·min^{-1})	支管管径/mm	配水点前所需自由水头/kPa
5	淋浴莲蓬头	1 个阀开	0.10	15	24.5~39.2
		2 个阀开	0.15	15	24.5~39.2
6	大便器	冲洗水箱	0.1	15	19.6
		自闭式冲洗阀	1.2	15	按产品要求
7	小便器	手动冲洗阀	0.05	15	14.7
		自动冲洗阀	0.1	15	19.6

船舶在续航时间内的用水量应为

$$Q = \frac{1.5T\sum ntq}{1\ 000 \times 24} \tag{5-7}$$

式中 T——续航时间,h;

n——各种卫生器具的数量;

t——各种卫生器具一天内的用水时间,s;

q——各种卫生器具的给水流率,L/s。

船舶单位时间内的最大耗水量为

$$q_{max} = Y\sum ntq/B \tag{5-8}$$

式中 Y——同时使用系数;

B——船上一天内集中用水的时间,h。

四、系统布置应注意的问题

(1)不论采用什么方式供水,供水干管应力求避免通过起居室、粮库和购物舱等处,通常各种供水干管敷设在各层甲板两边走道上方,然后再由干管引出支管到附近各室内的用水设备。

(2)当船上的用水处所分别集中在几处而又相距较远时,可按使用场所分区设置热水器,以免热水供应管路过长。

(3)考虑到系统发生局部故障时而不致影响到整个供水系统的工作,同时也避免过大直径的供水干管,一般可将全船用水处合理划分为几个组,每个组各自从压力水柜的输出管上引出一路供水干管,并装设截止阀,分别控制。客船通常按甲板层或客舱等级来划分供水区域。这样可使系统更加灵活、可靠。

(4)在最小型船舶上,亦可通过在主机排气管上设热水套来代替专门的热水器,以节约能源。

第六章　游艇燃油、润滑油系统

第一节　游艇燃油系统

一、游艇使用的燃油

柴油机所使用的燃油有轻柴油、重柴油，船用柴油及船用燃料油，其中，船用燃料油是由渣油、重油与重柴油调制而成的。汽油机使用的燃油是汽油。还有部分游艇内燃机使用液化石油气作为燃料。

1. 轻柴油的性质

（1）馏程

与汽油略有不同，游艇用柴油的馏程主要用50%、90%和95%回收温度评价。

50%回收温度反映轻柴油的启动性。该点温度低，表明柴油中的轻质馏分含量多，柴油机易于启动，我国轻柴油要求50%回收温度不高于300 ℃。但轻质馏分含量也不能过多，否则会使喷入汽缸的柴油蒸发过快，易引起全部柴油迅速燃烧，造成压力剧增，使柴油机工作不稳定，游艇用柴油用闪点控制蒸发性下限。90%与95%回收温度反映游艇用柴油的燃烧完全性。我国轻柴油和游艇用柴油要求95%回收温度不高于365 ℃。

（2）评定柴油抗爆性的指标

表示柴油自燃倾向和爆震情况的指标是十六烷值，它是柴油的重要质量指标。十六烷值是在标准的试验用单缸柴油机（十六烷值机）中测定的。把所测燃料与标准燃料进行对比，与其发火性能相同的标准燃料的十六烷含量即为所测燃料的十六烷值。标准燃料是由正十六烷和α－甲基萘（或七甲基壬烷）按不同体积比例调配而成的。正十六烷具有很短的发火延迟期，自燃性能很好，因而规定其十六烷值为100，而α－甲基萘的发火性、延迟期很长，自燃性能很差，规定其十六烷值为0（七甲基壬烷的十六烷值为15）。例如，十六烷值为52的柴油，其抗爆性与由52%（体积分数）的正十六烷和48%的α－甲基萘配成的标准燃料相同。

使用十六烷值过低的柴油，很容易引起爆震，结果降低了发动机功率，增大了柴油消耗；柴油的十六烷值并不是越高越好，当十六烷值从50提高到70或更高时，滞燃期的缩短有限，对燃烧状况改善不多，但因烃类在高温下裂化反应加快，在气缸内形成大量游离碳，来不及燃烧而形成黑烟随废气排出，反而增大了耗油量，降低了柴油机功率。

（3）凝点

油品的凝点（或称凝固点）是指油品在规定条件下，冷却至液面不移动时的最高温度，以℃表示。我国轻柴油按凝点划分牌号，如－10号柴油，其凝点不高于－10 ℃，以此类推。

（4）冷滤点

在规定条件下，柴油试样在60 s内开始不能通过过滤器20 mL时的最高温度，称为冷滤点,以℃(1 ℃的整数倍)表示。冷滤点测定仪是模拟柴油在低温下通过滤清器的工作状态而设计的,因此冷滤点比凝点更能反映柴油的低温使用性能,它是保证柴油输送和过滤性的指标,并且能正确判断添加低温流动改进剂(降凝剂)后游艇用柴油质量,一般冷滤点比凝点高 2 ~6 ℃,而添加降凝剂的柴油其冷滤点可比凝点高 10 ~15 ℃,最高可达 30 ℃。

(5)色度

色度是在规定条件下,油品颜色最接近于某一色号的标准色板(色液)颜色时所测得的结果。颜色越深,色号越大,则油品精制程度或储存安定性越差。

(6)灰分

灰分是油品在规定条件下灼烧后,所剩的不燃物质,用质量分数表示。

灰分的来源主要是蒸馏不能除去的可溶性无机盐及油品精制时酸碱洗涤后,腐蚀设备生成的金属氧化物。

(7)10%蒸余物残炭

油品在规定的仪器中隔绝空气加热,使其蒸发、裂解及缩合所形成的残留物,称为残炭。残炭是评价油品在高温条件下生成焦炭倾向的指标。

由于游艇用柴油馏分轻,直接测定残炭值很低,误差较大,故规定 10% 蒸余物残炭。游艇用柴油 10% 蒸余物残炭反映油品的精致深度或油质的好坏。10% 蒸余物残炭值大的柴油在使用中会在汽缸内形成积炭,导致散热不良,计件磨损加剧,缩短发动机使用寿命。

轻柴油和游艇用柴油均要求 10% 蒸余物残炭值不大于 0.3%。

(8)闪点

在规定的仪器内和一定条件下,加热油品到某一温度,一定量的油品蒸气与空气形成混合物,当用明火接触时,就会发生短暂的闪火(一闪即灭),这时的温度称为油品的闪点。

油品的闪点与其馏分组成、化学组成及压力有关。油品的沸点范围越低,则其闪点越低,例如汽油的闪点为 -50 ~30 ℃,煤油的闪点为 28 ~60 ℃,润滑油的闪点为 130 ~325 ℃,油品的汽化性越大,其闪点越低。

(9)倾点

倾点是指油品在规定的试验条件下,被冷却的试样能够流动的最低温度,是用来衡量润滑油等低温流动性的常规指标,同一油品的倾点比凝点略高几度,过去常用凝点,现在国际通用倾点。倾点或凝点偏高,油品的低温流动性就差。人们可以根据油品倾点的高低,考虑在低温条件下运输、储存、收发时应该采取的措施,也可以用来评估某些油品的低温使用性能。

物理意义:倾点是反映油品低温流动性的好坏的参数之一,倾点越低,油品的低温流动性越好。

2. 重柴油的性质

按国家标准 GB 445—1977 规定,重柴油按凝点不同分为 10 号、20 号及 30 号三个牌号,其代号分别为 RC -10、RC -20 和 RC -30,重柴油的主要特点是凝点高。使用重油的柴油机应有完善的预热设备,低速及民用中速大功率柴油机,由于考虑经济性问题,一般都燃用价格低廉的重柴油。一般,10 号重柴油适用于 500 ~1 000 r/min 的中速机,20 号重柴油适用于 300 ~700 r/min 的柴油机,而 30 号重柴油适用于 300 r/min 左右的柴油机。

3. 汽油的性质

(1)馏程

馏程测定法又称恩氏蒸馏，要求测出汽油的初馏点，10%，50%，90%的馏出温度和终馏点。各点温度反映了不同条件下汽油的蒸发性能，与汽油使用性能关系密切。

汽油的初馏点和10%馏出温度表明汽油中轻组分的含量，直接影响冬季发动机的冷启动和夏季在发动机中气阻的产生。我国汽油质量标准规定游艇用汽油的10%馏出温度不得高于70 ℃，若10%馏出温度过高，则发动机因混合气中油气过少而启动困难，启动时间增长，增加耗油量。如果10%馏出温度过低，容易出现气阻现象。

发动机的加速性能和变速性能与汽油50%馏出温度有密切关系，汽油的50%馏出温度还直接影响发动机的加速性能；汽油的90%馏出温度和终馏点表明汽油蒸发的完全程度，这两个温度过高，则发动机的功率和经济性下降，实践表明，汽油终馏点高于205 ℃时，发动机马力显著下降，并产生爆震，使磨损增加。

(2)蒸气压

在一定的温度下，气液两相处于平衡状态时的蒸气压力称为饱和蒸气压，简称蒸气压。

汽油馏程中规定10%馏出温度不高于某一数值，以保证汽油的启动性，但10%馏出温度过低时，易产生气阻。

蒸气压说明汽油蒸发性能和在发动机供油系统中形成气阻的可能性，蒸气压过大的汽油，在炎夏或高原地区使用时，易形成气阻而影响正常供油。汽油的蒸气压越大，产生气阻的起始温度越低。

(3)汽油的抗爆性

实践表明，有的汽油在低压缩比汽油机中能够正常工作，但在高压缩比汽油机中，则出现气缸壁温度猛烈升高，发出金属敲击声，排出大量黑色烟雾状废气，发动机功率下降，耗油率增加，严重时出现气缸零件烧坏，轴承震裂等问题，这一现象称为爆震。此时汽油机的压缩比虽高，但其热效率并未提高，反而有所下降，其原因是汽油的抗爆性太差。具有良好抗爆性的汽油，即使在高压缩比的汽油机中工作，也不会产生爆震现象。

汽油机发生爆震主要与汽油性质有关，如果汽油很易氧化，形成的过氧化物不易分解，自燃点很低，就比较容易产生爆震现象；反之，如果汽油不易氧化或形成的过氧化物容易分解而不易聚集或自燃点高，则爆震现象不易发生。

汽油的抗爆性是表示汽油在一定压缩比的发动机中无爆震地运行的性能。游艇用汽油的抗爆性用辛烷值来表示，辛烷值越高，抗爆性越好，辛烷值分马达法和研究法两种。马达法辛烷值(MON)反映在重负荷、高转速时汽油的抗爆性；而研究法辛烷值(RON)表示低转速时汽油的抗爆性。

测定辛烷值的标准燃料是异辛烷和正庚烷，人为规定抗爆性极高的异辛烷的辛烷值为100，抗爆性极差的正庚烷的辛烷值为0。两者按不同体积比混合，得到0～100单位辛烷值的标准燃料，以异辛烷的体积分数表示该标准燃料的辛烷值。例如：测得某汽油辛烷值为85，即表明它与含85%异辛烷和15%正庚烷的标准燃料的抗爆性相同。

(4)汽油的安定性

燃料在常温下储存或使用时，保持本身性质不发生永久性变化的能力称为安定性。汽油在储存和使用中，由于某些成分被氧化，出现颜色变黄、变深，产生黏稠沉淀物(加有四乙基铅的汽油中还出现灰白色沉淀)的现象，这些都是安定性差的反应。

用不饱和烃含量、硫含量、氧化难易和胶质含量等表示汽油安定性的优劣。

(5)实际胶质

实际胶质是液体燃料在储存过程中重要的质量控制标准之一。实际胶质是指 100 mL 燃料在试验条件下所含胶质的质量,用 mg/100 mL 表示。测定方法是模拟汽化器的条件,将经脱水和过滤的 25 mL 试油放在 150 ℃的油浴中,用 150 ℃热空气吹扫油面,直至其全部蒸发,残留物质量不变为止。残留物即为汽油的实际胶质。国产汽油要求实际胶质不超过 5 mg/100 mL。

(6)诱导期

诱导期是评定汽油长期储存中发生氧化及生胶趋势的项目,诱导期是指汽油在规定条件下,油品未被氧化处于稳定状态所经过的时间,单位以 min 表示。

汽油的诱导期越长,它的稳定性越好,生胶越慢,储存时间越长。如果油品储存中,质量抽检发现诱导期短,说明油品变质,安定性变差,生胶加快,已经不宜久储,应抓紧使用。提高汽油诱导期的方法是加氢精制(二次加工汽油)和加添加剂。

(7)机械杂质

机械杂质是指存在于油中,不溶于规定溶剂的所有杂质。这些杂质是油品在储运、保管和使用过程中混入的,它包括泥沙、灰尘、铁锈和金属粉末等,通常用沉淀或过滤方法即可除去。

在油品应用中,机械杂质是一大危害。如果燃料中混入机械杂质,会堵塞油路或滤清器,引起供油中断,致使设备不能正常运转,同时还会增加油泵、油嘴磨损。

(8)黏度

相对流动的物质内部,其间发生摩擦阻力的量度叫黏度。黏度有多种表示方法,常用油品黏度多用动力黏度、运动黏度和恩氏黏度表示。在石油产品中运动黏度为通用项目。

(9)腐蚀试验

腐蚀试验是指在规定条件下,评定油品对一种或几种金属腐蚀作用的一种试验,用它来检验燃料中有无活性硫或游离硫及润滑油脂中有机酸碱对金属的腐蚀情况。

评定游艇用汽油腐蚀性的指标有硫含量、硫醇、铜片腐蚀和水溶性酸、碱。

①硫含量和硫醇

含硫物质按其化学性质可分为活性硫和非活性硫两大类。活性硫包括游离硫、硫化氢、低级硫醇和磺酸等,主要源于石油炼制过程中含硫化合物的分解,这些活性组分残留在轻质馏分油中,能直接与金属作用,尤其是有水存在时,腐蚀更加严重。非活性硫包括硫醚、二硫化物、环状硫化物(如噻吩)等,主要存在于重质馏分油中。

硫含量是指存在于油品中的硫及其衍生物的含量,以质量分数表示,我国游艇用无铅汽油要求硫含量不大于 0.08%。

②铜片腐蚀

铜片腐蚀是定性检验油品有无活性硫的试验。腐蚀标准色板分为 4 级:1 级为轻度变色;2 级为中度变色;3 级为深度变色;4 级为腐蚀。我国游艇用无铅汽油要求铜片腐蚀(50 ℃,3 h)不大于 1 级。

③水溶性酸、碱

水溶性酸指的是无机酸和低分子有机酸,水溶性碱是指氢氧化钠或碳酸钠等,它们通常为石油产品酸碱精制过程中的残留物,是强腐蚀性物质。

博士试验主要适用于定性检测芳烃和轻质石油产品中的硫醇性硫，也可检测其中的硫化氢。

博士试验法是在升华硫（干燥的硫黄粉）存在的条件下，用亚铅酸钠溶液（博士试剂）和轻质石油产品作用，根据硫黄层的颜色变化情况，来检验油品中是否含有硫醇的试验。

测定时，首先用博士试剂进行“初步试验”，即将 10 mL 试样和 5 mL 亚铅酸钠溶液倒入量筒中，用力摇动 15 s，观察混合溶液的外观变化，得出不同结论，见表 6－1。

表 6－1　博士试验变化表

现　　象	结　　论	说　　明
立即生成黑色沉淀	有硫化氢存在	需用硫化镉除去硫化氢，再进行“最后试验”
缓慢生成褐色沉淀	可能有过氧化物存在	需经试验确认，若存在过氧化物干扰，则试验无效
在摇动期间溶液变成乳白色，然后颜色变深	有硫醇和游离硫存在	不必进行最后试验，直接报告为不通过
无变化或黄色	无硫化氢和氧化物存在	需要进行最后试验，进一步确认硫醇是否存在

（10）密度

单位体积内油品的质量称为油品的密度，通常以 g/cm^3、kg/m^3 为单位。液体油品的相对密度是其密度与规定温度下水的密度之比，因为水在 4 ℃时的密度为 1 g/cm^3，所以常以 4 ℃水作为基准，将温度为 t ℃时油品的密度和 4 ℃水的密度之比称为油品的相对密度，可以看出，液体油品的相对密度与密度在数值上是相等的，但相对密度是无量纲的量，而密度是有量纲的量。

视密度即表观密度，表达式为

$$表观密度 = 质量/(外部实际体积 + 内部闭口孔隙体积)$$

注：不包括物体表面的开口空隙体积。

在石油和液体石油产品的测量中，视密度指的是，用石油密度计测定密度时，在某一温度下所观察到的石油密度计读数，其单位为千克每立方米（kg/m^3）。

标准密度即在标准大气压下，20 ℃时，1 立方米的体积的物体的质量。

（11）爆炸极限

油品发生闪火或爆炸，必须有一定的条件，即油气和空气混合物中油气的浓度要有一定的范围，低于这个范围，油气不足；高于这一范围，则空气不足，均不能闪火、爆炸，因此，这一浓度范围就称为爆炸范围，其下限浓度称为爆炸下限，上限浓度称为爆炸上限。

为了安全，油品在储存和运输时产生的蒸气和空气混合物，其浓度应在爆炸范围以外，这样才不致在接近火焰时发生闪火与爆炸。

4. 液化石油气的性质

（1）液化石油气的组成

液化石油气是多种烃类气体组成的混合物，成分比较复杂。主要包括乙烷、乙烯、丙烷、丙稀、乙烷、丁烯及少量其他物质。他们在常温常压下以汽提状态存在，但降到一定温度和增加一定压力后会变成液体。

(2)液化石油气的一般性质

液化石油气无色透明，有特殊刺激气味，由于其主要成分是丙烷、丙稀，沸点很低，因此，在常温、常压下能迅速气化呈气体状态，其气体比空气重 1.5 ~2.0 倍，容易在地面及低洼处积存。液化石油气的饱和蒸气压随温度升高而急剧增加，其膨胀系数也较大，一般为水的10 倍以上，汽化后体积膨胀250 ~300 倍，即1 L液体液化石油气能变成250 ~300 L液化气。液化石油气的闪点、沸点很低，均在0 ℃以下。它们的爆炸范围较宽，一般在1.5% ~11.7%(体积)。

(3)液化石油气的危险性

液化石油气极易着火爆炸，受热膨胀，易使人中毒或冻伤，还易产生静电，使用危险性大。

(4)物理性质

液化石油气气体的密度单位以 kg/m^3 表示，它随着温度和压力的不同而发生变化。因此，在表示液化石油气气体的密度时，必须规定温度和压力的条件。

气态液化石油气的密度随着温度及相应饱和蒸气压的升高而增加。在压力不变的情况下，气态物质的密度随温度的升高而减少。

液化石油气液体的密度单位以 kg/m^3 表示，它的密度受温度影响较大，温度上升密度变小，同时体积膨胀。由于液体压缩性很小，因此压力对密度的影响也很小，可以忽略不计。

露点是指气态液化石油气加压或冷却时，使之液化成液滴的温度。液化石油气各组分的露点实际上是各组分液体在饱和蒸汽压力下所对应的饱和温度。

汽化潜热是指液态变成气态时，需要吸收热量，气态变成液态时将放出热量，这些热量只用来改变物质的状态(发生相变)，而温度不发生变化。汽化潜热就是在一定温度下，一定数量的液体变为同温度的气体所吸收的热量。不同的液体有不同的汽化潜热，即使是同一液体，其汽化潜热也随沸点的不同而发生变化。当液体的沸点上升时汽化潜热相应减少，在临界温度时汽化潜热为零。由于液化石油气的汽化潜热比较大，因此在生产、储存、灌装、使用中要严禁使液态的石油气直接接触人体，以免皮肤被吸收大量的热量，而造成严重冻伤。

二、燃油管路系统的功用、组成及工作原理

1. 功用

燃油管路系统向船舶发动机和燃油锅炉供应足够水量的合格燃油、以确保船舶的营运需要。

2. 组成

(1)注入

注入就是加油，如图 6 - 1 所示。燃油自船舶主甲板两舷所设的注入头(注入阀)1 或 2，以注入管 4 和截止阀 5 至双排六联调驳阀箱 6，再经通至各油箱的注入管 7 注入各燃油舱。注入头应设在便于加油和排除污油的地方，并要加盖，以防水及杂质进入油舱。注入头应不高于甲板平面，以免影响交通。为方便加油，每船应设两个注入头。

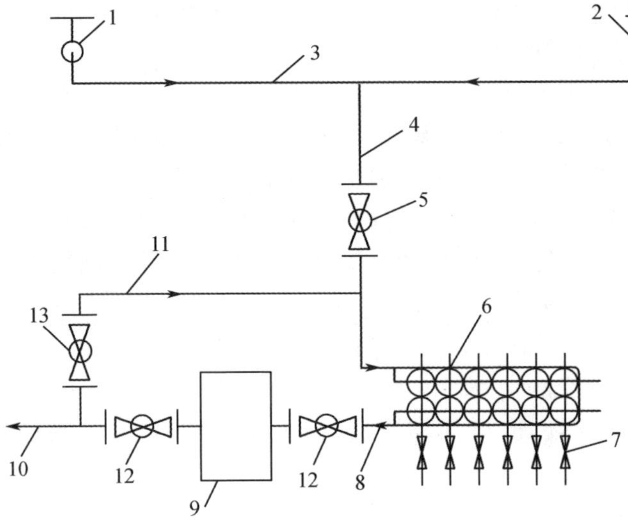

1—左舷注入阀;2—右舷注入阀;3—连通管;4—注入管;5—截止阀;6—双排六联调驳阀箱;7—通至各油箱的注入管;8—泵的吸入管;9—驳运泵;10—泵的输出管;11—驳运管;12,13—截止阀。

图 6-1　燃油的注入和调驳

(2)储存

为充分利用船舶的容积,燃油一般储存在双层底舱或左右舷深舱(也称边舱)中,其储量主要根据燃油设备的耗油量和船舶的续航力而定。

(3)驳运

一般设置齿轮泵(小型船舶多用手摇泵)完成燃油驳运任务,例如给用完油的舱柜补油;出于平衡考虑将油调驳等。图 6-1 中开阀 12,13,关阀 5,打开双排六联调驳阀箱相应的进、出油阀,启动驳运泵 9,即可进行相应两油舱间的调驳。关阀 13,开阀 12 及双排六联调驳阀箱的某一出油阀,启动驳运泵,便可将该油舱的油经泵的输出管 10 注入某一油柜。

(4)净化

通常采用沉淀、过滤和机械分离的方法除去燃油中的机械杂质和水分,从而保证燃油的质量。燃用轻柴油的小型船舶一般用滤器除去燃油中的杂质。大、中型船舶因燃用重油或重柴油,往往同时采用上述三种方法。燃用重油的船舶一般都设置沉淀柜,将燃油注入沉淀柜中,由于杂质和水分的比重比油大,故沉于柜底。分油机是进行机械分离的设备,能除掉燃油中的水分和细小颗粒。对重油进行分离时,要对重油加热,降低其黏度。若设置两台分油机,则可串联使用以提高分油质量,亦可并联加快分离速度。

(5)供油

将燃油日用油柜的燃油供给主机、辅机和燃油锅炉使用。小型船舶常用抬高日用油柜高度的方法,依靠油的重力供油。大、中型船舶常用齿轮泵或螺杆泵,靠供油泵供油。多机推进的船舶动力装置,各主机应设独立的日用油柜。

(5)测量

为保证航行安全和船舶燃油的需要,必须了解燃油舱柜里的燃油储量。一般用液位指示器显示油柜的燃油储量,深舱及双层底舱则用链尺测量。

3. 工作原理

如图6－2所示为燃油管系工作原理示意图。如果燃用轻柴油，则可减少加热管和分油机，在原分油处设置手摇泵。

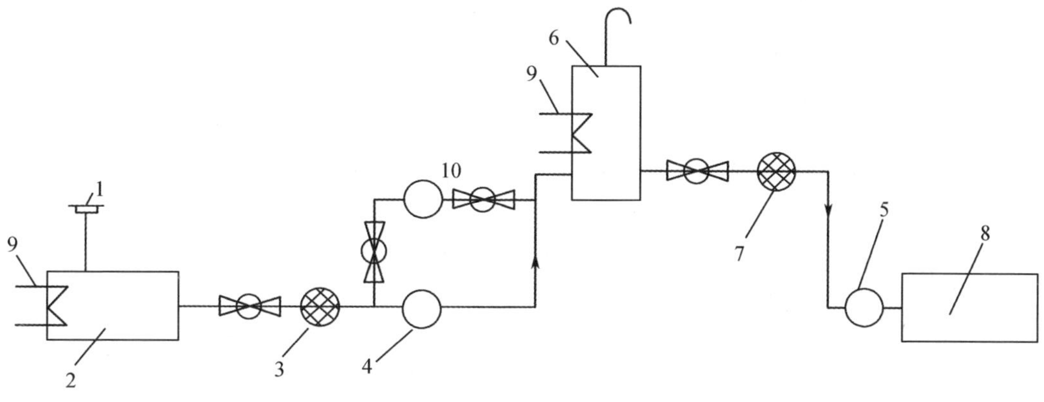

1—注入头；2—贮油舱；3—过滤器；4—驳运泵；5—输油泵；6—日用油柜；7—过滤器；8—主机；9—加热器；10—分离机。

图6－2　燃油管系工作原理示意图

三、燃油管系原理设计

燃油管系原理设计主要依据其动力装置的技术指标、燃油品种和需用量，同时考虑动力装置的工作可靠性、使用经济性、安装可靠性及系统配置的合理性来进行设计。

燃油管系的原理设计主要分为三个方面：

(1)燃油的注入、驳运管系；

(2)燃油的净化管系；

(3)燃油的供给管系。

船舶的设计必须遵循建造规范及其他国际国内的有关规范、公约的规定，燃油管系的设计也不例外。现根据《钢质海船入级与建造规范》(1989年版)中有关章节及国际公约等规定，对燃油管系的设计筛选要求如下，以便正确地指导设计使之规范化。值得说明的是燃油管系的设计是动力系统中的一个重要内容，也是整个船舶设计工作的一项重要设计，其设计的图样和技术文件资料必须经由船舶检验局或审图中心的审查和认可，不遵守规范要求的图样和文件是不予批准和使用的，所以本节将“规定”和“要求”另辟一款作详细阐述，以供学习和实践工作中参考。

(1)燃油管系应保证船舶在横摇摆10°、纵倾7°的情况下仍能正常供应燃油。为此，布置在管路系统中各舱柜连通管路应设截止阀以便于关断，在多机多桨的推进装置中，各主机应独立设置日用油柜。

(2)日用油柜的设置一般要求布置于柴油机高压油泵进口处的上方，特别是依靠重力供油时，其高度差至少为1 m以上。

(3)在不构成船体结构的油舱柜、燃油泵、滤器、锅炉燃烧器及需要经常打开进行清洗和调整的设备或装置的下部均设置泄油盘，并泄放至专用的污油泄放柜，如此柜设于双层底结构中，则其泄油管上应装设截止阀。

(4)燃油管路中的法兰等连接件和舱柜的入孔门盖的垫片，应采用非石棉耐油橡胶板或其他耐油耐热的材料。

(5)对于燃油需经过油分离机处理的船舶,其设置的油分离设备和加热器均应设主用和备用,即油分离机至少两套,而系统的功能应满足备用、串联、并联等使用目的。

(6)锅炉燃烧装置、燃油沉淀柜、日用柜的设置位置必须有良好的通风并易于出入。

(7)所有独立驱动的燃油驳运泵、供给泵、分油机等其动力供应除能就地操作外,必须能在其所在舱室外易于到达的部位设置应急切断操纵装置。

(8)燃油供给泵应设置备用泵,其系统结构应能满足供给的要求,在多台主机的情况下,备用泵可以共用一台或备有一台能便于安装连接的备用泵。

(9)喷油器冷却泵备用数量可同供给泵一样的要求(见第(8)条)。

(10)燃油管路布置必须与其他管路隔绝,不得布置在高温处、电气设备处、通过水舱和起居室,若经过这些地方,需要采取防火和防水的有效措施。

(11)对重油(燃料油)的加热,使用蒸汽压力不大于0.68 MPa饱和蒸汽较适当,以预防燃油积炭。

(12)燃油管系应设回油舱。小型船舶为了减少设备,往往将回油管路接至喷油泵进口处,大型船舶燃油管路有轻柴油、重柴油两套管路和两种燃油,为了使两种燃油有混合和撤换处,必须设置燃油集合筒。

(13)燃油供给管路上至少应设置两台滤器和一台双联滤器,其系统布置结构应能满足当一台滤器停用或清洗时,另一台滤器能正常不中断地供给燃油。多台主机或辅机共用一供油总管时可仅在总管上设两台滤器或一台双联滤器,也可在每台柴油机单独供油管路上设置一台滤器。

(14)燃油的驳油泵必须设有备用泵,也可共用其他合适的泵接至其管路系统作为备用。

(15)对于工作泵,为防止压力超过系统的设计压力,必须装设安全阀,其旁流油也应回流到吸入端,设备及附件的选用应能有效地使泵的排出压力限制在系统的设计压力之下,压力安全阀的选用应安全可靠,起跳压力范围要选择合适,安装和调试时应安全达标,性能良好。

(16)在系统中应设置阀或旋塞使得泵的出口管路旁通并切断泵与管路连接,以利于泵的维护维修。

(17)燃油管系布置时不得进入淡水舱和其他不宜装油的舱柜。管路必须与其他管路隔离,如必须与压载管系连接时,则管路中须设置盲通两用法兰或其他隔离措施。

(18)凡通过双层底舱中的吸油管,须逐根管路设置阀或旋塞,且其阀(包括其他燃油管路的阀)均应能在花钢板上易于达到的部位设置操纵机构。

(19)燃油的压力管路在布置时应尽可能远离热表面和电气设备,至少其任意一个可拆卸部位的接头、法兰应与热表面和电气设备保持一段安全距离;如无法避免时应使该管路段处于有良好照明和易于观察的部位,接头、法兰等易漏油处有用于卸放装置的设备使接头法兰予以遮蔽。

(20)设备与管路间有相对运动或振动幅度较大时可选用短软管连接,软管应安全可靠,有合格和认可的管端附件,并逐根进行压力试验,其试验压力不小于最大许可工作压力的1.5倍,其材料结构中至少有一层金属丝编织物、橡胶等非金属材质,应能满足耐油和耐热等系统的有关参数的要求。

(21)燃油管系中凡压力超过0.18 MPa的燃油加热部件,应尽可能设置在不隐蔽部位,并应有良好的照明,以便于查视。

(22)设置于双层底以上的各储存油舱柜、沉淀舱柜和日用舱柜的每一根供油管路均须在舱柜壁上直接装设阀或旋塞。其阀件除能就地关闭外,还须能在该舱柜以外的易于接近和安全的部位进行遥控关闭。

(23)深油舱的注入管如不设置在舱顶部位,连接时,则在舱柜壁上应装设止回阀或设置速闭阀。

(24)燃油的舱柜不得直接位于锅炉等高温热表面设备的上方,或应采取预防措施,以防止任何油类在泵、滤器或加热器及连接接头处的泄漏直接与热表面接触。

(25)沉淀舱柜或不设沉淀舱柜时的其他储油舱、柜应设有放水的设施,放水也应有专用管路,放水阀或旋塞应为自闭式,污油水泄放到专用舱柜。

(26)燃油的注入管路应是独立的,可以设专用注入站或注入口。注入管应伸入舱柜,并尽可能达到和接近底部。设置注入站时其站室应与其他处所隔离,并应有有效的排水和通风设施。注入站的布置应是可靠的和安全的,设置在两舷。

(27)注入管路上应有防止超压的设备,如设置安全阀旁通等,其溢油应能排入溢油舱。

(28)燃油舱柜设置于机舱、泵舱等重要处所内时,不得盛装闪点低于60 ℃(闭杯试验)的燃油。

(29)燃油加热用的蒸汽应为饱和蒸汽,其压力应不大于0.68 MPa;舱柜中燃油加热的最高温度应比燃油的闪点低10 ℃。

(30)加热用蒸汽管路的凝水、热水、回水排至专用凝水观察柜内,且应有良好照明,凝水柜的布置应易于看清凝水、回水中是否混入燃油。

(31)加热器的燃油侧应装设安全阀,其开启(起跳)压力调整到高于供油泵安全阀的开启压力(或供油泵的最大输出压力)。安全阀的溢油应排到溢油舱或其他安全部位。

(32)所有加热的燃油舱柜和加热器应设置有指示油温的设施,大型船舶为提高机舱自动化性能,也应设有温度自动化项目,如高温、低温报警、温度指示及控制等。

(33)采用电加热时,应保证通电工作时其加热部件全部始终都浸入油液中,器件的表面温度不能超过220 ℃。当油位降低到设定高度位置时应能自动切断电流停止工作。

(34)燃油、压载交替使用时,应设有防止含油压载水污染海洋的设备。一般4 000吨位以上的船舶不在燃油舱内装压载水。如若用来交替使用时则其设置的沉淀舱和日用油柜的容量应能足够供全船正常航行12 h。

(35)锅炉燃烧及厨房用燃油炉灶,其系统设计应考虑消防、安全措施、火灾报警和控制设施。

(36)所有燃油管系中的油舱柜均应设置空气(透气)管。

(37)对所有由泵灌装的油舱柜及空气管截面积小于注入管的1.25倍时均应设置溢流管,并设置足够容积的溢流舱柜。溢流管应装设良好的照明和观察器,观察器的设置位置应便于观察和能停止驳运泵工作的操作杆处,也可在舱柜设置报警和自动控制装置。溢流管的截面积也应为注入管横截面积的1.25倍。溢流管的布置也应能满足在任一舱柜破舱浸水后,不致使海水通过溢流管而进入其他水密舱室的舱柜。

(38)燃油舱柜也应设置测量管,测量管一般应引至开敞甲板上随时可以到达的安全部位。测量管应尽量靠近抽吸口。测量管也可用其他测量装置代替。测量管端应装有可靠的关闭装置,测量管下端开口处应设置一定厚度的防击板。

(39)燃油舱柜上也可设置有上、下自闭阀的液位计,只有在液面计上端高于舱柜最高液位面时,上端自闭阀可省略。所有测量管的内径不得小于 32 mm,对 0 ℃以下的舱室,其测量管的内径则不得小于 65 mm。

(40)燃油舱柜的吸油管最下端设置吸入口,应有防撞击火花的措施,如吸入口下端面上焊铜层等。

第二节 游艇润滑油系统

一、润滑油的性能指标

为了能够正确地选用润滑油,必须对其性能有所了解,滑油的有些性质与燃油相同,下面仅介绍与润滑性能密切相关的几个指标。有些指标的含义已在燃油指标中作了介绍,在此不再重复。

1. 黏度和黏度指数(Ⅵ)

黏度是滑油最重要的指标。它在很大程度上决定着两个摩擦表面油膜的形成。滑油的黏度随温度升高而降低,这种性能称为滑油的黏温特性。船舶通常要在不同的季节航行于不同的纬度航区,环境温度变化很大。此外,柴油机在冷车启动和正常运转时,滑油的工作温度不同,其黏度大小也不相同。这将对保证可靠润滑产成不利影响。因此仅以常温下的黏度来判断滑油的品质是不够的,还必须注意黏度随温度的变化规律。若滑油的黏度随温度变化程度小,它就能在比较大的温度范围内满足使用要求,则此种滑油的黏滑特性就好。在国外,常用黏度指标来说明滑油的黏温特性。黏度指数大,则表明温度变化时其黏度变化小。一般黏度指标在 80 以上为高黏度指数,小于 35 为低黏度指数,35 ~ 80 称中间黏度指数。加入添加剂(增粘剂)的滑油其黏度指数可高达 200 以上。

我国曾用黏度比来评定黏温特性,它是该滑油在 50 ℃和 100 ℃时的运动黏度的比值。黏度比小,表示它在规定温度范围内的黏度变化小,质量好。

2. 酸值和水溶性酸或碱(总酸值和强酸值)

滑油中的酸可分为有机酸和无机酸两种。有机酸含量少时,对金属无多大作用,但含量较多时,它会对一些轴承材料(特别是铅)产生腐蚀作用。无机酸指硫酸,它对金属有强烈腐蚀作用,滑油中一般不允许有硫酸存在。使用中的滑油由于含硫燃油的燃烧产物漏入曲轴箱,而可能出现硫酸。我国用“酸值”表示滑油中的有机酸含量,其计量单位为 mgKOH/g,表示中和 1 g 滑油中的酸所需要的氢氧化钾毫克数,另用“水溶性酸或碱”表示无机酸或强酸的有无,它能融入水中的无机酸或因污染面生成的碱,它只说明油品呈酸性或碱性,仅用于定性检查。

滑油中无机酸(即硫酸)的含量称为强酸值(用 SAN 表示)。强酸可溶于水,因此又称水溶性酸,可用水洗法除去。

无机酸和有机酸的总和称为总酸值(用 TAN 表示)。总酸值和强酸值的单位均为 mgKOH/g。

3. 抗乳化度

海水或淡水漏入滑油经搅拌后使滑油形成乳浊液并生成泡沫,这个过程叫乳化。乳浊液影响润滑性能,加速滑油变质,并在两相界面上吸附机械杂质,污损摩擦表面,加剧部件磨损，影响滑油压力，所以抗乳化性能是滑油的重要品质之一。滑油的抗乳化度系指滑油在乳化后自动分层（油层和水层）所需的时间（以分计），即滑油的破乳化时间。破乳化时间短，抗乳化度就好，反之则差。

4. 热氧化安定性和抗氧化安定性

滑油在循环系统中不断地与空气接触，并被空气中的氧逐渐氧化而变质。滑油氧化后的生成物为有机酸、胶质和沥青状物质。有机酸使滑油酸值增加，胶质和沥青状沉淀物使油色变深，黏度增加。这些物质能附着在金属表面上（例如在活塞表面上形成段）或填塞油路和滤器，滑油的温度对氧化速度有很大的影响。

热氧化安定性和抗氧化安定性都用来衡量在使用条件下滑油抵抗空气氧化的能力，只是试验方法和应用对象不同，热氧化安定性属于薄油层在高温条件下氧化试验，用氧化形成漆膜所需的时间（以分计）来表示，指在规定的 250 ℃高温条件下，空气自由流过薄油层试验油，测定试验油由氧化而生成 50% 的漆状物所需时间（分钟），用此时间来评定试验的热氧化安定性。这种试验方法是根据气缸壁上的油膜工作条件，应用于柴油机润滑油。抗氧化安定性指在 125 ℃条件下，向试验油中通入一定流速的空气或纯氧，经过一定时间后，测定油氧化后生成的沉淀物量和油的酸值。如氧化后沉淀物少，酸值小，则油的抗氧化安定性就好。这种试验方法模拟液压系统中滑油的工作条件，故用于液压油和汽轮机油等油品。

5. 腐蚀度

腐蚀度是衡量高温条件下工作的滑油在与氧气充分接触时，对金属（铅）的腐蚀程度，柴油机中的铜、铅等合金轴承材料对腐蚀十分敏感，只要滑油中有少量酸就能严重腐蚀轴承，我国标准规定腐蚀度试验时把试验油加热到 140 ℃，用特制的一定面积的金属片以每分钟 15 ~ 16 次的速度交替地浸在油中和露于空气中，经过 50 h 后，测定金属片减少的质量（g/m^2），金属片减少质量越大，滑油的腐蚀性越强，品质较差。

6. 总碱值

总碱值（TBN）表示滑油碱性的高低，它的单位和酸值相同，也用 mgKOH/g 表示，但意义相反。总碱值表示 1 g 滑油中所含碱性的物质相当于氢氧化钾的毫克数。滑油中的碱性，因加入碱性添加剂才具有，在使用过程中，随着添加剂的损耗，总碱值将逐渐降低。

7. 浮游性

浮游性表示含添加剂滑油洗零件表面胶质炭渣，使之分散为小颗粒而悬浮携带的能力。通常是在专门试验机上在规定条件下进行一定时间的试验，然后根据活塞上的漆膜情况，按 0 至六七个级别进行评定。0 级为活塞非常清洁，没有漆膜形成；6 级为严重脏污，活塞完全为漆膜覆盖。

8. 抗泡沫性

抗泡沫性表示在规定试验仪器内以专用泡沫头并通入一定数量的空气，测量试验油的起泡体积和消泡时间。滑油在运转时受激烈搅动，使空气混入油中形成泡沫，泡沫过多除损失滑油外，还会使油泵和轴承引起空泡腐蚀，润滑效能降低，导致轴承烧毁。

二、滑油的添加剂

添加剂是指能改善和提高石油产品的质量和给予新的性质，以满足使用及储存的要求而添加的少量物质。当前，随着柴油机强化程度的提高和劣质燃油的使用，多种添加剂被加入纯矿物油（基础油）中，形成了一种由基础油和添加剂组成的新型油品。石油添加剂的种类有很多,用途也很广泛。目前常用的添加剂按其使用性能大体分为如下几类。

1. 清净分散剂(浮游添加剂)

防止高温时生成漆膜的添加剂和防止低温时生成油泥沉淀物的添加剂,我国统称为清净分散剂。它的作用一是洗涤,使颗粒和树脂状物呈分散悬浮状态,降低积炭和油泥;二是中和酸性物质作用,提高抗腐性能。它是气缸油中的重要添加剂。

2. 抗氧化抗腐蚀剂

这种添加剂有两方面作用:一是可以抑制油膜的氧化过程,提高滑油的抗氧化能力;二是在轴承表面上形成一层保护膜,使有色金属轴承不受酸的腐蚀,它是滑油中的重要添加剂。这种添加剂呈酸性,使滑油的酸值略有增加,此外,还将使轴承表面由于形成保护膜而呈暗褐色。

3. 油性剂和极压剂(抗磨剂)

油性剂和极压剂都能在边界润滑条件下起减磨作用。但它们的作用机理不同。油性剂是有极性基团的活性物质,能定向地吸附在金属表面上形成不易破坏的边界吸附薄膜,以降低磨损。极压剂能在高温和高负荷下分解产生活性化合物,在金属表面上生成低熔点化合物,形成反应薄膜,有减少摩擦防止擦伤、降低磨损,加强油膜承载能力的作用。

4. 增黏剂

增黏剂可提高基础油的黏度,并改善其黏温特性,提高其黏度指数。加入增黏剂的滑油称稠化机油。对于户外使用的柴油机(如救生艇用)冬季启动温度 -30 ℃,正常运转后气缸温度可达 200 ℃,稠化机油在低温时可使黏度增加不多,而在高温时变稠,以满足柴油机冬夏两季的不同需要。

5. 消泡剂

消泡剂可以降低泡沫的表面张力,抑制泡沫的发生并使形成的气泡破裂和消失,防止生成稳定的泡沫,常用二甲硅油等。

6. 降凝剂

降凝剂只改变石蜡结构而并不改变石蜡析出的温度。它吸附在油中石蜡结晶表面上,使之仅能生成微小结晶,防止形成结晶网,从而改变低温流动性,降低油品的凝点。

7. 防锈剂

防锈剂的极性活性物吸附在金属表面或与金属表面发生化学反应生成分子薄膜,使金属与水、空气隔开,防止零件在停车、储存或运输时金属部件生锈,其主要组成如石璜酸钡等。另一些防锈剂如石油璜酸钠,同时又是乳化剂,它在冷却水处理中能生成稳定的乳浊液,兼有防锈和润滑作用。

三、滑油的品种和选用

船舶柴油机使用的润滑油种类繁多,这就要船舶人员能正确地选择滑油,管好用好滑油。下面介绍柴油机润滑的品种和选择方法。

1. 曲轴箱油

曲轴箱油又叫柴油机油或系统油。通常,曲轴箱油润滑主要指对柴油机曲轴箱内各轴承的润滑,在筒形活塞柴油机中还可兼作气缸润滑油(飞溅润滑)和活塞冷却液,有时它还用作液压控制油。这种润滑油在使用中的最大特点是循环使用,因而它在使用中将逐渐污染变质柴油机。曲轴箱油按使用条件不同有十字头式和筒形活塞式两种。

(1)十字头式柴油机曲轴箱油

十字头式柴油机中的曲轴箱油与气缸是隔开的,所以曲轴箱油的工作条件比较好,它主要用来润滑各轴承和导板等,在某些柴油机中还用来冷却活塞或兼作操纵机构液压控制油使用。对这种曲轴箱油的要求如下。

①黏度和黏温性能。应具有适当的黏度,以保证油膜的建立。并要求它具有较好的黏温特性,能在较宽的温度范围内可靠地工作。

②抗腐蚀性。抗腐蚀性对轴承有重要意义。抗腐蚀性差,可能引起轴承合金腐蚀或铅锡和铅铟等镀层剥落。曲轴箱油必须加有抗氧抗腐添加剂。

③清净分散性。油品能使碳粒或各种颗粒油泥等分散成微小粒子并悬浮在油中,以便过滤掉。

④抗氧化安定性。应具有在较高温度下抗氧化性能(冷却活塞),因曲轴箱油与空气接触机会多,易氧化变质,要求抗氧化安定性好。通常,应控制油温不超过82 ℃,以降低氧化速度。

⑤其他,如抗乳化性能、抗泡沫性能、闪点等,也应符合使用要求。

(2)筒形活塞式柴油机曲轴箱油

筒形活塞式柴油机曲轴箱油还要兼作气缸润滑油使用,故其工作条件较十字头式柴油机曲轴箱油恶劣。它除应满足对十字头式柴油机曲轴箱油的全部要求外,还应满足以下要求。

①高温工作时的清净性。在高温下能保证各种沉淀物不黏在机件上而应悬浮在油中。

②热氧化安定性好。

③足够的碱性。要求能中和劣质燃油烧后生成的硫酸。一般要求 *TBN* 为 22~34 mgKOH/g。

④黏度要求较高。根据不同使用条件应分别具有相当于于 SAE20,SAE30,SAE40 等级的滑油。

综上所述,十字头式柴油机和筒形活塞式柴油机曲轴箱油的工作条件不同,因而要求的质量等级也不同。

在选用曲轴箱油时,应首先根据制造厂的推荐牌号选用曲轴箱油。若无法获得推荐牌号滑油时,可选用一种与推荐用油的黏度等级和质量等级相近的滑油,而且要注意不可随意与其他油品混兑。

2. 汽轮机油(透平油)

汽轮机油主要用于汽轮机的轴承和减速齿轮箱的润滑和冷却。它在柴油机中用来润滑废气涡轮增压器和调速器,也可代替液压油用于舵机和起重机的液压系统,还可代替齿轮油用于轻负荷的齿轮箱。对这种油的要求是:有良好的抗氧化安定性,能长期使用而不产生沉淀;抗蚀性强,能防止金属表面腐蚀;抗乳化性能好,容易与水分离;因润滑齿轮,故要求边界润滑性能(油性)好;黏度的等级多,以便于选择。

3. 气缸油

柴油机气缸润滑是一个复杂而重要的问题。在十字头式柴油机中,气缸润滑是一个独立的润滑系统。

四、滑油管系的功用、组成与种类

1. 功用

滑油管系给柴油机、增压器等各运动零件的摩擦表面输送一定数量的清洁润滑油,保持运动件间的液体摩擦，减少零件的磨损和摩擦功的消耗；清洗摩擦表面，带走磨损下来的金属细末及其他微粒，带走摩擦热，冷却摩擦表面；滑油在活塞环与气缸间加强密封作用；防止表面锈蚀作用；另外，具有一定压力的润滑油可用来冷却某些受热部件（如活塞等）及轴系传动、操纵控制（如正倒车控制）等。

2. 组成

滑油管路一般由滑油储存舱（柜）、滑油循环柜、净化设备（滤器、分油机）及滑油冷却器等组成。

3. 种类

滑油管系通常根据柴油机的结构形式可分为湿式油底壳式润滑系统和干式油底壳式润滑系统两种。

(1)湿式油底壳式润滑系统

这类润滑系统没有专门的润滑油箱，油底壳起着循环油柜的作用。由滑油泵直接从油底壳中把滑油输送到各摩擦表面，所有经过润滑后的滑油全部流回油底壳中。这类润滑系统比较简单，但润滑油与漏到曲轴箱中的燃气接触机会增多，使滑油变质；在强化柴油机中，油底壳中的滑油会形成很多泡沫，滑油泵吸入泡沫就不能保证良好的润滑和工作的可靠性；在船舶摇摆较大时，滑油泵有时吸不上油，影响到润滑油供给的连续性。另外，清洗和检查油底壳很不方便。因此，这种润滑系统在小型柴油机中应用得比较普遍，在中大型柴油机中很少采用。

(2)干式油底壳（或曲轴箱）式润滑系统

这种形式的润滑系统设有专门的滑油箱储存滑油，由油底壳或机座收集的滑油经抽油泵不断地抽出并送至滑油箱；再由压油泵把滑油箱中的滑油送到各摩擦表面。这样减少滑油与燃气的接触机会，防止滑油变质；曲轴箱的容积和高度可以减小；滑油积集于单独的循环油箱中，保证船舶倾斜时不会中断供油，同时便于滑油的检查与更换，放出滑油中的气泡；对于大型柴油机来说，便于工作人员进入曲轴箱内拆装或检查零部件。在船舶大型柴油机中广泛采用干式油底壳式润滑系统。如图 6－3 所示是6260A 柴油机干式润滑系统。

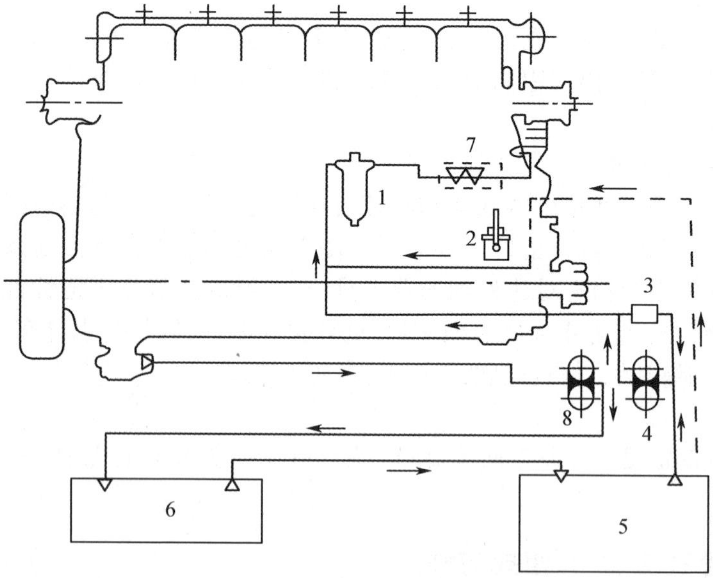

1—过滤器；2—手摇泵；3—调压阀；4—压力泵；5—滑油箱；6，7—滑油冷却器；8—循环泵。

图 6－3　6260A 柴油机干式润滑系统

该机由齿轮滑油循环泵 8 将油底壳中的滑油抽出，经滑油冷却器 6 打入滑油箱 5 中。再由齿轮滑油箱 4 将油箱中的滑油经过滤器 1、滑油冷却器 7、油道送至各摩擦表面。油泵调压阀 3 是控制油路中最高压力的，以起到保护作用。另外，该机还装有手摇泵 2，以供开车前预先向摩擦表面供油。也有的柴油机设有电动预供油泵保证开车前和停车后供给一定时间的滑油，使各摩擦表面得到润滑，减少启动功，停车后能使摩擦表面得到冷却。

大型低速柴油机一般都采用干式油底壳式润滑系统，但大多数的大型低速柴油机的气缸润滑和其他循环润滑系统是分开的，气缸润滑采用单独的高压注油润滑。

五、滑油管系原理设计

滑油管系主要是对柴油机主、辅机进行润滑和冷却服务的，所以其系统设计主要针对柴油机来考虑，通常都是依据船舶的总体性能，主、辅机特性参数及其有关要求来进行设计。

1. 对滑油泵的要求

(1)滑油泵有输送和供给等多种用途。输送泵一般常用齿轮泵，供给泵较多使用螺杆泵，也可选用齿轮泵。螺杆泵的排出压力较高，但由于其精度较高，所以对滑油的清洁度要求较严。

(2)对于主机的滑油供给泵应设置两台，其中一台备用，且至少有一台应为独立动力驱动。备用泵应为独立动力驱动的泵，如为多台主机时，备用泵可共用一台，如每台主机各自带有滑油泵，则设置一台安装拆卸方便的备用泵即可。

(3)滑油泵的容量及其管路结构的设计，应具备当任一台滑油泵停止工作时，另一台泵能满足主机最大功率运行时对滑油的需要。

(4)对于多台辅机共用一台滑油泵时也须设一台备用泵。

2. 对管系及其附件的要求

(1)滑油管路应与其他管路分开。

(2)滑油管系中应有滤器，设置在泵的吸入口前面，滤器的容量和结构及其连接的管路应当保证在不停机和不减少对主机、辅机供应充足的过滤油的状态下能进行内部清洗。滤器的前后有压力表。从而显示滤器是否畅通或阻塞。对高速运动机械供油的滤器及高精度设备如螺杆泵所用的滤器，一般应设磁性滤器。

(3)如果滑油泵的工作压力可能超过管系的设计压力值时，则应在泵的排出端设置安全阀，由安全阀排出的回油应流回至泵的吸入端。压力安全阀应能有效地使泵的排出压力限制在管系的设计压力内。所以设计和安装调试都要保证安全阀启动压力的正确性。

(4)滑油管系中当其压力下降而将要影响正常运行时应有声、光信号报警设备，以便及时采取措施，保证系统有正常工作压力。

(5)对于多台主机和多台辅机的滑油系统，其从油底壳引至滑油循环舱柜的泄油管路应独立，以避免与曲轴箱造成串通。

(6)滑油管路也应避免设置在高温热表面上方和配电板等电气设备的上方。

3. 滑油舱柜布置

(1)滑油舱柜与燃油舱、淡水舱柜等相邻时之间应以隔离空舱隔开，其油管也不得通过淡水舱柜，同样淡水、饮水管不得从油柜通过。在不可避免时可设置通舱套管，管壁加厚，并不得有可拆接头，以保证滑油的质量。

(2)滑油循环舱的容量应容纳循环于全系统中的全部滑油。该舱进油管应伸入至最低工作液面以下的一定深度,其管口应远离出管口。滑油循环舱如延伸到船舶结构的外底板时,则在油底壳循环舱的泄油管路上装设截止阀,以防止外板破损时进水,该阀应能在花钢板以上易于接近的地点进行关闭,这里通常采用小轴传动甲板操纵装置予以实施,如CB397 - CB405 等一系列标准都可选用。如有隔离空舱与外底板隔开的结构时,此截止阀也可免设。

(3)滑油管系必须设置储存柜和污油柜,其容量一般应大于滑油循环舱柜。

(4)滑油循环舱柜应与燃油舱柜一样设置注入、测量、透气和溢流管。设置液位计,设置遥控关闭装置,设置必需的力加热设备和管路。

4. 滑油管系的注入管、溢流管及测量管

其设计要求尺寸可按燃油管系中的要求设计。

5. 振动设备或因船体变形而引起的管系破坏的部位

其管路连接也可参考燃油管系采用软管连接,并配备必需的备品。

附录Ⅰ　常用液压与气动元件符号

附表Ⅰ-1　基础符号

名称	符号	说明
液压源	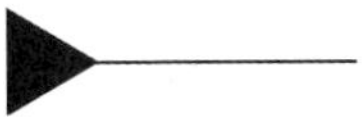	一般符号
气压源		一般符号
电动机	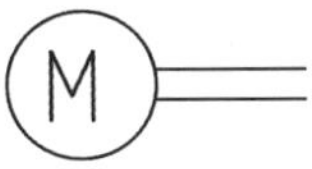	
压力计		
温度计		
压力继电器	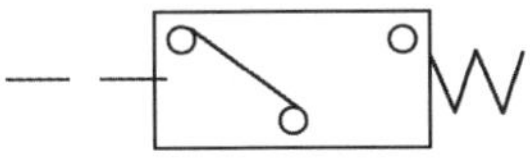	一般符号
报警器	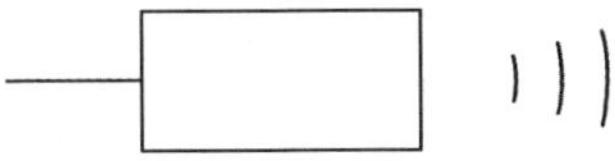	气动
行程开关	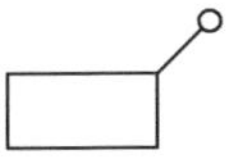	一般符号
模拟传感器	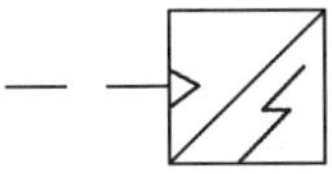	气动

附表 I -2 管路、管路连接和管接头

名称	符号	说明
快换接头	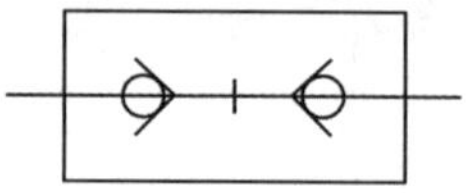	带单向阀
	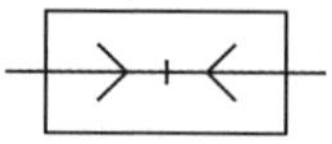	无单向阀
旋转接头	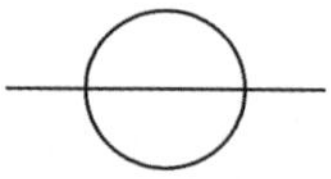	单通路

附表 I -3 控制方法

名称	符号	说明
人工控制	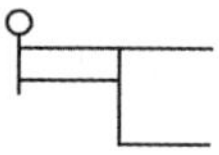	手柄式
	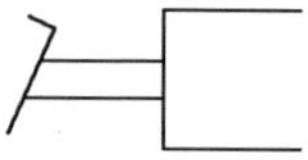	踏板式
机械控制		弹簧式
加压控制	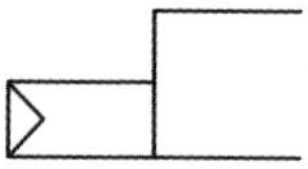	气压先导内控
	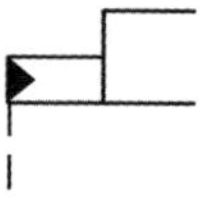	液压先导外控
压力控制	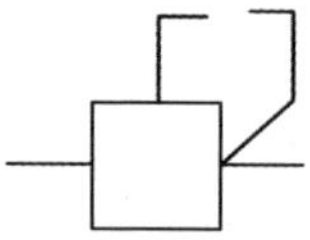	内部压力
	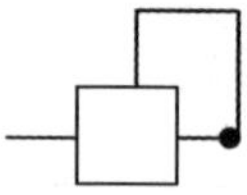	外部压力

附表Ⅰ－4　泵和马达

名称	符号	说明
液压泵		一般符号
定量泵	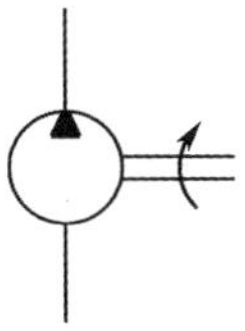	单向
	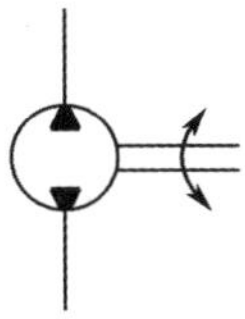	双向
变量马达	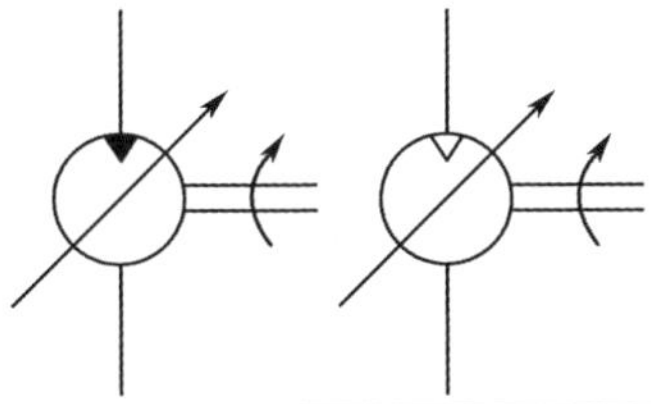	单向
	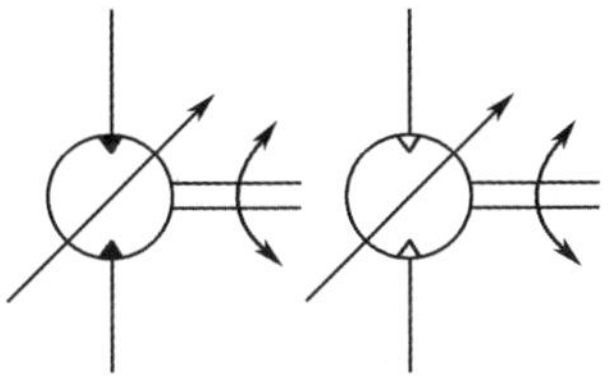	双向
定量泵马达	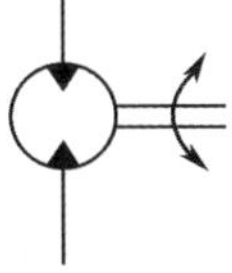	
变量泵	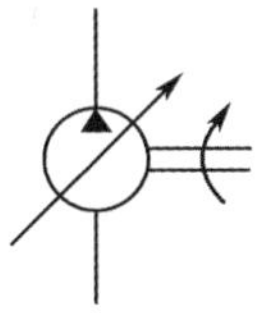	单向
	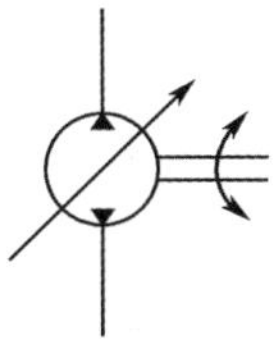	双向

附表Ⅰ-5　缸

名称	符号	说明
弹簧复位缸	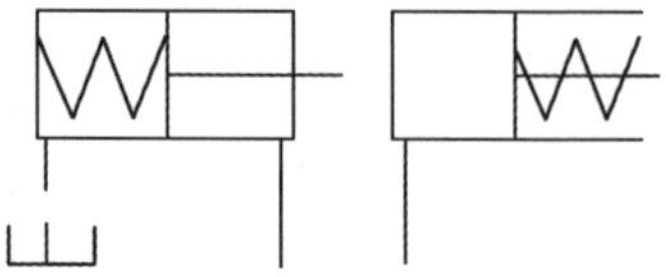	单作用
伸缩缸	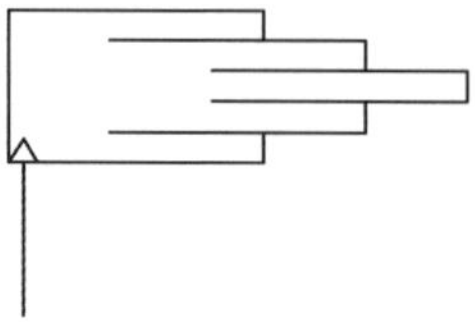	单作用
单杠活塞缸	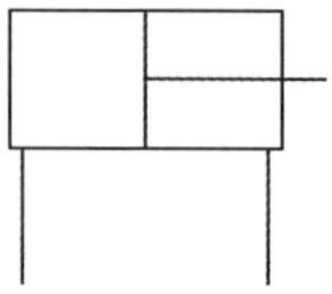	双作用

附表Ⅰ-6　方向控制阀

名称	符号	说明
单向阀	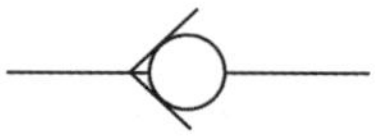	
液控单向阀	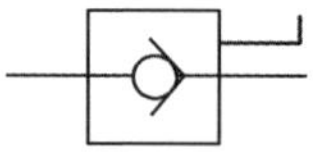	
或门型梭阀	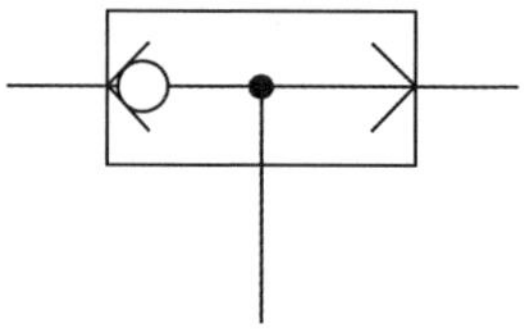	或门
二位三通换向阀	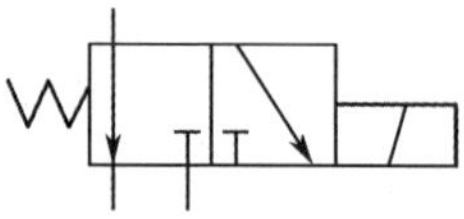	电动
三位四通换向阀	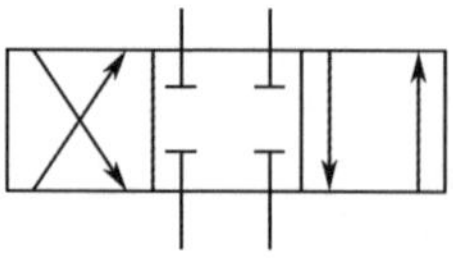	通用

附表Ⅰ-7 压力控制阀

名称	符号	说明
溢流阀	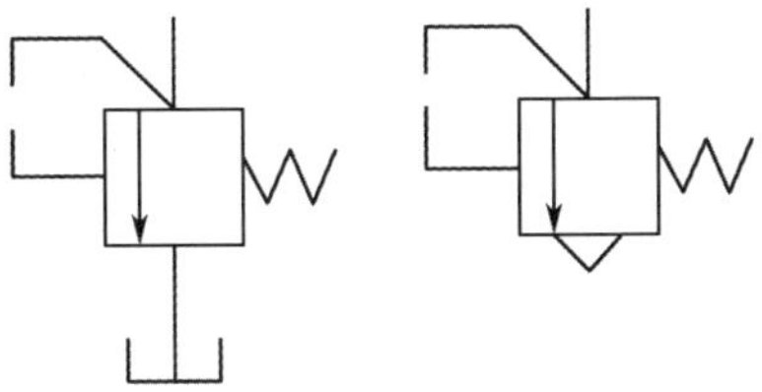	直动型
	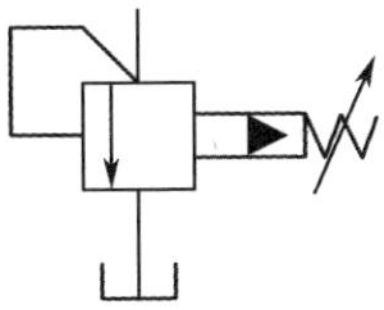	先导型
减压阀	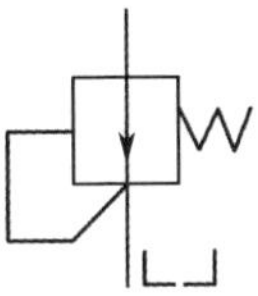	直动型
定差减压阀	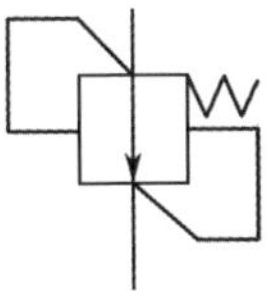	
单向顺序阀	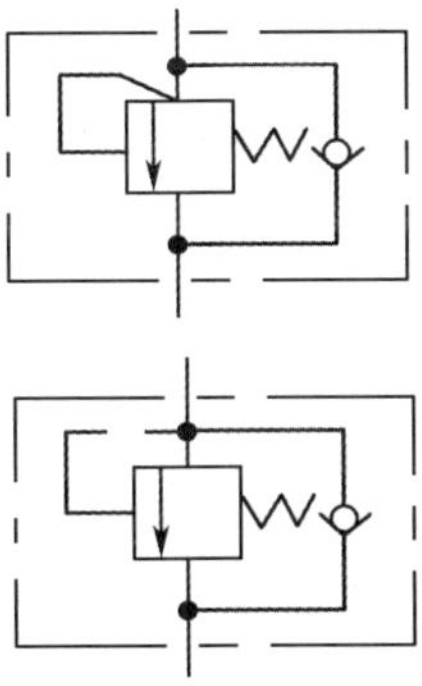	平衡型
卸荷阀	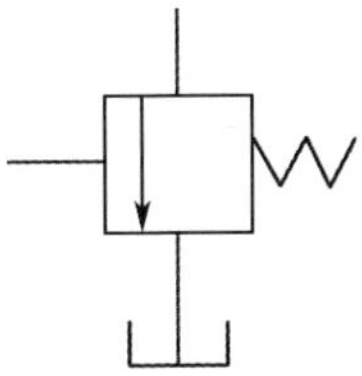	直动型

附表 I -8 流量控制阀

名称	符号	说明
节流阀	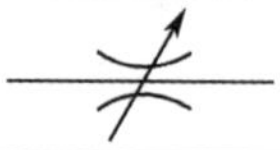	可调
单向节流阀	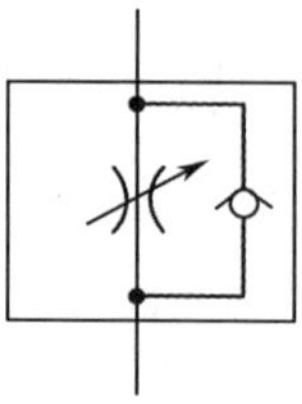	可调
分流阀	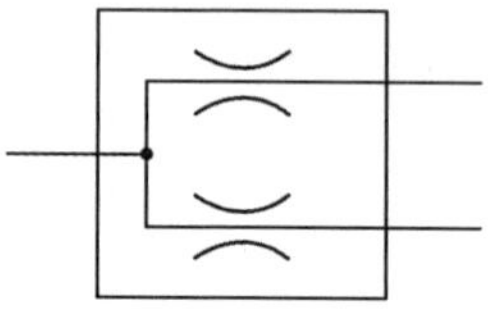	

附表 I -9 辅助元件

名称	符号	说明
油箱		管口在箱底
过滤器	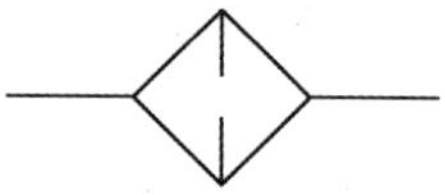	一般符号
蓄能器	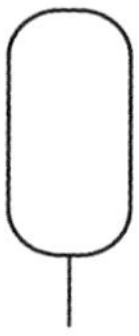	一般符号
冷却器	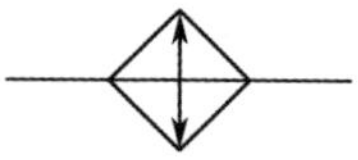	

附录Ⅱ　船用制冷剂的饱和温度与压力

附表Ⅱ-1　船用制冷剂的饱和温度与压力表

温度/℃	压力(绝对)/MPa		温度/℃	压力(绝对)/MPa		温度/℃	压力(绝对)/MPa	
	R22	R134a		R22	R134a		R22	R134a
-40	0.105	0.052	-5	0.421	0.243	30	1.192	0.770
-39	0.110	0.054	-4	0.436	0.253	31	1.223	0.792
-38	0.115	0.057	-3	0.451	0.262	32	1.255	0.815
-37	0.120	0.060	-2	0.466	0.272	33	1.288	0.839
-36	0.126	0.063	-1	0.482	0.282	34	1.321	0.862
-35	0.132	0.067	0	0.498	0.293	35	1.355	0.887
-34	0.138	0.070	1	0.514	0.304	36	1.389	0.912
-33	0.144	0.073	2	0.531	0.315	37	1.424	0.937
-32	0.150	0.077	3	0.548	0.326	38	1.460	0.963
-31	0.157	0.081	4	0.566	0.338	39	1.497	0.989
-30	0.163	0.085	5	0.584	0.350	40	1.534	1.016
-29	0.171	0.089	6	0.602	0.362	41	1.571	1.044
-28	0.178	0.093	7	0.621	0.375	42	1.610	1.072
-27	0.185	0.097	8	0.641	0.388	43	1.649	1.101
-26	0.193	0.102	9	0.660	0.401	44	1.689	1.130
-25	0.201	0.107	10	0.681	0.415	45	1.729	1.160
-24	0.209	0.112	11	0.701	0.429	46	1.770	1.190
-23	0.218	0.117	12	0.723	0.443	47	1.812	1.221
-22	0.226	0.122	13	0.744	0.458	48	1.855	1.253
-21	0.236	0.127	14	0.767	0.473	49	1.898	1.285
-20	0.245	0.133	15	0.789	0.488	50	1.942	1.318
-19	0.254	0.139	16	0.812	0.504	51	1.987	1.351
-18	0.264	0.145	17	0.836	0.520	52	2.033	1.385
-17	0.274	0.151	18	0.860	0.537	53	2.079	1.420
-16	0.285	0.157	19	0.885	0.554	54	2.127	1.456
-15	0.296	0.164	20	0.910	0.572	55	2.174	1.491
-14	0.307	0.171	21	0.936	0.589	56	2.223	1.528
-13	0.318	0.178	22	0.962	0.608	57	2.273	1.566
-12	0.330	0.185	23	0.989	0.627	58	2.323	1.604
-11	0.342	0.193	24	1.016	0.646	59	2.375	1.642
-10	0.354	0.201	25	1.044	0.665	60	2.427	1.682
-9	0.367	0.209	26	1.072	0.685	61		1.722
-8	0.380	0.217	27	1.101	0.706	62		1.762
-7	0.393	0.226	28	1.131	0.727	63		1.804
-6	0.407	0.234	29	1.161	0.748	64		1.846

附录Ⅲ　某豪华游艇动力与辅助系统技术规格设计书

第1章　轮　　机

1.1　总则

本船是依据我国船舶检验局颁布的《船舶与海上设施法定检验规则》(2004 版)及船东提出的设计要求而进行设计的。

本船用于接待性参观旅游;本船设有艏升高甲板,双轴系,主机为驾驶室遥控,本船除装有推进系统和保证正常营运的设备外,还设有防污染及保船设备、空调通风等各种设备。

1.2　主机

本船设有2台主机,既可在驾驶室遥控,也可在机舱控制。该主机是由洛阳河柴发动机有限公司生产的,V型四冲程、直喷式、增压中冷、高速柴油机。

螺旋桨旋转方向:右机右转,左机左转。

该主机主要参数如下。

(1)型号:TBD620V8。

(2)缸数:8。

(3)缸径/冲程:170/195 mm。

(4)额定转速:1 500 r/min。

(5)额定功率:829 kW。

(6)最低耗油率:(194 +5%)g/(kW·h)。

(7)启动方式:电启动。

(8)冷却方式:双循环海水间接冷却。

1.3　齿轮箱

本船配主机齿轮箱2台,该齿轮箱为液控,具有离合、倒正车功能,由杭州前进齿轮箱集团有限公司供货。

该齿轮箱主要参数如下。

(1)型号:900。

(2)传递能力:0.66 kW/(r·min^{-1})

(3)速比:$i=3:1$。

1.4　柴油发电机组

本船设柴油发电机组2台,由洛阳河柴发动机有限公司供货,电制为400 V 50 Hz

3 PH。

柴油发电机组主要参数如下。

(1)机组型号:CCFJ170J。

(2)柴油机型号:TBD234V6。

(3)柴油机功率:186 kW。

(4)燃油耗量:198 g/(kW·h)。

(5)发电机功率:170 kW。

1.5 防污染设备

1.5.1 污油水舱

本船设有舱底水舱,其容积满足规范要求,该舱用以储存机、舵机舱舱底油污水。当需要时,船舶靠岸通过总用泵泵至岸上统一处理。

本船不可在海上将油污水直接排至舷外。

1.5.2 生活污水储存柜

该装置可供 20 人使用,使用生化法处理生活污水,船舶在停靠和在内河航行时必须经过此装置处理后才能排放,但在距最近陆地 12 n mile① 外以适当航速(≥4 kn)航行时可直接排至舷外。

1.6 泵

表 1 泵形式及用途表

序号	用途	形式	排量/($m^3 \cdot h^{-1}$)	压头/MPa	数量/台	备注
1	消防总用泵	立式、离心式、自吸式	40	0.4	1	
2	舱底水泵	立式、离心式、自吸式	33	0.25	1	
3	消防泵	立式、离心式、	42	0.41	1	
4	燃油泵	齿轮泵	3.3	0.6	2	
5	热水循环泵	立式、离心式、	5	0.15	1	
6	空调冷却泵	立式、离心泵	40	0.21	1	随空调装置供
7	应急消防泵	便携式	25	0.3	1	成套
8	洗涤污水排出泵	卧式、离心式、自吸式	8	0.21	1	
9	齿轮箱滑油备用泵	齿轮泵	3	25	1	
10	手摇泵		1.2	0.25	2	污燃油、污滑油
11	手摇泵		1.92	0.25	1	用于锚链舱污水

1.7 甲板机械

本船设有艏锚缆机 2 台,锚缆机为电动、立式,锚链直径 ϕ24 mm,锚重 900 kg,锚机的甲

① 1 n mile = 1 852 m。

板外露部分应为不锈钢材料,表面镜面处理。

本船设摆缸式液压舵机 1 台,双舵,该舵机转舵扭矩为 25 kN · m,设 2 套完全相同的动力设备,互为备用。

甲板上布置有 3 部系泊缆卷车。

1.8 空调与通风

本船设机舱通风机 2 台;舵机舱风机 1 台。

厨房、浴室、卫生间等设排风机,厨房风机选用双速轴流排风机。

全船的主要居住舱室和活动舱室均设有中央空调。

1.9 压缩空气

本船设空压机 1 台,主要用于压力柜、汽笛、海底门吹洗及机舱杂用等。

1.10 锅炉

本船选用 1 台蒸发量为 450 kg,蒸汽压力为 0.5 MPa 的立式针管锅炉,主要用于空调的供热、热水柜加热及机舱保温等;与锅炉配套使用的辅助设备及装置应一并配齐。

1.11 轴系

本船为双轴系,主机经过齿轮箱与轴系相连。该轴系采用油润滑,轴系由中间轴、螺旋桨轴组成。螺旋桨轴设可拆法兰与中间轴相连。轴系通过机舱后端壁时使用过舱件。

两轴线平行,中心相距 3.8 m,轴中心线与基线成 2.9°夹角,螺旋桨以键固定于艉轴上。

中间轴、艉轴均由 35#优质碳素钢锻制而成。

第 2 章 管系及安装

2.1 概述

2.1.1 管材

除设备厂家特定要求的管路材质外,管材选用应符合 CCS《规范》及 CB、GB 有关要求。

各系统管材要求如下。

(1)淡、海水冷却管,压载舱底管,消防管,锚链冲洗管,透气管,注入测量管(油舱除外),污水疏排水管均采用船用无缝钢管。预制后,进行镀锌防腐处理;外镀锌层局部少量破坏,可用船东、船检认可的富锌漆进行修补,损坏严重的必须进行重镀。

(2)燃油管、滑油管、压缩空气管、液压管均采用船用无缝钢管。预制后进行化学清洗,清洗方法按 CB 标准执行;外层涂刷相应的底漆和面漆。

(3)居室内外露的生活海、淡水管,加热管,控制用气控管,仪表管路均采用不锈钢管或铜管。预制后,按 CB 有关标准进行化学清洗。

(4)烟管可采用有缝钢管。

(5)未提到的系统管路按有关标准选用。

2.1.2 弯头、三通件、变径、管连接件

(1)尽量不采用定型弯头作为管路弯曲部分使用,应采用机械弯管。

(2)管路相交处应采用定型三通标准管件,尽量不采用管段开孔管插焊接。

(3)凡变径处管段,应采用标准异径接管,不得采用管口收缩或承插式连接方式。

(4)管连接件材质应与管材质相对应选取。

2.1.3 管支架、吊架及管卡

(1)应根据管路性能用不同用途标准的支架、吊架、管卡。

(2)对于燃油、滑油、液压管路应特别注意其防震要求,加设防震垫。

(3)排烟管路支架按 CB 标准选取,均应采用弹簧吊架。

(4)U 形管卡应镀锌处理,凡管卡用的螺栓、螺母均应镀锌处理。

2.1.4 通舱件、非水密舱壁及结构开孔

(1)凡穿过水密舱壁和甲板的管子,均应设置相应的标准通舱管件。

(2)凡穿过非水密壁或船体构件的管路,均应在舱壁或结构件开孔处作补强处理。对不影响强度的开孔,也应加设套管处理。

2.1.5 管子加工、安装、试验

(1)一般管子加工应满足 CB/T 3790—1997《船舶管子加工技术条件》的规定。

(2)液压管路应满足 CB/T 1102—2008《船用液压系统通用技术条件》和 CB/T 3702—1995《船用液压管道连接及安装技术要求》。

(3)动力管路安装密性试验按 CB/T 3619—1994《船舶系统和动力管路安装及密性试验质量要求》和 CB/T 3616—2017《管路压力试验要求》执行。

(4)通风管路应满足 CB/T 3626—1994《舱室风管及附件安装质量要求》的规定。

(5)凡法兰用密封垫圈,不得用手工剪刀制作,应机械割制。密封材料性能应符合相关标准要求。

2.1.6 管路布置及加工程序

(1)管路布置应经生产设计综合布置后确定。在综合布置设计时,应充分考虑《综合布置图设绘要领》的规定,以及设备厂家的有关要求。

(2)管路的综合布置图在生产设计完工后应交由船东确认。

2.1.7 管路涂装及管路识别符号

(1)管路涂装应满足 CB/T 3617—1994《管系及其附件特种涂装质量要求》有关规定。

(2)管路外漆颜色和识别符号按 GB 3033—1982《船舶管路和识别符号的油漆颜色》中第 4 项 4.1 款(表 2)的要求执行。

2.1.8 管路阀件铭牌

所有手轮上都有带蚀刻标记的铭牌,明确阀的用途和功能。铭牌材料为铜质或不锈钢,按 CB/T 84—1998《船用阀门识别板》制作,文字均采用中文。

2.1.9 阀门与附件

(1)除设备自带阀门外,均应选用船用阀门系列。按详细设计图纸要求选型。

(2)所有管路附件应按最新颁布的标准选取。

(3)设备与系统中选用的安全阀、减压阀,其材质应为铜制。海水滤器、燃油滤器、滤网骨架选用铜制或不锈钢制。

2.2 舱室管系

舱底、压载、消防及锚链冲洗系统,将按 CCS 的要求设置阀件、滤器、泥箱、总管及阀箱。将在下述舱室设舱底吸口:艏尖舱、空舱、机舱、舵机舱、锚链舱等。

消防总管和消防栓应按 CCS 要求设置,在甲板上的消防总管与机舱间应加装隔离阀。消防栓应选用铜质或不锈钢质,外表美观光洁。

所有舱底水均泵入舱底水舱中,待存留一定数量后再驳运至接收船或岸上进行处理。

2.3 主、辅机冷却系统

无论是主机还是发电机,各柴油机均为闭式冷却系统。海水泵吸入舷外水。经滑油冷却器、淡水热交换器、中冷器、齿轮箱和中间轴承后排至舷外。

2.4 燃油系统

本船主机、发电机、锅炉均燃用轻柴油,本船设 2 个燃油舱,均为深油舱,燃油经滤器由电动燃油输送泵泵入日用油柜。燃油泵为人工启动,自动停止。各柴油机和锅炉用油均由日用油柜供给。日用油柜的容量可供主付柴油机连续运转 8 h 以上。

日用油柜及深油舱供油阀均为手动式速闭阀。

2.5 润滑油系统

各柴油机润滑油系统均为封闭独立系统。

本船设有污滑油舱。污滑油可通过手摇泵泵至岸上,统一处理。

2.6 污油系统

本船设有污柴油舱和污滑油舱,污滑油舱用来储存主机和发电机的油底壳内的污滑油,主机的污滑油可以用滑油预供泵直接驳运至污滑油舱内,柴油发电机的污滑油可用油桶接油并通过污滑油舱上的注入口直接倒入污滑油舱内。各处接油盘处的污柴油通过管路直接注入污柴油舱内,两污油舱均设有高位报警,并通过各自的手摇泵驳运至岸上统一处理。

本船不可在海上将污油直接排至舷外。

2.7 排气系统

主机和辅机分别设置单独的排出废气管道,管道上装有干式消音器及足够数量的膨胀节。这些膨胀节安装牢固,以防止振动。排出口安装格栅及冷却水管。排烟管应符合 ZC 的要求。排烟方式为侧排式。排烟管应用钢管,并要很好地隔热包扎,并用硅酸铝纤维进行良好的隔热,外表再用白铁包装,隔热层表面温度不超过 60 ℃。

2.8 压缩空气系统

本船设 1 台工作压力为 3 MPa 的船用空压机及气瓶,压缩空气主要用于汽笛、压力水柜、海底门吹除、机舱杂用等。

汽笛可用 0.8 MPa 压缩空气,经减压(0.4 ~ 1 MPa)后用于压力柜、吹除海底门及杂用等。

空压机根据气瓶内压力变化自动起停。

2.9 生活日用海水、淡水、热水系统

为清洗、饮用、淋浴和冲洗厕所而设置的日用海水、淡水系统。淡水通过设在机舱内海水、淡水组合压力柜供到居住舱室和机舱主、辅机膨胀水箱,热水柜等。厕所冲洗通过海水、淡水组合压力柜供海水。该系统的敷设和试验符合 ZC 有关要求。电动海水、淡水泵通过压力开关自动向海、淡水压力水柜供水,压力柜应装有安全阀和泄放阀等。

全船热水由蒸汽电加热水柜来完成,加热后的热水由一热水循环泵来维持全船的热水循环,热水管均应包扎隔热材料。

2.10 消防、压载、舱底管系

2.10.1 消防管系

本船设专用消防泵 1 台,舱底泵 1 台,总用泵 1 台,总用泵具有兼用消防及舱底泵的功能,根据规范要求在机舱、各层甲板、艏楼上均设有适量消防栓。

穿过干舷甲板后设一隔离截止阀,以保证在应急情况下,通过移动式应急消防泵向全船供应消防水。

消防水还可用来冲洗甲板、冲洗锚链等。

本船设(移动式)应急消防泵,以便在应急情况下可向全船供应消防水。

2.10.2 舱底水管系

本船舱底、总用泵均可作为舱底水泵,在机舱后部设一污油水舱,用以储存机舱、舵机舱的污油水,在主甲板上设国际通岸接头,船舶靠岸后可通过舱底水泵、通岸接头将舱内污油水泵至岸上统一处理。

在机舱各空舱等均设有舱底水吸入口,机舱设有直通舱底水吸口。

2.11 透气、测量、注入系统

本船各水、油及空舱均设有透气管,所有透气管的规格和数量均满足规范要求并配有适当的空气管头。

各舱柜、隔离空舱均设有测量管(日用柴油柜和滑油柜设液位计)。

燃油舱、淡水舱、滑油柜均设有相应的甲板注入管,注入管布置于船舶两舷方便装油水的位置。

由于本船的特殊性,所有的在甲板上的透气、注入、测深管要尽量靠近船舷,布置在较隐蔽的地方,不应影响整体视觉和交通。管附件应选用小巧精致的。

2.12 蒸汽管系

本船设有 1 台蒸汽锅炉用以供应空调、热水柜及机舱保温之热量;所有蒸汽管线均应包扎隔热保温材料。

每一组用气设备的出口管线上要求安装疏水阀。通过疏水阀的各部分凝水汇总后通过大气冷凝器而进入热水井;锅炉的供水泵从热水井吸入热水供给锅炉使用。热水井具有除污、补水等功能。

2.13 通风系统

本船的机舱通风风机安装在阳光甲板的风机室中,从风机室至机舱的风道为船体结构风道。机舱内的风管由白铁制成。风道的安装高度应合适,充分考虑风门的操作、机舱排烟管的布置及甲板隔音材料的敷设。机舱内可调节的出风口应设置在主机操纵,主机进气口、发电柴油机、空压机进气口及主要通道和操纵位置等处。风管布置及横端面尺寸应合理,避免振动和噪音,风机进出口设有风闸并应加装金属网以防杂物吸入。风机室应采取降噪处理。

2.14 隔热

排气管系的隔热按下列规定进行。

柴油机种类	厚度/mm	材料	覆盖层
主机	管子 60、法兰 50	硅酸铝纤维	白铁皮
辅柴油机	管子 50、法兰 30	硅酸铝纤维	白铁皮
锅炉	管子 50、法兰 30	硅酸铝纤维	白铁皮

第 3 章　电　　气

3.1 概述

本船电气部分的设计是根据中华人民共和国船舶检验局颁布的《船舶与海上设施法定检验规则》中“非国际航行海船法定检验规则(2004)”的有关规定和船东提出的相关要求进行的。

3.2 配电系统

本船基本配电系统为交流三相三线绝缘系统,各类电气设备的电压、频率和线制如下。

(1)发电机:AC 400 V 50 Hz 三相三线绝缘系统。

(2)电力系统:AC 380 V 50 Hz 三相三线绝缘系统。

(3)正常照明系统:AC 220 V 50 Hz 双线绝缘系统。

(4)应急照明:DC 24 V 双线绝缘系统。

(5)航行信号灯:AC 24 V 50 Hz 双线绝缘系统,DC 24 V 双线绝缘系统。

(6)通信导航系统:AC 220 V 50 Hz 双线绝缘系统,DC 24 V 双线绝缘系统。

(7)遥控及报警系统:AC 220 V 50 Hz 双线绝缘系统,DC 24 V 双线绝缘系统。

3.3 电源设备

3.3.1 发电机

本船设 2 台 CCFJ170J 型船用交流发电机组作为该船的主要电源设备。其发电机规格为 170 kW,400 V,306.7 A,3φ,50 Hz,cos φ = 0.8(滞后),充磁电压为 DC 24 V。与发电机配套的柴油机为电瓶启动 DC 24 V(柴油机自带充电机)。

2 台发电机正常情况下均独立运行供电,其中 1 台作为备用,且可进行并联转换。并车方式采用手动及半自动准同步。

3.3.2 变压器

在机舱内设 2 台 CSGD－50 型三相照明变压器(其中 1 只作为备用,2 只变压器相互联锁,不并联)规格为 400 V/230 V,50 Hz,50 kV·A 干式,用于向正常照明、航行灯、通信导航设备和生活、办公及娱乐等 AC 220 V 用电设备等提供电源。

3.3.3 蓄电池及充放电装置

在蓄电池室内装设 12 只 6JC－195 型船用铅酸电池作为低压电源和应急电源,供全船应急照明及船内通信、报警等 DC 24 V 负荷用电。每只规格为 DC 12 V 195 AH。每 6 只两两串联之后再并联,构成两组 DC 24 V 585 AH 的蓄电池组。一充一放,手动转换。蓄电池室设自然通风孔。充电装置和放电控制电路组装在一起,安装在充放电板室内。

3.3.4 岸电箱

在主甲板艉部装设 1 只 A250－200/3 型三相岸电箱,用于向船内接入岸电。其规格为 AC 380 V,3φ,50 Hz,200 A,箱内设有相序转换开关和相序指示灯及电度表。

配 100 m 长岸电电缆一根。

3.3.5 驾驶室控制台

在驾驶室内设控制台 1 套,包括如下设备。

(1)主机遥控报警装置 2 套。

(2)操舵仪及舵机控制及报警装置 1 套。

(3)航行信号灯控制板 1 套。

(4)AC 220 V/DC 24 V 助航分电箱两台。

(5)声力电话两台。

(6)自动电话一台。

(7)雾笛控制装置 1 套。

(8)广播扩大机一台。

(9)火井监测装置一台。

(10)通用报警。

(11)雷达显示器两台。

(12)GPS 定位仪一台。

(13)VHF 电话两台。

(14)其他。

注:驾驶室控制台可根据实际情况分成操纵台和集中控制板两部分。

3.4 配电设备

3.4.1 主配电板

在机舱内设 1 套主配电板。该主配电板由五屏组成。五屏共用 1 个基座,结构为自立型钢制框架结构。电缆由底部出线,前后面均装有扶手。五屏分别如下。

(1)第一屏 1#组合启动屏。

(2)第二屏 1#发电机控制屏(含并车部分)。

(3)第三屏 2#发电机控制屏。

(4)第四屏 380 V 负载屏及 220 V 负载屏。

(5)第五屏 2#组合启动屏。

主开关为 AH 型万能式自动空气断路器,电动合闸。主开关具有过载长延时、短延时及瞬时脱扣保护,过载预报警。并有逆功率保护、欠压保护功能。

各控制及配电屏上均应配齐相应的各类仪表、控制开关及按钮等。负荷分路开关选用 TO－100 型及 C60 型自动空气开关。

本配电系统设有一级分级卸载电路,以保证对重要设备的连续供电。

本配电板还设有应急风油遥切功能、绝缘监测装置(具有绝缘报警功能)。发电机主开关和岸电开关之间的电气联锁功能等。

在安装主配电板时,后部与墙壁之间留有 600 mm 的通道,前后地板要铺设耐油防滑绝缘垫。

3.4.2 航行信号灯控制板

在驾控台上设有 1 套航行信号灯控制板。其中航行灯采用双层灯。并有故障声光报警指示。

3.4.3 电力分电箱(AC 380 V)

该船共设 4 只 AC 380 V 分电箱。

(1)1#电力分电箱——机舱设备。

(2)2#电力分电箱——厨房设备。

(3)3#电力分电箱——锚机设备。

(4)4#电力分电箱——空调设备。

3.4.4 220 V 分电箱(AC 220 V)

该船共设 7 只 220 V 分电箱。

(1)1#220 V 分电箱——机舱、舵机舱及空调机间等机械场所照明等。

(2)2#220 V 分电箱——游步甲板照明等。

(3)3#220 V 分电箱——主甲板照明等。

(4)4#220 V 分电箱——二甲板照明等。

(5)5#220 V 分电箱——厨房设备。

(6)6#220 V 分电箱——轮廓外照明。

(7)7#220 V 分电箱——娱乐及办公设备。

3.4.5 低压分电箱(DC 24 V)

该船共设 3 只 DC 24 V 低压分电箱。

(1)1#低压分电箱——露天区域应急照明。

(2)2#低压分电箱——居住及办公区域应急照明。

(3)3#低压分电箱——机舱及舵机舱应急照明。

3.5 控制设备

凡大于 0.5 kW 的电动机应设磁力启动器进行控制和保护。功率较大的电动机(大于 15 kW)采用星三角启动器或其他软启动器进行控制。除锚机、舵机和空调机组等采用随机带控制箱进行控制外,其他大于 0.5 kW 的电动机均由组合启动器及启动器独立进行控制。

对远离启动器的电动机应在其旁设遥控按钮，另外根据轮机专业的需要，部分机械设备要具有自动控制或反正向控制。

本船在主配电板上设有组合启动屏，用于如下泵及风机的集中控制。

(1)舱底泵。

(2)消防泵。

(3)总用泵。

(4)1#、2#柴油输送泵。

(5)空调冷却海水泵。

(6)洗涤污水排放泵。

(7)1#、2#机舱通风机。

(8)主机齿轮箱滑油备用泵。

(9)热水循环泵。

(10)舵机舱通风机。

3.6 照明电路

3.6.1 在阳光甲板后部及顶棚上各安装2只300 W投光灯。

3.6.2 机舱、舵机舱、储物间、空调机间和厨房等处所照明灯具采用2×20 W荧光舱顶灯及1×60 W白炽舱顶灯。驾驶室、船员室、服务员室及船员休息室等处所采用2×20 W荧光棚顶灯。外走道照明采用白炽舱顶灯或荧光舱顶灯(壁式安装)。客房、餐厅、多功能厅、会议室、VIP接待室及内走道等处所采用装饰照明灯具，卫生间采用防水式装饰照明灯具。

3.6.3 船员室及服务员室每床设1只1×25 W床头灯(自带开关)，办公桌各配1只可调光型白炽书写台灯。

3.6.4 机械舱室、厨房及船员室内的应急照明采用荧光灯内附的DC 24 V灯头，其他场所的应急照明选用合适的低压照明灯具。

3.6.5 航行灯包括左舷灯、右舷灯、艉灯及桅灯等，均采用双层灯具，艏部旗杆顶设1只锚灯。2只红环照灯作为失控信号灯。另外设1只闪光信号灯及其他规范要求的信号灯。

3.7 空调及生活电器

3.7.1 空调

本船设有集中冷热空调系统。制冷机组在二甲空调机间内，每个房间内设有布风器及温控器。

3.7.2 电暖器

在舵机舱内设1只220 V,2 kW电暖器。用于冬季保温。

3.7.3 厨房电器设备

(1)厨房升降机:1台厨房——餐厅。

(2)气灶鼓风机:1台。

(3)抽风机:1台(双速)。

(4)电饭煲:2个。

(5)洗碗机:2 台(带加热)。
(6)饮料冷藏柜:1 台。
(7)电烤箱:1 台。
(8)冷藏冷冻柜:1 台。
(9)电磁灶:1 台。
(10)和面机:1 台(多用途)。
(11)绞肉机:1 台。
(12)咖啡机:1 台。
(13)微波炉:1 台。
(14)粉碎机:1 台。
(15)消毒柜:2 台。
(16)其他。

3.7.4　生活及办公用电器设备

(1)电冰箱:1 台。
(2)电视机:5 台(25 寸彩电),两台(等离子电视)。
(3)洗衣机:1 台(全自动,5 kg 容量)。
(4)饮水机:4 台。
(5)音响设备:3 套。
(6)影碟机:5 台。
(7)电脑:2 台。
(8)投影仪:1 台。
(9)会议广播系统:1 套。
(10)网络系统:1 套。
(11)扩音设备:1 套。

注:上述厨房、生活及办公用电器以船东确认设备为准。

3.8　内部通信设备

3.8.1　指挥电话

本船设有船用直通式声力电话 2 套。分别为驾驶室至机舱(在机舱设有声光报警),另 1 套为驾驶室至舵机舱。

3.8.2　自动电话

本船设有 1 套 24 门程控电话交换机。主机安装在语音控制室内,驾驶室、客房、多功能厅、会议室、VIP 接待室、厨房、餐厅、服务员室、船员室、船员休息室及游步甲板尾部露天酒吧等处设有分机,在机舱设有声光报警。

3.8.3　广播系统

在驾控台上设 1 台 100 W 广播扩大机,该机应具有收音、录放、播放 CD 和扩音等功能。

1 只 15 W 高音扬声器,装在主桅杆上;2 只 5 W 高音扬声器分别装在机舱及舵机舱内,约 18 只 1 W 低音扬声器分别安装在内走道、船员室、服务员室、多功能厅、会议室、VIP 接待室、主餐厅、船员休息室等舱室;约 9 只 3 ~ 5 W 低音扬声器分别安装在厨房及游步甲板艉部露天酒吧及主甲板等处。本系统的播放音质要好,以便播放背景音乐。

3.8.4 通用报警

通用报警板设在驾控台上,全船各处设适当警铃或电子报警器(机舱等应配有声光报警),电源为 DC 24 V。

3.8.5 备用传令钟

本船设备用传令钟一套,传令钟发信器(双主机型)装在驾驶室控制台上,2 只收信器装在机舱主机旁,电源为 DC 24 V。

3.8.6 火警监测报警系统

在驾驶室内设火灾监测装置 1 套。在各层甲板的内走道,梯口和逃生通道内设烟感式探测器,房间和机舱内设温感式探测器,在各甲板的内走道和机械舱室设一定数量的火警按钮。当火警信号被接收后,如果在 2 min 内信号未引起注意,则向通用报警自动发出信号,使通用报警对外发出报警。

3.8.7 主机遥控装置

在驾驶室控制台上设主机遥控装置 1 套(双主机型)。用于对主机进行遥控操纵,同时在机旁也能进行就地操纵。由于本船主机为机旁启动,故主机遥控装置应与启动系统联锁,以免发生误操作。

3.8.8 机舱监控系统

本船机舱监控系统包括两部分:

(1)主机。由主机机旁控制箱将延伸指示信号(模拟量)、报警及指示信号(开关量)、控制信号直接提供到驾控台。

驾驶台上的主机指示仪表:转速表、机油压力表、机油温度表。

驾驶台上的主机报警板:运转指示、机旁/驾控指示、超速停车指示、油压过低停车指示、应急停车指示、综合故障报警指示、应急停车按钮。

(2)辅机设备。在本船机舱设有一监控报警箱,所包括的报警信号为日用燃油柜低位报警、污燃油舱高位报警、污滑油舱高位报警、污水舱高位报警、主机故障综合报警、发电机故障综合报警、舵机故障综合报警、锅炉故障综合报警、空调故障综合报警、空压机故障综合报警、电力系统绝缘低报警、发电机过载预报警等。

3.8.9 卫星电视及闭路电视系统

本船配置北京天达公司生产的 CWD－9 型 Ku 波段船用卫星电视接收站 1 套及船用全向电视天线 1 套。2 套天线分别装在 2 个球型天线防护罩内并安装在主桅两侧。

在两高级客房及 VIP 接待室内各设一台专用解码器,用于独立接收卫星电视节目。另设 4 台解码器与船用全向电视天线用于公共闭路系统。

机柜设在语音控制室内,本系统配有 DVD 播放机接口。

本船设 1 套闭路电视系统。客房、多功能厅、会议室、VIP 接待室、主餐厅、船员休息室等舱室内安装电视插座。

3.9 无线电设备

3.9.1 MF/HF 无线电台

本船设一台 SRG－1150DN 型 150 W 单边带无线电台(带 DSC 功能),用于船舶和陆地间的通信联络,电源为 AC 220 V/DC 24 V。

3.9.2 VHF 电话

本船设一台 FM－8500 型 VHF 无线电话(带 DSC 功能)及一台 IC－M59 型 VHF 无线电话。用于船舶间及陆地上通信联络。发射功率 25 W,电源为 AC 220 V/DC 24 V。

3.9.3 双向 VHF 无线电话

本船设 3 台手持救生艇筏双向 VHF 无线电话。

3.9.4 无线电对讲机

本船配备 3 套船用无线电对讲机,配带充电器。

3.9.5 雷达应答器

本船设雷达应答器两台。

3.9.6 无线电示位标

本船设卫星无线电示位标一台。

3.10 航行设备

3.10.1 雷达

本船设 FR－7112 型船用雷达一台。测量范围为 0.5～62 n mile,12'CRT 及 1942MK2 型船用雷达一台。测量范围 0.5～48 n mile,10'CRT。电源为 AC 220 V。天线安装在阳光甲板上方的顶棚上。显示器安装在驾控台上。

3.10.2 电罗经

本船设 SEC－2200 型电子罗经一台。显示器安装在驾控台上。

3.10.3 GPS 定位仪

本船设 NAVIS－2500 型卫星定位仪一台,带电子海图,10'液晶显示器。主机安装在驾控台上。

3.10.4 NAVTEX 接收机

本船设 SNX－200 型航行警告接收机一台。主机安装在驾驶室内。

3.10.5 测深仪

设 FE－700 测深仪 1 套。主机安装在驾驶室内。电源为 AC 220 V。

3.10.6 AIS 自动识别系统

设 X－PACKDS 型船舶自动识别系统设备一台。主机安装在驾控台上。电源为 DC 24 V。

3.10.7 风向风速仪

设 1 套风向风速仪。传感器安装在桅杆上,接收指示器安装在驾驶室内。电源为 AC 220 V。

3.10.8 磁罗经

在驾控台上设 1 台操舵磁罗经,另在阳光甲板上(驾驶室顶部)设 1 台标准磁罗经。照明电源为 DC 24 V。

3.10.9 汽笛

本船装设一套雾航汽笛。雾笛控制板装在驾控台内。在驾驶室外两翼各设一雾笛按钮,控制电源为 AC 220 V/DC 24 V。

3.10.10 刮雨器

在驾驶室前壁中间 3 个窗户上设 3 只摆臂式刮雨器,电源为 AC 220 V。并且驾驶室加热玻璃控制器也应设在驾控台上。

3.10.11 舵角指示器

舵角发送器装于舵机舱，驾控台设舵角指示器。

3.10.12 主机转速表

在驾控台上设主机转速表2块。

3.11 甲板机械

3.11.1 舵机

本船采用电动液压舵机。设2台电动油泵，油泵电动机的控制箱设于舵机舱并由主配电板二路供电，二路电源可手动转换，油泵电动机的起、停控制可在舵机舱和驾驶室两处进行，2台油泵互为备用，在驾控台上设随动操舵仪一台。在舵机舱设简易操舵仪一台。

3.11.2 锚机

本船设2台立式锚缆机，电动机为两速，并配有控制箱，机旁设主令控制器。

3.11.3 小艇吊机

本船在阳光甲板上设1台电动吊艇机，电动机为双速，并配有控制箱。

3.12 电线电缆

本船电缆基本采用交联聚乙烯绝缘聚烯烃内套镀锌钢丝编织铠装无卤低烟阻燃船用电力电缆，而在需要更好的外层屏蔽的情况下，采用镀锡铜丝编织铠装无卤低烟阻燃船用电力电缆。露天甲板采用交联聚乙烯绝缘聚氯乙烯内套镀锌钢丝编织铠装聚氯乙烯外护套阻燃船用电力电缆。

生活及居住舱室的照明电缆为CJPF90/SC型。

机器处所的电力电缆选用CJPF90/SC型。

露天甲板的电力电缆选用CJV92/SA型。

雷达、无线电话、闭路电视等电子设备所需的特殊型号电缆，按有关设备的要求选用。

配电板、控制箱等设备的内部连接线，选用CBVR－C型。

电缆的敷设和安装，按海船建造规范及“船用电缆敷设工艺”的要求进行。

第4章 甲板机械和舾装

4.1 锚泊装置

4.1.1 本船设斯贝克锚2只，每只900 kg，配锚链13节，总长357.5 m，锚径为ϕ24 mm，AM3级电焊有挡链。锚链通过锚链筒（设锚链冲洗装置）和掣链器引到锚机上。

4.1.2 船舶通过设在舷墙上的导缆孔和焊在主甲板上的带缆桩进行系泊、带缆。

4.1.3 电动起锚机

船艏设2台立式电动起锚机，并有相应的操纵设备。

电动起锚机各主要技术参数如下。

（1）起锚部分

锚链直径ϕ24 mm；

工作负荷 27.4 kN;
起锚速度 3.1/10.73 m/min;
过载拉力 41.1 kN;
支持负载 149 kN。
(2)绞缆部分
缆绳直径 48 mm;
系缆负载 15 kN;
公称速度≥9 m/min;
船尾设 1 台立式电动绞缆机;
缆绳直径 48 mm;
系缆负载 15 kN。

4.2 系泊装置

4.2.1 导缆孔

根据最终的系泊布置图,本船的舷墙上要在适当的位置布置一定数量的导缆孔,导缆孔的型号为 A260×170,CB34-76;导缆孔与船体焊接后外表面包不锈钢板并且打磨抛光,不能留有明显缺陷。

4.2.2 带缆桩、导缆滚轮

根据系泊布置图在艏升高甲板和艉部甲板设带缆桩,带缆桩的外表面包不锈钢板,并且打磨抛光,不能留有缺陷。

在艏部设有两组导缆滚轮。

系泊设备布置图提交船东认可。

4.3 辅机设备

4.3.1 吊机

本船为吊装摩托艇需要,安全一固定臂吊机;吊机要求电动起吊(双速电机),人工旋转,回转半径不小于 3.2 m。吊升高度为 12 m,容绳量 20 m,吊重 1 t;要求外观精细美观,表面光洁。

4.3.2 摩托艇

本船设摩托艇一艘(兼救助用),载客 8 人,适合沿海航区使用;能满足吊装要求;内部装修及设施舒适豪华,并带有艇衣 1 套,带艇支架和固定绑扎带。

第 5 章　安全和航行设备

5.1 通则

5.1.1 按 ZC 规则要求及船东认可的《安全和航行设备明细表》配备安全和航行设备。

5.1.2 在所有的救生设备和灭火装置上印有清晰的船名。

5.2 救生设备

本船按 ZC 规则配备救生衣、救生圈、救生信号、救生筏。具体如下。

(1)沿海航区客船要求,配备带自动释放装置及筏架的气胀式救生筏(25 人)4 只(占 125%)。

(2)配 88 件背颈式救生衣(带灯和笛)分别放在船员室、客房、多功能厅、会议室及驾驶台。另配 4 件工作救生衣和 6 件儿童救生衣。

(3)配 8 只救生圈,其中 2 只带烟雾和灯光信号,2 只带救生浮索,2 只带自亮灯,2 只为普通救生圈,分别放在游步甲板、主甲板和艏部舷墙上。

(4)手提式救生抛绳器 4 具;12 枚降落伞火焰信号,紧急号笛 1 个。

5.3 火警报警和灭火装置

5.3.1 按 ZC 规则要求配备水灭火系统(包括足够的消防泵和消防栓)、机械处所的 CO_2 系统及足够的灭火器并设有固定式探火报警装置。

5.3.2 按规则要求配备 1 套消防员装备于游步甲板适当位置。

5.4 航行设备

5.4.1 设 3 个直径为 600 mm 的黑色圆球。

5.4.2 安装 1 盏桅顶信号灯和规则规定的航行灯及中型号笛 1 个。

5.4.3 设有 2 个 7 ×5 船用双筒望远镜。

5.4.4 安装 1 个新的刻有船名的直径为 300 mm 的黄铜钟。

5.4.5 驾驶室柜子里装放 1 套国际标准的信号旗和中华人民共和国国旗。

5.4.6 安装 1 个直径为 150 mm 的刻度式倾斜仪(驾驶室)。

5.4.7 驾驶室内装 1 个干湿温度计。

5.4.8 安装 1 个 135°的航海六分仪。

5.4.9 设 1 套航海绘图仪器。

具体安全、消防、救生、信号及航行等设备详见船、机、电主要设备清单。

参 考 文 献

[1]杨星. 船舶结构与设备[M]. 武汉:武汉理工大学出版社,2016.

[2]熊仕涛. 船舶概论[M]. 哈尔滨:哈尔滨工程大学出版社,2008.

[3]陈铁铭. 船舶管系[M]. 北京:人民交通出版社,2007.

[4]郑兰. 游艇设备与系统[M]. 哈尔滨:哈尔滨工程大学出版社,2014.

[5]徐曼平. 游艇机电设备[M]. 北京:人民交通出版社,2013.

[6]李成玉. 船舶辅机[M]. 大连:大连海事大学出版社,2006.

[7]李春明. 汽车电器设备与维修[M]. 北京:高等教育出版社,2005.

[8]中国船级社. 海上高速船入级与建造规范[S]. 北京:人民交通出版社,2012.

[9]中国船级社. 游艇入级与建造规范[S]. 北京:人民交通出版社,2012.

[10]付锦云. 船舶管路系统[M]. 哈尔滨:哈尔滨工程大学出版社,2006.